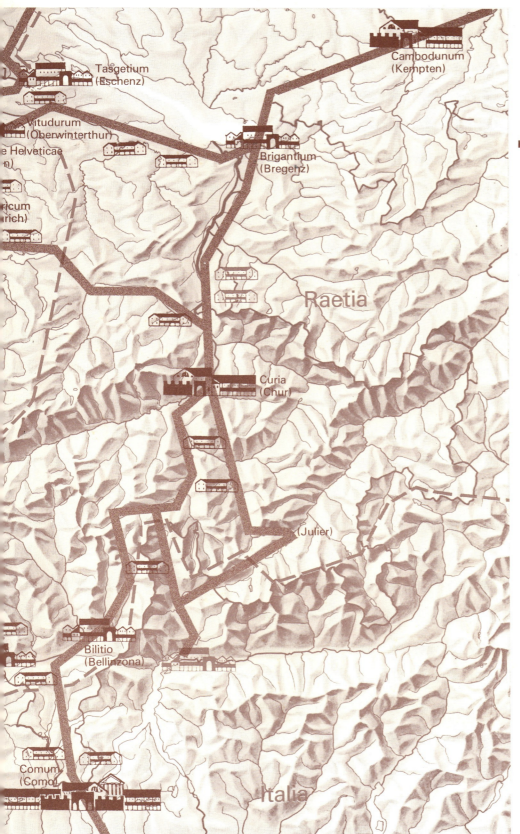

Karte der Schweiz zur Römerzeit (1.-3. Jahrh. n. Chr.)

	Hauptstädte
	Städte und Kleinstädte
	Legionslager Vindonissa (während des 1. Jahrh.)
	Gutshöfe
	Hauptstraßen
	Provinzgrenzen

Die Karte zeigt die Hauptstraßen, die verschiedenen Städte und die wichtigsten Kleinstädte (vici). Das Land wurde (bis zu einer Höhe von etwa 600 m ü. M.) von gut dreitausend Gutshöfen aus bewirtschaftet und bebaut.

Andere kleine Siedlungen wie Straßenstationen, Paßdörfer usw. sind hier nicht verzeichnet, da nur sehr wenige erforscht sind.

Map labels: Tasgetium (Eschenz), Vitudurum (Oberwinterthur), ...e Helveticae ...), ...ricum ...rich), Cambodunum (Kempten), Brigantium (Bregenz), Raetia, Curia (Chur), (Julier), Bilitio (Bellinzona), Comum (Como), Italia

FUNDORT SCHWEIZ

Reihe Fundort Schweiz
Idee und Lektorat: Felix Furrer
Layout: Marc Zaugg
Satz und Druck: Union Druck + Verlag AG, Solothurn
Reproduktionen: Läderach Repro Bern
Papier: Velvet Print halbmatt; Adank + Deiss AG, Zürich
Buchbinderei Grollimund AG, Reinach
© 1983 Verlag AARE Solothurn
ISBN 3 7260 0205 7

Blick in die Küche von Augst, insula 30 (siehe Seite 121).

FUNDORT SCHWEIZ

Band 3
Die Römerzeit

Stefanie Martin-Kilcher
Text und wissenschaftliche Leitung

Marc Zaugg
Zeichnungen und Gemälde

Inhalt

Blick auf die Ruine des Amphitheaters von Aventicum, in dem zur Römerzeit Tierjagden und Gladiatorenkämpfe die Zuschauer in Spannung versetzten. Im Mittelalter bauten die Herren von Avenches über dem Haupteingang eine Burg, die heute das archäologische Museum beherbergt.

Rechts:
Am 5. November 1580 übergab der Bildhauer Hans Michel die von ihm geschaffene Statue des römischen Feldherrn Lucius Munatius Plancus dem Rat von Basel. Seither steht der Römer als Gründer der mit Basel eng verbundenen Colonia Raurica im Hof des Rathauses, zur Erinnerung an die Ursprünge von Basel und als Hüter des Rechts.
Die 2,70 m große Statue aus bemaltem, vergoldetem Sandstein stellt den «Römischen Obersten» als ein «alt römischen oder heidnischen bildt» dar. Für Kleidung und Panzer nahm der in der antiken Kunst bewanderte Bildhauer römische Feldherrenstatuen zum Vorbild, nicht ohne aber diese zu verändern und nach dem damaligen Geschmack zu bereichern. Das bärtige Gesicht, das unter dem Fantasiehelm mit rollenden Augen über das Treiben im Rathaushof blickt, scheint eher einem mittelalterlichen Haudegen anzugehören.

Lange Zeit blieben die Überreste und Ruinen aus der Römerzeit unerforscht; mit Gestrüpp bewachsen, zerfielen sie Jahr für Jahr immer mehr. Wo einst stolze Bauten gestanden hatten, ging sogar nicht selten der Pflug des Bauern darüber. Wegen der herumliegenden Steine und Ziegel und wegen der Mauerreste nannte man diese Äcker und Fluren beispielsweise «in den Muren», «Steinacher», «Ziegelacher», «Schwarzacher»; im Französischen kennt man Ausdrücke wie «muraz» oder «mézières». Dies sind typische Flurnamen für Stellen, an denen einst eine römische Siedlung stand.

Blieb eine direkte Erinnerung an die Römerzeit bestehen? Diese Frage ist schwierig zu beantworten. Wohl waren seit jeher die in den Bibliotheken der Klöster aufbewahrten und mehrfach abgeschriebenen Bücher aus der Römerzeit den gebildeten Leuten bekannt. Das Lateinische, die Sprache der Römer, blieb Kirchen- und Amtssprache und lange Zeit auch die der Schulen. Im katholischen Gottesdienst blieben Sitten aus der späten Römerzeit umgeformt erhalten. Zusammen mit zahlreichen Gerätschaften und vielen technischen Errungenschaften gingen bekanntlich lateinische Wörter in den allgemeinen Gebrauch der nachfolgenden Generationen über,

denken wir nur an Wörter wie Fenster, das von lateinisch *fenestra* kommt, oder an Mauer von *murus* und Wein von *vinum*.

Die französischsprachige Suisse romande und das romanische Graubünden gehören wie das Tessin zum romanischen Sprachbereich, in dem noch heute die aus dem Lateinischen herausgewachsenen Sprachen gesprochen werden.

Die Namen etlicher heutiger Orte, die bereits zur Römerzeit bedeutende Siedlungen waren, blieben mit etwas veränderter Aussprache und Schreibweise über die Römerzeit hinaus bis heute gleich – aber nicht, weil die Bewohner sich an die Römerzeit erinnerten, sondern weil dort immer Leute wohnten, die den Namen von Generation zu Generation weitergaben: So wurde Genava zu Genève, Aventicum zu Avenches, Augusta Rauracorum zu Augst, Turicum zu Zürich, aus Curia wurde Chur und Bilitio veränderte sich zu Bellinzona, um nur einige Beispiele zu nennen. Auf dem Land konnte der Name des römischen Gutshofes in über das ganze Land verstreuten Gebieten zum Namen des heutigen Dorfes werden: Aus fundus Belliacus (Gut des Bellius) bildete sich der Dorfname Bellach, aus fundus Severiacus (Gut des Severus) wurde Sévéry. Trotz diesem für den weiteren Verlauf

der Geschichte und für das Leben in vielen Bereichen bis heute spürbaren Erbe aus dieser Epoche kann man aber doch sagen, daß eine echte Erinnerung an die Römerzeit in unserem Land nicht bestehen blieb.

Man wußte nach einigen Generationen nicht mehr, wer die Gebäude errichtet hatte, deren Reste, teils unbewohnt und dem Verfall preisgegeben, noch standen oder umgebaut, abgerissen und durch neue Häuser ersetzt wurden. Recht häufig sind derartige Überreste seit dem Mittelalter als «heidnisch», das heißt als nichtchristlich oder vorchristlich bezeichnet worden. Wie weit aber dieses «heidnisch» zeitlich zurücklag, war den Leuten nicht bekannt. So finden sich Bezeichnungen wie «Heidenloch», «Heidenmauer», «Heidenhaus» nicht nur bei römischen Resten, sondern sowohl bei viel älteren als auch bei viel jüngeren Fundstellen und Funden. Nach der Römerzeit waren bei uns bis zum Ende des Mittelalters aus Stein gebaute Häuser, mit Ausnahme der Kirchen, Klöster und Burgen, fast nur in den Städten anzutreffen. Deshalb betrachtete die Landbevölkerung die Mauern der römischen Gutshöfe nicht selten als Reste von untergegangenen Städten oder Klöstern.

6

Die Römerzeit –
Teil unserer Geschichte

Schatzgräber und Schätze

Immer wieder stießen die Bauern beim Pflügen auf diesen Ruinenfeldern auf Gegenstände aus der Römerzeit, auf Münzen, zuweilen auch auf eine Statuette oder gar einmal auf einen Schatz. Kein Wunder, daß seit dem Mittelalter Sagen über diese geheimnisvollen Ruinen erzählt wurden, Sagen von weißen Frauen und von Hunden, die Schätze hüten, oder vom Teufel, der einen Schatz sonnt. In den teilweise unterirdischen Gängen und Gewölben sah man Fluchtgänge, und die durch kleine Pfeiler abgestützten Böden der Warmluftheizungen dachte man sich von Zwergen bevölkert. Hinter den Schatzsagen können tatsächliche Begebenheiten stehen, aber natürlich regte auch der Wunsch, im geheimnisumwitterten alten Gemäuer etwas Wertvolles zu finden, zu derartigen Geschichten an. Verschiedene Kantone haben übrigens schon vor fünfhundert Jahren Verordnungen über das «Schatzgraben» erlassen: Graben war erlaubt, nur mußten die Schatzgräber einen Teil ihrer Ausbeute an den Staat abliefern. Die Sage von Lienimann, der in den Ruinen von Augst nach Schätzen suchte, erzählte man sich in Basel schon vor 1530:

«Um das Jahr 1520 lebte in Basel einer namens Leonhard, genannt Lienimann, eines Schneiders Sohn; er war blöde von Verstand und stotterte. Um die genannte Zeit nun gelang es ihm durch gewisse Künste, wiederholt in jene unterirdische Höhle zu Augst hinabzusteigen, und er drang weiter vor als je einer vor ihm.

Lienimann zündete eine geweihte Kerze an und stieg in den Gang hinunter. Hier nun – so pflegte er zu erzählen – gelangte er zuerst an eine eiserne Türe. Durch diese trat er in Kammern ein, von einer in die andere, bis sich vor ihm prächtige grüne Gärten eröffneten. In deren Mitte stand ein herrlich geschmückter Palast. Da erblickte er eine wunderbare Gestalt: ihr Oberkörper bis zur Scham war der einer schönen Jungfrau, mit goldenem Diadem auf dem Haupt, von dem flatterndes Haar herabhing, der Unterleib ging in eine gräuliche Schlange aus. Die Gestalt führte Lienimann an der Hand zu einer eisernen Kiste, auf der zwei schwarze Hunde saßen und mit schrecklichem Bellen die Nahenden wegscheuchten. Aber die Jungfrau bedrohte die Bestien und hielt sie zurück; sie nahm von dem Schlüsselbund, den sie am Hals trug, einen Schlüssel, öffnete damit die Kiste und holte alle möglichen Münzen daraus hervor, goldene, silberne und eherne.

7

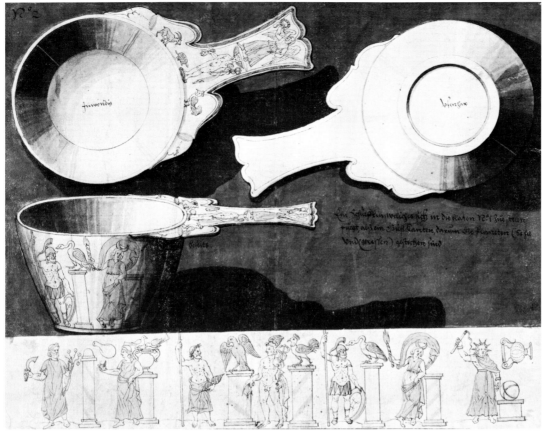

Zeichnung der Schöpfkelle aus dem 1633 bei Wettingen gefundenen Silberschatz von acht Gefäßen. Die 7 cm hohe Kelle trägt auf der Außenseite die fein eingeritzten und teilweise vergoldeten Darstellungen der sieben Planeten- und Wochengötter. Das mit mehreren Inschriften bezeichnete Silbergeschirr muß Teil eines Tempelschatzes gewesen sein und wurde im 3. Jahrhundert vor einer drohenden Gefahr im Boden versteckt.

Der Muttenzer Maler Karl Jauslin (1842–1904) stellte in einem Schulwandbild von 1898 die Gründung der Koloniestadt Augusta Rauracorum als höchst dramatischen Vorgang dar: Rechts im Bild erscheint hoch zu Roß Lucius Munatius Plancus persönlich, der durch eine Inschrift bezeugte Gründer der Colonia Raurica. Ihm zeigt der Archi-

Die Wiederentdeckung der alten Römer

Lienimann behauptete, von der freigebigen Jungfrau eine ganze Menge bekommen zu haben. Sie habe ihm erklärt, sie sei eigentlich eine Königstochter und einst durch gräuliche Zaubersprüche in diese Gestalt verwandelt worden; gerettet könne sie nur werden, wenn ein reiner und keuscher Jüngling sie dreimal küsse. Dann werde sie ihre ursprüngliche Gestalt wieder erhalten, und der Erretter werde als Lohn alle hier verborgenen Schätze davontragen. Lienimann erklärte: zweimal habe er sie geküßt, da habe sie, aus Freude, erlöst zu werden, so schreckliche Gebärden gemacht, daß er fürchten mußte, von ihr bei lebendigem Leibe in Stücke gerissen zu werden. Nachdem er aber von schlimmen Gesellen in ein Hurenhaus geschleppt worden, habe er den Eingang zum Gewölbe nie mehr finden können. Unter Tränen klagte der arme Kerl öfters über dieses Ende.»

Erst vor gut fünfhundert Jahren, als gegen Ende des Mittelalters und zu Beginn der Neuzeit in der Epoche des Humanismus enge Kontakte zwischen den Gelehrten nördlich der Alpen und in Italien gepflegt wurden, begann man sich ein erstes Mal für die Geschichte und Herkunft dieser Überreste auch in unserem Land zu interessieren. In erster Linie dank den bereits damals bekannten lateinischen Inschriften, die nun gelesen und gedeutet wurden, war bald bekannt, daß die Gebäude, Ruinen und Überreste von niemand anderem stammten als von den Römern, über die man aus den antiken Schriften doch recht viel wußte.

Diese Wiederentdeckung der alten Römer am Ende des 15. und im 16. Jahrhundert sprach sich in der gebildeten Welt schnell herum. Bereits im Jahre 1528 hatte man den römischen Feldherrn Lucius Munatius Plancus in Ba-

sel auf einem Wandbild dargestellt und ihm einige Jahrzehnte später gar ein überlebensgroßes, farbig bemaltes und vergoldetes Standbild im Hof des Rathauses aufgestellt, wo es heute noch steht. Dank der in Süditalien seit langem bekannten Grabinschrift des L. Munatius Plancus wußte man nämlich, daß er die Kolonien Lugudunum und Raurica gegründet hatte. Da sich die Stadt Basel als Nachfolgerin der damals bereits wiederentdeckten römischen Koloniestadt Augusta Rauracorum (Augst) empfand, ehrte sie den Gründer – nach antiker, römischer Sitte! – mit einem Standbild. Sicher ist es kein Zufall, daß gerade aus der damals berühmten Humanistenstadt Basel die Anregung zur ersten Ausgrabung aus wissenschaftlichem Interesse nördlich der Alpen kam. Der Basler Basilius Amerbach leitete diese Grabung in Augst, an die auch die Stadt Basel einen Beitrag leistete: Er ließ das

tekt den Stadtplan. Links ziehen nach uraltem Brauch der Römer Stier und Ochse mit dem Pflug die heilige Ackerfurche, die das Stadtgebiet umgrenzt. Die besiegten einheimischen Kelten, wilde Naturburschen, schauen den Römern finster zu; andere werden gezwungen, bei der Stadtgründung mitzuhelfen. Viele

sorgfältig ausgeführte Details der Kleider und Frisuren sind einem Buch über Germanien entnommen, das der römische Geschichtsschreiber Tacitus im 1. Jahrhundert n. Chr. verfaßt hat. Bewaffnung und Gerätschaften hat der Maler nach Bodenfunden der späten Eisenzeit aus ganz Europa gemalt.

Luftaufnahme vom 15. Juli 1982: Areal des römischen Gutshofes von Yvonand-Mordagne am Neuenburgersee. Weil über den Mauerresten der Gebäude nur eine dünne Humusschicht liegt, ist der Pflanzenwuchs weniger kräftig. In trockenen Jahren zeichnen sich deshalb bei Streiflicht die Reste früherer,

längst zerstörter Bauten ab; es lassen sich sogar, wie in diesem Fall, vollständige Grundrisse erkennen: Im Vordergrund vor dem ummauerten Areal des Hofes liegt ein großes Haus, im Hintergrund, an einem nur noch als schräge Linie erkennbaren Bächlein, befindet sich ein kleines Heiligtum mit Tempel und Kapellen, ähnlich wie es unser Umschlagbild zeigt.

früher unter anderem für Überreste einer Burg mit neun Türmen oder Kaminen gehaltene Gemäuer in Augst ausgraben, einen Plan aufnehmen und deutete es richtig als römisches Theater.

Seit dieser Epoche vermehrten sich die Kenntnisse über die Römer zunehmend. Trotzdem wurden nach wie vor manche Tonnen römischer Bausteine – verzierte und unverzierte, solche mit und solche ohne Inschriften – zu Kalk gebrannt oder als Baumaterial wiederverwendet. Recht gut unterrichtet sind wir über das Schicksal der Ruinen von Avenches, die seit dem 11./12. Jahrhundert der Bischof von Lausanne und später der Kanton Bern planmäßig ausbeuteten. Dank Steinen mit Inschriften wissen wir, daß wiederverwendete römische Steine als Baumaterial von Avenches unter anderem aareaufwärts über fünfzig Kilometer weit bis nach Amsoldingen transportiert

wurden. Diese willkommenen «Steinbrüche» waren also nicht herrenloses Gut. Auch Basel benützte die praktischen Baumaterialreserven der Ruinen von Augst und des Kastells Kaiseraugst während längerer Zeit.

Andere Fundstücke, besonders natürlich solche aus Gold und Silber, aber auch Bronzegegenstände wurden ihres Materialwertes wegen aufgehoben und neu verarbeitet. Einer der interessantesten Funde aus römischer Zeit, von denen wir Kenntnis haben, ist der 1633 in Wettingen bei Baden entdeckte Schatz von acht Silbergefäßen. Dieses teilweise mit Figuren und mit Inschriften geschmückte Geschirr muß Teil eines Tempelschatzes gewesen sein. Im 3. Jahrhundert wurde es vor einer drohenden Gefahr im Boden versteckt, aber bis zum Jahr 1633 nicht gehoben. Die kostbaren Gefäße betrachteten die Acht Alten Orte (die Kantone Zürich, Bern, Luzern, Uri, Schwyz, Unterwal-

den, Zug und Glarus) als willkommenen Edelmetallvorrat, um Münzen daraus zu prägen. Heute ist zum Glück nicht nur das Protokoll erhalten, aus dem wir genau sehen können, wie die zusammen etwa drei Kilogramm schweren Teller, Becher und Platten zerhackt und verteilt wurden, sondern dank dem persönlichen Interesse des Zürcher Gesandten Hans Heinrich Wirz auch Zeichnungen sämtlicher Silbergefäße, die er für sich anfertigen ließ. So sind diese kostbaren Zeugen der Römerzeit wenigstens im Bild erhalten geblieben (Bild oben).

So könnte der Ausschnitt eines römischen Wohnhauses bei der Ausgrabung aussehen. Durch die modernen Bauarbeiten wird vieles, was als Zeuge der Vergangenheit im Boden ruhte, unwiederbringlich zerstört. Aufgabe der Archäologen ist es, vorher die Geschichte des Hauses und seiner Bewohner zu erforschen.

Das Gelände wird vermessen; auf verschiedenen Plänen werden sämtliche Mauern und Bodenverfärbungen – oft die Überreste von Holzbauten – genau eingetragen. Beim Ausgraben römischer Gebäude kommen natürlich nicht immer Wandmalereien, Hypokaustheizungen und schöne Fundstücke zutage.

Die im Boden sich abzeichnenden Schichten und Strukturen unseres Bildes können folgendermaßen erklärt werden:

1 Gewachsener, vom Menschen unberührter Boden.

2 Bauschicht: Das erste Gebäude, ein Holzhaus mit Schindeldach, wird gebaut (etwa 20 n. Chr.).

3 Boden des Holzhauses aus gestampftem Lehm, mit Herdstelle aus Ziegeln.

4 Schuttschicht nach dem Abreißen des Holzhauses (um 70 n. Chr.) und

5 Bauschicht des viel größeren, aus gemörteltem Mauerwerk gebauten und mit Ziegeln gedeckten Hauses. Die Mauern liegen auf kräftigen Fundamenten. Im Profil zeichnen sich die Gruben ab, die ausgehoben wurden, um die Fundamente der Mauer zu setzen. – Die Mauer rechts wurde später verstärkt (7).

6 Über ein Steinbett wird ein Mörtelboden gegossen; die Wände werden mit feinem Kalkmörtel verputzt und bemalt. Das mit Mosaikboden geschmückte Zimmer ist mit einem Hypokaust (siehe Bild Seite 57) beheizbar.

8 Gehniveau aus der Zeit, als das steinerne Haus stand und längere Zeit bewohnt wurde (2. bis 3. Jahrhundert). Fortsetzung s. S. 12 oben.

9 Wie viele andere könnten auch größere Teile dieses Hauses bei den Kriegen und Unruhen der Jahre zwischen 260 und 280 schwer gelitten haben und danach allmählich zerfallen sein: Das Dach stürzte ein; Mauersteine, Verputz, Ziegelstücke und Abfall liegen in einer dicken Schuttschicht.

10 Im Laufe der Jahrhunderte bildete sich über dem zerfallenden Gebäude, dessen brauchbare Steine zum Kalkbrennen oder zum Bau neuer Häuser geholt wurden, eine Humusschicht; aber der Pflug des Bauern stößt immer wieder auf Steine und Ziegel. Diese geben zu erkennen, daß hier einst ein römisches Gebäude stand.

Archäologen auf den Spuren der Römerzeit

Die heutige Archäologie und Erforschung der Schweiz zur Römerzeit geht vor allem auf die Arbeit der historischen und antiquarischen Gesellschaften und Vereine aus dem ganzen Land zurück, die sich seit hundertfünfzig Jahren sehr um die Urgeschichte und Römerzeit ihrer engeren Heimat verdient gemacht haben. Während noch wenige Generationen zuvor, im 18. Jahrhundert, die Beschäftigung mit der Vergangenheit ein Hobby vermögender Edelleute und Aufgabe einiger weniger Forscher war, interessierten sich vor hundert Jahren schon sehr viel mehr Leute für die Vergangenheit unseres Landes. Im Schulunterricht, in zahlreichen neu entstandenen Museen und in den populären Kalendergeschichten wurde die Römerzeit erläutert und geschildert.

Die Vorstellungen von dieser längst vergangenen Epoche veränderten sich natürlich im Laufe der Zeit. Nicht nur kamen und kommen immer neue Erkenntnisse durch Ausgrabungen und wissenschaftliche Untersuchungen dazu. Auch das Bild, das wir uns von der Römerzeit machen, veränderte und verändert sich mit der Zeit und mit uns. So stellt der Baselbieter Historienmaler Karl Jauslin, der am Ende des letzten Jahrhunderts eine Serie eindrucksvoller Schulwandbilder geschaffen hat, die Gründung der Koloniestadt Augst als höchst dramatischen Vorgang dar. Wir wissen heute, daß die Szene zwar sicher feierlich, aber nicht so dramatisch war, denn die Kelten hatten längst verschiedene Kontakte mit Rom, und ihre Gesellschaft besaß eine komplizierte Ordnung, die mit den Naturburschen auf dem Bild nichts zu tun hat.

Unablässig entwickeln sich die Methoden der Archäologie weiter, und die Erforschung der Vergangenheit schreitet voran. Die meisten Kantone unseres Landes verfügen heute über archäologische Dienste, die vom Kantonsarchäologen und seinen Mitarbeitern geführt werden. An diese Stellen wendet man sich, um Funde oder Beobachtungen im Gelände zu melden. Die Kantonsarchäologen überwachen die Baustellen und untersuchen die gefährdeten Stellen, denn jeder Eingriff in den Boden bringt die endgültige Zerstörung der Überreste aus früheren Epochen. In den Museen werden die Funde aus der Römerzeit ausgestellt und ihre Bedeutung und Funktion erklärt. Die Kenntnisse über die Römerzeit werden auch an den Universitäten erweitert und vertieft. Dort erhalten die angehenden Archäologen ihre Ausbildung und ihr Berufswissen.

Archäologie hat schon lange nichts mehr zu tun mit Schatzgraben: Es gilt, aus den im Boden erhaltenen Resten zusammen mit der schriftlichen und bildlichen Überlieferung ein Bild vom Leben in der Vergangenheit zu zeichnen. Dank vielen neuen Funden und Erkenntnissen hoffen wir, mit der Zeit noch besseren Einblick in Leben und Wirken dieser Menschen zu erhalten, die vor etwa sechzig Generationen in unserem Land gelebt haben.

Die wichtigsten Völkerschaften der Schweiz zur Zeit Caesars.

Wie die Kelten Römer wurden

Gaius Julius Caesar,
Silbermünze vom
Februar 44 v. Chr.

Die einheimische Bevölkerung vor den Römern

Das Gebiet der heutigen Schweiz war weder vor noch während der Römerzeit eine Einheit; vielmehr fördert die Geographie unseres Landes die verschiedensten Beziehungen.
Zwar bilden die Alpen einen gewichtigen Riegel; zahlreiche Pässe verbinden aber Nord und Süd und etliche Täler quer untereinander. Seen und schiffbare Flüsse erleichtern den Verkehr. Der Rhein entwässert nach Norden, die Rhone nach Süden, und im Graubünden fließt der Inn zur Donau, nach Osten. Diese verschiedenartigen Landschaften haben die Geschichte unseres Landes auch in der Vergangenheit mitbestimmt.

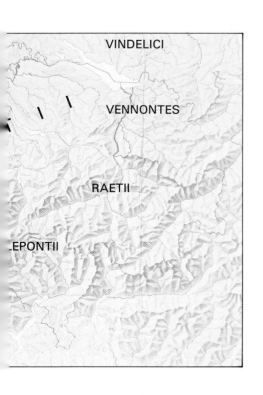

VINDELICI

VENNONTES

RAETII

LEPONTII

Während für die eigentliche Urgeschichte nur spärliche schriftliche Nachrichten über die in unserem Gebiet lebenden Menschen überliefert sind, kennen wir im großen ganzen die Völkerschaften, die vor zweitausend Jahren im Raum der heutigen Schweiz wohnten. In erster Linie schöpfen wir unsere Kenntnisse aus den Kommentaren zum Gallischen Krieg, die der siegreiche Feldherr Gaius Julius Caesar verfaßte. Die Gallischen Kriege führte er im heutigen Frankreich und Belgien (Gallien) gegen verschiedene dort ansässige keltische Stämme. Deshalb nennt Caesar alle Kelten «Gallier», wie dies in Rom allgemein üblich war. Der größere Teil unseres Landes war zur Zeit Caesars von keltischen Stämmen bewohnt, deren wichtigster die Helvetier waren. Im Oberwallis, im Nordtessin und in der Zentralschweiz lebten die stark keltisierten Lepontier. In der Ostschweiz, insbesondere im heutigen Kanton Graubünden, waren Räter ansässig. Die Kelten sprachen keltisch und schrieben mit den Buchstaben des griechischen Alphabets. Die Lepontier und Räter sprachen andere Sprachen und besaßen eine eigene Schrift.
Noch war das ganze Gebiet selbständig. Nur zwei kleine Regionen im Südtessin und um Genf gehörten bereits damals zum Römischen Reich.
Caesar berichtet, daß es eine Stammesgemeinschaft aller Helvetier gab (civitas Helvetiorum), die sich aus mehreren Teilstämmen (pagi) zusammensetzte. Die Tiguriner repräsentierten die wichtigste Gruppe der Helvetier. Ihr Hauptort war zugleich Hauptort des ganzen Stammes. Die Helvetier lebten

in der heutigen Westschweiz und im Mittelland bis fast zum Bodensee.
Eine ähnliche Gliederung muß es auch für den kleineren, etwa in der heutigen Nordwestschweiz ansässigen Stamm der Rauriker mit ihrem Vorort Raurica (wohl Basel) gegeben haben; doch ist davon nichts überliefert.
Das Oppidum Genava war eine der wichtigen Siedlungen im Gebiet der Allobroger, das sich südlich des Genfersees und der Arve ausbreitete. Zu Caesars Zeit gehörte Genf schon zum Römischen Reich, zur Provinz Narbonensis, und lag im Verwaltungsbereich der Koloniestadt Vienna (Vienne) im Rhonetal.
Im Wallis hatten sich Nantuaten, Veragrer, Seduner und Uberer nach vergeblichen römischen Eroberungsversuchen die Selbständigkeit zur Zeit Caesars noch bewahren können. Vielleicht stand schon damals wie noch in frührömischer Zeit Tarnaiae (Massongex), der Hauptort der Nantuaten, dem Wallis vor.
Das Südtessin war seit dem 3. Jahrhundert v. Chr. Teil des Imperium Romanum und dem Verwaltungsbereich der Städte Mediolanum (Mailand) und Comum (Como) zugeteilt.
Wie die nach Talschaften gegliederten Räterstämme ihr Gebiet vor der Römerzeit verwalteten, ist noch nicht bekannt.
Das Geschick der einzelnen Keltenstämme bestimmten wenige vornehme und mächtige Familien. Der helvetische Adelige Orgetorix, der die Helvetier zum Auszug von 58 v. Chr. überredete, strebte nach der Königswürde, was ihm allerdings das Leben kostete.

13

Ein weintrinkender Kelte. Neben ihm eine Amphore mit Wein aus Italien. Diese etwa 1 m großen «Einwegverpackungen» werden in vielen Keltensiedlungen der Spätzeit gefunden.

Erste Kontakte mit Rom

Schon ein halbes Jahrtausend bevor Gaius Julius Caesar seine Kommentare zum Gallischen Krieg verfaßte, wußte man im Süden, daß in weiten Gebieten jenseits der Alpen das Volk der Kelten wohnte. Allerdings war lange Zeit nur wenig Genaues über dessen Heimat bekannt. In alten Geographie- und Völkerkundebüchern stand, daß die Donau im Lande der Kelten entspringe. Auch von den hohen Alpen mit ewigem Eis und Schnee, von Seen und großen Wäldern hatte man gehört.

Die Kelten selbst dagegen waren in Italien kein unbeschriebenes Blatt mehr. Verschiedene Stämme und Gruppen dieses großen, einst weit über Europa verbreiteten Volkes kamen im 4. Jahrhundert v. Chr. in mehreren Auswanderungszügen in den fruchtbaren, warmen Süden. Seit dieser Zeit wohnten Kelten in größeren Teilen Ober- und Mittelitaliens und im Südtessin. 387 v. Chr. versetzten keltische Scharen mit ihrem Anführer Brennus sogar Rom in Angst und Schrecken.

Nach einer märchenhaften römischen Geschichte hatten damals die Gänse im Heiligtum der Göttermutter Juno durch ihr Geschnatter die Römer frühzeitig auf den entscheidenden nächtlichen Überfall aufmerksam gemacht und so die Eroberung Roms verhindert.

Nach diesen ersten kriegerischen Auseinandersetzungen mit Rom und der Mittelmeerwelt entwickelten sich zwischen Nord und Süd neue Beziehungen. Die Kelten bauten nach südlichem Vorbild die ersten Städte, die Oppida. In Anlehnung an die griechischen und römischen Münzen begannen die verschiedenen Keltenstämme eigene Münzen aus Gold und Silber zu prägen. Das Rhonetal mit der mächtigen Handelsstadt Massilia (Marseille) wurde wie schon früher zur Zeit der Hallstattfürsten zu einem wichtigen Ausgangspunkt und Umschlagplatz für einen aufblühenden Handel.

Noch hatten aber damals in erster Linie die vermögenden Kelten die Möglichkeit, mit ihrem Geld Importwaren aus dem Süden zu kaufen oder andere Güter zum Tausch anzubieten. Ein begehrtes Handelsgut war seit dem 2. Jahrhundert v. Chr. Wein aus Italien. Ein Zeitgenosse Caesars schreibt: «*Weil bei der übermäßigen Kälte das Klima ungünstig ist, wächst in Gallien weder Wein noch Öl. Die Gallier brauen deshalb ein Getränk aus Gerste, Bier genannt. Auch spülen sie Honigwaben mit Wasser aus und bereiten daraus ein Getränk (Met). Übrigens lieben sie den Wein außerordentlich. Sie trinken den Wein, der von den Kaufleuten eingeführt wird, unverdünnt ... (Die Kaufleute) liefern ihnen den Wein auf dem Wasserweg über die schiffbaren Flüsse wie auch zu Lande auf Wagen und gewinnen durch diesen Handel unglaubliche Summen. Denn für eine Amphore Wein erhalten sie einen Sklaven.*»

In der keltischen Handelssiedlung bei der alten Gasfabrik in Basel kamen bei den Ausgrabungen die Überreste von zahlreichen Weinamphoren aus Italien zutage. Von hier und anderen Handelsplätzen aus wurden die Waren aus dem Süden in den Regionen verteilt.

Die Kontakte mit dem Süden beschränkten sich aber nicht nur auf Import und Export. Zwei Generationen vor der großen Auswanderung schlossen sich die helvetischen Tiguriner einem Zug der germanischen Kimbern und Teutonen an. In Südwestgallien schlugen sie die Römer, die sich ihnen entgegenstellten, vernichtend. Anführer der Tiguriner war der junge vornehme Helvetier Divico, der später als alter Mann, im Jahre 58 v. Chr., den Auszug der Helvetier und ihrer Bundesgenossen leitete.

Links:
Ein keltischer Reiter aus der Zeit vor den Römern. Auf der nur noch in einer Scherbe erhaltenen Schüssel des rotgebrannten römischen Tafelgeschirrs sehen wir den Anführer einer keltischen Reiterschar mit Helm, Langschwert und dem typischen großen Keltenschild. Er trägt lange Hosen und Schuhe, während der Oberkörper nackt bleibt. Vielleicht schmückt zudem ein Halsring den Keltenkrieger, dessen Bild über 100 Jahre nach der römischen Eroberung dieses im Süden Galliens hergestellte Gefäß zierte. Vergrößert.

Augustus (27 v.–14 n. Chr.). Als Adoptivsohn Caesars nannte er sich auf Münzen auch gerne «Sohn des vergöttlichten Caesar».

Vergrößerte Rückseite einer Bronzemünze mit der Darstellung des großen, der Göttin Roma und dem Augustus (ROM ET AVG) geweihten Altars von Lyon. Man er-

kennt die mit Reliefs dekorierte Abschrankung des Altars und zwei Pfeiler, die eine geflügelte Siegesgöttin mit Siegeskranz in der rechten Hand bekrönte.

Von Bibrakte bis zur römischen Eroberung – Caesar und Augustus verändern unser Land

Die Anziehungskraft, die die südlichen Landschaften auch im 1. Jahrhundert v. Chr. auf die Kelten unseres Gebiets ausübten, bestand nicht nur im fruchtbaren Land und im besseren Klima. Gaius Julius Caesar berichtet in seinem Kommentar zum Gallischen Krieg als weitere Gründe für die Auswanderungspläne der Helvetier, Rauriker und ihrer Verbündeten von Überfällen der Räter und von den Bedrohungen durch Ariovist. Dieser germanische König hatte trotz Abmachungen mit den Römern große Teile des Elsaß erobert, sich dort niedergelassen und bedrängte die keltischen Rauriker und Sequaner, seine Nachbarn im Westen und Süden. Es ist möglich, daß der blühende Handelsplatz der Rauriker bei der alten Gasfabrik in Basel von Ariovist und seinen Scharen überfallen und geplündert wurde, vielleicht sogar durch ihn zugrunde gegangen ist. Bei den Ausgrabungen fanden sich dort zwischen und in den Häusern und Gruben die Skelette erschlagener Männer, Frauen und Kinder. Diese unmittelbaren Gefahren werden die Rauriker bestärkt haben, sich 58 v. Chr. dem Zug der Helvetier nach Gallien anzuschließen. Tatsache bleibt, daß die Auswanderung scheiterte, daß Caesar die Überlebenden in ihre Heimat zurückschickte und daß sie einen Bündnisvertrag mit den Römern abschließen mußten.

Aber noch gehörte, abgesehen von den bereits erwähnten Gebieten um Genf und im Südtessin, die heutige Schweiz nicht zum Römerreich. Durch die archäologischen Ausgrabungen wissen wir, daß um die Mitte des 1. Jahrhunderts v. Chr. einige keltische Städte, unter anderem die Oppida von Basel und Bern, neu gebaut oder verändert wurden. Ein gewaltiges Oppidum auf dem Mont Vully über dem Murtensee, welches der Hauptort der Tiguriner gewesen sein könnte, brannte innen um diese Zeit ab und wurde nie mehr aufgebaut. Ein Zusammenhang mit dem Auszug, im Falle von Basel und Bern mit der Rückkehr der Helvetier und Rauriker ist zwar bis jetzt nirgends ganz sicher, aber sehr wohl möglich.

Das nächste, was wir von den Römern erfahren, ist die Gründung zweier Kolonien, das heißt planmäßige Ansiedlungen römischer Bürger: Um 45/44 v. Chr. ließ Caesar im keltischen Ort Noviodunum (Nyon) aus der Armee entlassene Reiter ansiedeln. So entstand die Colonia Julia Equestris. Einige Jahre danach führte Lucius Munatius Plancus, einer der Feldherren Caesars, Kolonisten ins keltische Oppidum von Basel; zumindest war dies so geplant.

Nyon und Basel lagen nahe beim damals bereits römischen Gallien, aber noch außerhalb des Römischen

Reiches. Caesar wollte zunächst mit dem Ausgreifen nach Britannien (England) mit seinen reichen Zinnvorkommen und dem Vorstoß nach Norden die römische Herrschaft in Gallien selbst festigen. Die beiden römischen Kolonien in der Schweiz hätten in erster Linie die Aufgabe gehabt, unerwünschte Aktionen der Kelten zu kontrollieren und von Gallien fernzuhalten. Aber was auch immer Caesar weiter mit unserem Gebiet vorhatte – er konnte es nie in Angriff nehmen: An den Iden des März 44 v. Chr. starb er in Rom unter den Dolchstichen seiner Mörder, und im darauffolgenden Bürgerkrieg hatte Rom alles andere zu tun, als sich um die Ausdehnung seiner Herrschaft nördlich der Alpen zu kümmern. Vieles spricht dafür, daß die an sich bereits aus der Armee entlassenen Soldaten (Veteranen) aus den beiden neu gegründeten Kolonien am Genfersee und am Rhein wieder unter die Fahnen gerufen wurden.

Aus dem Bürgerkrieg ging Caesars Adoptivsohn Octavianus als Sieger hervor. Seit 27 v. Chr. nannte er sich Augustus (der Erhabene) und regierte fortan über vierzig Jahre, am längsten von allen noch kommenden römischen Kaisern. Er starb im Jahre 14 n. Chr.

Kaiser Augustus sorgte für eine Neuorganisierung der bereits bestehenden

Publius Decius Troucetei Vepi filius Voltinia tribu Esunertus Caio Asinio Gallo Caio Marcio Censorino consulibus.
Publius Decius Esunertus, Sohn des Trouceteius Vepus, aus der Bürgertribus Voltinia. Im Jahre der Konsuln Gaius Asinius Gallus und Gaius Marcius Censorinus.

Der Grabstein des im Jahre 8 v. Chr. verstorbenen Publius Decius Esunertus trägt eine

Provinzen und nahm die Eroberung weiterer Gebiete an die Hand. Nun ging alles Schlag auf Schlag: Vielleicht schon bald nach seinem Regierungsantritt wurde das Wallis erobert, um endlich den wichtigen Alpenübergang über den Großen St. Bernhard ganz in römische Hand zu bringen. Ihre Ansprüche auf den Paß hatten die Römer schon 24 v. Chr. nachdrücklich mit der Gründung der Koloniestadt Augusta Praetoria (Aosta) am südlichen Ausgangsort der Paßstraßen über den Großen und den Kleinen St. Bernhard betont.

Der westliche Teil unseres Landes wird Augustus und seinen Feldherren – insbesondere sind seine Stiefsöhne Drusus und Tiberius zu erwähnen – ohne großen Widerstand zugefallen sein. Aus diesem Gebiet sind nur wenige und kleinere militärische Stützpunkte bekannt, unter anderem in Petinesca an der wichtigen Straßengabelung Jura/Mittelland. Zweifellos konnte Augustus sich auf die früheren Verträge mit den Helvetiern und auf die Koloniegründungen berufen. Harte Kämpfe mußten hingegen ausgefochten werden, um die Räter und die anderen Alpenvölker zu unterwerfen. Aber auch dies gelang den beiden Prinzen Drusus und Tiberius. In ihren Feldzügen von 16/15 v. Chr. und vor allem der folgenden Jahre kamen die römischen Legionen bis zur Donau und rheinabwärts bis nach Norddeutschland.

Seit dem siegreichen Abschluß der Alpenfeldzüge berichtet in La Turbie, hoch über der Côte d'Azur, in Südfrankreich bis heute ein ehemals fünfzig Meter hohes Siegesdenkmal von der Unterwerfung der Alpenvölker durch Augustus. Auf der in Stein gehauenen Liste, die im Sockel des Monumentes eingelassen war, sind mehrere Stämme aus dem Gebiet der heutigen Schweiz erwähnt. Nach der Neuorganisation der Provinzen in Gallien und am Rhein wurde in Lugudunum (Lyon) unter großen Feierlichkeiten ein Altar für die Göttin Roma und Kaiser Augustus geweiht (Bild Seite 15).

Diese für unser Land so folgenreiche Zeit ist nicht nur in antiken Geschichtsbüchern überliefert. Nachdem Tausende von Soldaten durch unser Gebiet marschiert und hier zeitweise stationiert waren und nachdem sich die römische Verwaltung etabliert hatte, ist die römische Zeit auch mit Funden aus dem Boden deutlich zu erfassen: Kastelle, Wachttürme und Militärposten erzählen von den Feldzügen, viele Siedlungen und ein Legionslager aus der darauffolgenden Zeit. Die Funde, unter anderem Abfall der Soldaten, geben Aufschluß über Bewaffnung, Kleidung und über die teils aus Italien mitgebrachten, teils in Gallien oder bereits in unserem Gebiet fabrizierten römischen Gerätschaften und Gegenstände. Zahlenmäßig machten aber die echten Römer, die in unser Land kamen und hier blieben – Neusiedler, Beamte, Militär –, nur einen geringen Anteil der Gesamtbevölkerung aus. Wie war es trotzdem möglich, daß innerhalb einer Generation die einheimischen Kelten in vielem zu Römern geworden waren?

Der römische Staat hat die Stellung der tonangebenden Keltenfamilien wenig geschmälert, denen schon vor der Eroberung große Teile des Landes gehört haben müssen. Viele dieser kelti-

der ältesten datierten Inschriften der Schweiz. Publius war der Sohn des Kelten Trouceteius Vepus. Er erhielt zur Zeit des Kaisers Augustus das römische Bürgerrecht und wurde in die Familie der Decier aufgenommen; seinen keltischen Namen Esunertus behielt er als Beinamen.

Die Inschrift ist gleichzeitig ein Beispiel für die zur Römerzeit vom Staat verhängte sogenannte «damnatio memoriae» (Verdammung des Andenkens), die in Ungnade gefallene hohe Beamte und sogar Kaiser treffen konnte. Ihre Namen wurden auf allen Inschriften im Reich getilgt. In diesem Falle traf diese Strafe – 38 Jahre später! – den Gaius Asinius Gallus, der im Jahre 8 v. Chr. zusammen mit Gaius Marcius Censorinus in Rom Konsul war. Der Grabstein kam bei Landecy im Kanton Genf zutage und mißt 65 × 47 cm.

Unten:
So sah das rotgebrannte Tafelgeschirr aus – hier Trinkkelch, Saucenschälchen und Teller –, welches die Soldaten aus Italien mitbrachten. Bald einmal wurde derartiges Geschirr auch in Lyon und anderen Orten in großen Serien fabriziert und bis nach Norddeutschland geliefert. Die Gefäße kamen in Vindonissa zutage; der Kelch ist ca. 20 cm hoch.

17

schen Patrizier erhielten bald das römische Bürgerrecht, was damals für Provinzialrömer eine große Ehre war, ganz abgesehen davon, daß nur ein römischer Bürger in Politik und Militär Karriere machen konnte. Für den römischen Bürger galt überdies ein Recht, das ihn besser schützte als das Recht der Nichtrömer.

Nach dem Vorbild der keltischen Neubürger und nach dem Vorbild des Militärs und der Beamten wurde auch die übrige Bevölkerung rasch *romanisiert* – so wird die Übernahme der römischen Kultur durch die einheimische Bevölkerung bezeichnet: Während früher Importwaren der kaufkräftigen Gesellschaftsschicht vorbehalten blieben, kamen nun viel mehr Leute –

vom Herrn bis zum Diener und Sklaven – auf Schritt und Tritt mit der südlichen Kultur und dem römischen Alltagsleben in engen Kontakt. Nicht nur übernahmen die Einheimischen in vielem Schmuckformen und Kleidermode und mit Gerichten aus der römischen Küche auch Formen aus dem römischen Geschirrsortiment. Die Veränderungen gingen viel weiter: Die römische Sprache, das Latein, wurde Umgangssprache. Die einheitliche römische Geldwährung ersetzte die nur regional verbreiteten Keltenmünzen. Die neuen Siedlungen entstanden nach römischen Plänen. Auch in Religion und Totenbrauch kamen römische Vorstellungen in die Provinzen. Keltische Kultur und keltische Tradi-

tion starben aber nicht aus, sondern schimmerten durch die römische Hülle bald stärker, bald schwächer hindurch. Wir werden auf unserem Rundgang durch die Römerzeit in der Schweiz noch viel Keltisches begegnen. Die Archäologen sprechen deshalb von Gallorömern und von der gallorömischen Kultur, um die ehemals keltischen Gebiete von den Römern aus Italien und aus den anderen Provinzen abzusetzen.

Trotzdem können wir feststellen: Aus den Kelten waren Römer geworden.

Links:
Ein knapp 7 cm hoher Trinkbecher aus einem reichen
Grab von Locarno-Muralto.
Der aus tief dunkelblauem
Glas geblasene, über-
schliffene und mit bunter
Emailmalerei geschmückte
Becher wurde vielleicht in Italien geschaffen, etwa zur
gleichen Zeit wie der Becher
auf der gegenüberliegenden
Seite. Die kunstvolle Malerei
zeigt ineinanderverschlun-
gene Efeu- und Weinranken,
beides Pflanzen, die dem
Weingott Bacchus heilig
sind. Zwei Vögel möchten
Traubenbeeren picken.

Oben:
Becher aus sehr feinem Ton,
mit aufgemaltem Vogelfries.
Das elegant geschwungene,
13 cm hohe Gefäß ist zu Beginn der Römerzeit, aber
noch ganz in keltischer Hand-
werkstradition in der Gegend
von Annecy (Savoyen) gefertigt worden und wurde in
Genf gefunden.

Von Augustus bis Diokletian –
300 Jahre Römerzeit im Überblick

Seit Kaiser Augustus gehörte also das ganze Gebiet der heutigen Schweiz zum Römischen Reich. Es entstand daraus aber nicht etwa eine einheitliche Region: Das Land wurde verschiedenen Provinzen des Reiches zugeteilt. Die Karte (siehe Buchdeckel) zeigt die Grenzen, welche nach einigen Änderungen unter den Nachfolgern des Augustus durch die heutige Schweiz gezogen wurden. Diese Provinzgrenzen entsprangen nicht etwa reiner Willkür, sondern lehnten sich teilweise an ältere, regionale Grenzen an: Nord- und Westschweiz sowie das Mittelland kamen zur Provinz Germania Superior (Obergermanien) mit Hauptstadt Mogontiacum (Mainz). Genf und sein Hinterland blieben bei der Provinz Narbonensis und im Verwaltungsbereich der Koloniestadt Vienna (Vienne). Ostschweiz und Graubünden wurden Teil der Provinz Raetia (Rätien) mit Hauptstadt Augusta Vindelicorum (Augsburg). Bis heute ist im Ortsnamen Pfyn im Kanton Thurgau die Grenze zwischen Obergermanien und Rätien überliefert, denn Pfyn kommt vom Lateinischen «ad fines», «bei der Grenze». Kaiser Claudius (41–54) ließ das zunächst mit Rätien verwaltete Wallis zusammen mit den südlich angrenzenden Alpentälern zu einer eigenen Provinz Alpes Graiae et Poeninae vereinigen. Bei Überschreiten dieser innerrömischen Grenzen mußte man zwar keinen Paß zeigen, aber die Kaufleute hatten für ihre Waren einen Zoll zu entrichten.

Den Provinzen stand im Auftrag Roms ein römischer Statthalter aus dem Senatoren- oder Ritterstand mit seinen Beamten vor. Er hatte seinen Sitz in den Hauptstädten. Weitere militärische und zivile Beamte mußten verschiedene Aufgaben in den übrigen Städten übernehmen.

Die in den Provinzen vereinigten früheren Stammesgebiete konnten sich aber unter der Kontrolle der Provinzstatthalter weitgehend selbst verwalten. Diese klugen Maßnahmen des römischen Staates bilden eine der ganz wichtigen Grundlagen, auf denen das riesige Imperium Romanum bestehen konnte, obwohl es doch Völker und Stämme gänzlich unterschiedlicher Herkunft und Traditionen vereinigte.

Hand in Hand mit der Organisation der Provinzen veranlaßte Kaiser Augustus eine Kolonisierung und Vergrößerung der bewohnbaren Gebiete. Für die neuen Siedlungen suchten die Baumeister und Ingenieure nun nicht mehr wie vorher Hügel und Höhen auf, sondern günstige Plätze auf dem offenen Land. Wichtiger als steile Felshänge und dicke Mauern waren gute Verkehrsverbindungen. Weil die Lage auf dem Basler Münsterhügel den Anforderungen der neuen Zeit nicht genügte, wurde die Kolonie Raurica damals etwa zehn Kilometer nach Osten verlegt und im heutigen Augst ein zweites Mal gegründet. Teile einer prächtig ausgearbeiteten Erinnerungstafel aus Bronze, die einst im Sockel

eines Denkmals eingelassen war, kamen vor einigen Jahren bei den Ausgrabungen in Augst zutage. Auch in Genf entstanden die neuen Quartiere nicht mehr im alten Oppidum auf dem Hügel der Altstadt, sondern zu dessen Füßen, näher am See und an der Arve. In Chur wurde die römische Siedlung beim heutigen Welschdörfli erbaut, an der Straße, die Rätien mit Italien verband.

Das erste halbe Jahrhundert der römischen Herrschaft war eine Zeit unablässigen Aufbaus. In einem wahren Bauboom wuchsen Städte und Marktorte, wurden Wälder gerodet und Bauerngüter gebaut. Zu den noch bestehenden kleinen Militärgarnisonen wie Basel und Zürich kam unter Kaiser Tiberius (er regierte nach dem Tod seines Stiefvaters Augustus bis zum Jahr 37; als junger Mann hatte er mit seinem Bruder Drusus in den Alpenfeldzügen der Jahre 16/15 v. Chr. gesiegt) das große Legionslager Vindonissa mit über 6000 römischen Soldaten. Kaiser Claudius ließ das Straßennetz verbessern, besonders auch die wichtige Fernstraße über den Großen St. Bernhard. Den nördlichen Ausgangsort der Paßstraße, Octodurus (Martigny), erhob er zu einem Marktzentrum. Gleichzeitig wurde Octodurus neue Hauptstadt des Wallis und hieß seither Forum Claudii Vallensium (Marktzentrum der Walliser, gegründet von Claudius).

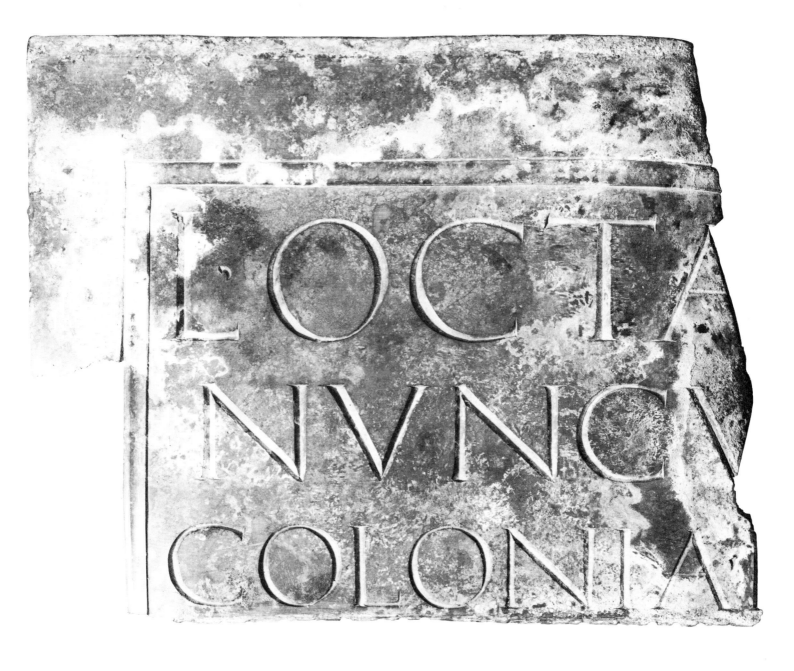

Die auf eine ursprünglich
93 × 86 cm große Bronzetafel
mit größter Sorgfalt ein-
gemeißelte Erinnerungs-
urkunde an die Neugründung
der Koloniestadt Augusta
Rauracorum, die zur Zeit des
Kaisers Augustus und in seinem Auftrag ein gewisser
Lucius Octavius feierlich voll-
zogen hat. Die Inschrift
schmückte ein Denkmal, das
wahrscheinlich auf dem
Marktplatz der Stadt stand.
Die hier dunkel gerasterten
Teile der noch in römischer
Zeit zersägten Platte kamen
in einem Altmetalldepot in
der Nähe des forums von
Augst zutage; der übrige
Text ist ergänzt.

Die Spuren von der Zerstörung des vicus Aquae Helveticae (Baden) im Winter 69 n. Chr. zeichnen sich im Boden in mächtigen Brandschichten ab. Auf diesem Bild sind in der schwarzen Schicht verbrannte, zerborstene Gefäße und ein Lämpchen zu erkennen.

Das Vierkaiserjahr und seine Folgen

Im Jahre 69 n. Chr. wurden die erst gut zwei Generationen alten römischen Provinzen nördlich der Alpen ein erstes Mal ernsthaft auf Probe gestellt. Im Jahre zuvor starb in Rom Kaiser Nero, der letzte Sproß aus dem julisch-claudischen Kaiserhaus, das seit Augustus das Römische Reich beherrschte. Aufgestachelt durch Julius Vindex, der das Amt eines Statthalters in Lyon ausübte, begannen Gallien, dann auch Germanien und unser Gebiet unruhig zu werden. Kein Geringerer als der große römische Historiker Tacitus berichtet über diese als Vierkaiserjahr in die Geschichte eingegangene Zeit.

Nach Neros Tod hatten die Helvetier wie die meisten anderen dem von Vindex und dem Heer zum Kaiser erhobenen Galba die Treue geschworen. Als dieser aber allzu streng und sparsam mit dem Heer umging, erklärten die im Rheinland stationierten Legionen ihren Chef Vitellius zum Kaiser. Kaum zehn Tage später wußte man diese Neuigkeit schon in Rom, und Galba wurde erschlagen. Die kaiserliche Garde hielt aber nicht zu Vitellius, sondern proklamierte ihrerseits Otho, den Statthalter der römischen Provinz Lusitanien (ein Teil von Südspanien und Portugal) zum Kaiser. Ein Kampf zwischen den beiden Rivalen war unausweichlich, denn einzig und allein zählte, wer siegen und sich

in Rom durchsetzen konnte. Deshalb brach Vitellius vom Rheinland via Rhonetal nach Süden auf. Seinen Feldherrn Caecina schickte er mit weiteren Truppen nach Vindonissa, um die dort stationierte 21. Legion zu holen und Verstärkung aus dem Donaugebiet anzufordern. Anschließend sollten alle diese Truppen auf dem schnellsten Weg nach Italien marschieren. Als aber Caecina im Helvetiergebiet ankam, fand er Unruhe und offenen Widerstand: Ein Trupp der 21. Legion hatte einen helvetischen Geldtransport überfallen und ausgeraubt, was die Helvetier natürlich aufbrachte. Aus Rache fingen sie eine Offizierspatrouille ab, die in den Kastellen an der Donau ausgerechnet Verstärkung für Vitellius holen sollte. Noch wußten die Helvetier nichts vom Tode des von ihnen als Kaiser anerkannten Galba, doch erfuhren sie bald genug davon von Caecina, der den Widerstand der Helvetier gegen das Heer und die römische Macht hart bestrafte. Nur allzugern wurde er bei der Strafaktion durch die 21. Legion unterstützt. Die Soldaten verwüsteten die Umgebung von Vindonissa; unter anderem fielen große Teile des beliebten Badeortes Aquae Helveticae (Baden) und des aufblühenden vicus Vitudurum (Oberwinterthur) in Schutt und Asche. Dicke Brandschichten an beiden Orten bestätigen den Bericht

Vespasian (69–79). Die Umschrift auf der im Jahre 74 geprägten Bronzemünze (Dupondius) lautet ausgeschrieben: Imperator Caesar Vespasianus Augustus Pontifex Maximus Tribunitia Potestas Consul V Censor (Imperator Kaiser Vespasian, oberster Priester, Inhaber der tribunizischen Gewalt, zum fünftenmal Konsul, Steuerherr).

Wohlstand und Blütezeit

des Tacitus. Aus den benachbarten Gebieten, selbst aus Rätien, ließ Caecina Hilfstruppen gegen die Helvetier marschieren und reiten. Als diesen die Lage ausweglos erschien, flüchteten sie sich auf den Berg Vocetius (wohl der Bözberg oberhalb Brugg), der aber keine Zuflucht bieten konnte. Die Helvetier wurden gnadenlos hinuntergejagt, und wer mit dem Leben davonkam, als Sklave verkauft.

Caecina rückte mit dem Heer gegen die Hauptstadt Aventicum und drohte, die Stadt dem Boden gleichzumachen. Eilends schickten die Helvetier eine Gesandtschaft nach Lyon, wo sich Vitellius auf dem Weg nach Rom gerade aufhielt. – Aber lassen wir einen Zeitgenossen dieser Ereignisse, den Historiker Tacitus, erzählen: «Als alles verwüstet war und man in feindlicher Marschkolonne gegen Aventicum, die Hauptstadt des Volkes, vorrückte, wurden Abgesandte geschickt, die die Stadt übergaben; ihre Unterwerfung wurde angenommen. Den Julius Alpinus, einen vornehmen Mann, bestrafte Caecina als Kriegsanstifter mit dem Tode, die übrigen überließ er der Gnade oder der Grausamkeit des Kaisers Vitellius. Es läßt sich nicht leicht sagen, ob die Gesandten der Helvetier den Kaiser oder die Soldaten unversöhnlicher angetroffen haben. Die Soldaten forderten den Untergang der Stadt, Waffen und Fäuste hielten

sie den Gesandten vor das Gesicht. Vitellius selber ließ es nicht fehlen an Scheltworten und Drohungen. Da konnte einer der Gesandten, Claudius Cossus, ein gewandter Redner, der aber seine Redekunst mit wohlangebrachter Ängstlichkeit verbarg, und daher nur um so mächtiger wirkte, die Soldaten milde stimmen. Wie es oft der Fall ist, ließ sich die Menge durch plötzliche Eindrücke leicht umstimmen und war ebenso geneigt zum Mitleid, wie sie in der Wut maßlos gewesen war: unter vielen Tränen und dadurch, daß sie immer günstigere Bedingungen mit Beharrlichkeit erbaten, erlangten die Soldaten Straflosigkeit und Schonung für die Stadt. Caecina blieb nur wenige Tage im Gebiete der Helvetier, bis die Nachricht von der Entscheidung des Vitellius eingetroffen war, zugleich bereitete er den Alpenübergang vor . . .»

Nachdem der helvetische Aufstand niedergeworfen war, lag die schwierigste Aufgabe noch vor Caecina: Um auf dem kürzesten Weg nach Italien zu gelangen, hatte er mit seinen 22 000 Soldaten im März oder Anfang April des Jahres 69 über den Großen St. Bernhard (2473 m ü. M.) zu ziehen. Kälte und Schneemassen werden dem langen Zug schwer zugesetzt haben.

Trotz all dieser Anstrengungen gelang es schließlich weder Otho noch Vitellius, sich zu behaupten. Im Dezember 69 begann eine neue Ära, die wiederum auch für unser Gebiet direkte Auswirkungen haben sollte. Einstimmig wurde der damals sechzigjährige Vespasian zum Kaiser erklärt. Er stammte aus einer italischen Beamtenfamilie. Sein Vater war, vermutlich zur Zeit des Kaisers Claudius, Bankier in Helvetien. Während Vespasian im Jahre 43 als Befehlshaber einer Legion bei der Eroberung von Britannien kämpfte, hat er seinen kleinen Sohn Titus dem Vater nach Aventicum in Obhut gegeben. Das alles ist bekannt, weil wir viel später auf der Grabinschrift der Pompeia Gemella eines der Kindermädchen des kleinen Titus kennenlernen. Nach einer späteren Überlieferung soll Kaiser Titus der Stadt Aventicum, in der er seine frühe Jugend verlebt hatte, schöne Bauwerke gestiftet haben.

Vespasian (69–79) ließ die 21. Legion, an die die Helvetier nur im Zorn denken konnten, nach Norddeutschland verlegen. An ihre Stelle kam die 11. Legion aus dem heutigen Jugoslawien nach Vindonissa. Die helvetische Hauptstadt Aventicum aber erhob der Kaiser in den Rang einer Kolonie. Seit dieser Zeit gab es im Gebiet der heutigen Schweiz drei römische Kolonie-

Augustus (27 v.-14 n. Chr.) Tiberus (14-37) Claudius (41-54) Nero (54-68) Galba (69) Vitellius (69)

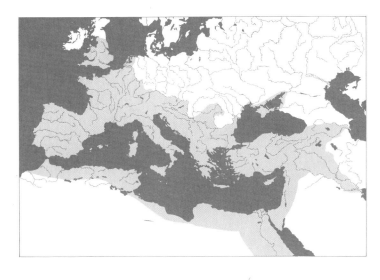

Die Ausdehnung
des römischen Reiches
im 2. Jahrhundert n. Chr.
(= hellgrau gerasterte
Flächen).

Schwere Zeiten künden sich an

städte: Nyon, Augst und Avenches, und dabei blieb es.

Unter Vespasians Feldherr Gnaeus Pinarius Clemens kamen die Landschaften nördlich des Rheins bis zur Donau fest in die Hand Roms. Damit war unser Land nicht mehr Grenzgebiet, sondern rückte gegen das geschützte Innere des Reiches. Aus diesem Grund hob Kaiser Trajan im Jahre 101 Vindonissa als Legionslager auf. Nach dem Abzug der Truppen entwickelte sich aus dem Lagerdorf ein richtiger vicus, ein kleinstädtischer Marktort. Einige Gebäude des Lagers, die Bäder und der Markt blieben weiterhin benützt und kamen noch eine Zeitlang unter die Obhut einer kleinen Zahl Soldaten aus dem Legionslager von Argentorate (Straßburg im Elsaß). Seit Vespasian haben die Kaiser die neue Grenze zwischen Rhein und Donau zunächst mit einer breiten, abgeholzten Schneise in den Wäldern («limes» genannt), später mit Wachttürmen, Palisaden und sogar mit Mauern gegen das freie Germanien abgesichert. Fortan brauchte es südlich des Rheins über 150 Jahre lang keine größeren Militäreinheiten mehr.

Im 2. Jahrhundert n. Chr. rückt unser Gebiet fast ganz aus den Augen der römischen Geschichtsschreiber. Der Rhein war gut 150 Kilometer vom südlichsten Punkt des Limes entfernt, und alles deutet darauf hin, daß unser

Land damals eine Zeit des Aufbaus und des Wohlstandes erlebte. Die Siedlungen blühten, Handel und Verkehr konnten sich über ein gut ausgebautes Verkehrs- und Verteilernetz abwickeln. Die zum Teil zu beträchtlichem Reichtum und verantwortungsvoller Stellung aufgestiegenen einheimischen Familien waren stolz darauf, aus ihren eigenen Mitteln Gebäude, Stiftungen für Festspiele, Statuen und andere Weihegaben zu errichten oder zu erneuern.

Wie ein fernes Gewitter zogen die ersten Unruhen an der Grenze gegen das freie Germanien in der Regierungszeit des Kaisers Marc Aurel (161–180) an unserem Gebiet vorbei. Vielleicht haben rasche, ungewohnte Truppendurchmärsche nach Osten die Bewohner Helvetiens aufgeschreckt oder Berichte von Augenzeugen über den Krieg an der Donau, der schließlich von den Römern gewonnen wurde. Marc Aurel ließ aufgrund dieser Erfahrungen das Militär durch zwei neue Legionen verstärken. Die eine erhielt ihr Standquartier in der Provinz Rätien, in Regensburg an der Donau; Marc Aurel beabsichtigte, mit dieser Legion den Weg nach Süden zu versperren und zu sichern. Die Einwohner des rätischen vicus Tasgetium (Eschenz im Kanton Thurgau) haben in den achtziger Jahren des 2. Jahrhunderts den Legionskommandanten von Regensburg mit einer Weiheinschrift geehrt.

Im riesigen Römerreich, das damals von der Iberischen Halbinsel im Westen bis nach Mesopotamien im Osten, von Schottland und Holland im Norden bis nach Ägypten im Süden reichte, gab es nun immer wieder Schwierigkeiten. Seit dem 2. Jahrhundert drängten größere Völkerbewegungen in teilweise weit außerhalb des Römischen Reiches gelegenen Gebieten gegen Süden und Westen. Immer mehr grenznahe Volksstämme wollten sich

| Otho (69) | Titus (79-81) | Trajan (98-117) | Hadrian (117-138) | Antoninus Pius (138-161) | Marc Aurel (161-180) |

Pro salute domus divinae Iovi Optimo Maximo Iunoni Reginae aram Quintus Aelius Aunus IIIIII vir Augustalis de suo. Item donavit vicanis Minnodunensibus denarios DCCL, ex quorum ussuris gymnasium in derecto tempore per triduum; eisdem vicanis dedit in aevum. Quod si in alios ussus transferre voluerint, hanc pecuniam incolis coloniae Aventicensium dari volo. Locus datus decreto vicanorum Minnodunensium.

Für das Heil des Kaiserhauses weihte dem Jupiter Optimus Maximus und der Juno Regina den Altar Quintus Aelius Aunus, Mitglied der kaiserlichen Sechsmänner aus seinen eigenen Mitteln. Ebenso schenkte er den Bewohnern des vicus Moudon 750 Denare, aus deren Zinsen sie ein Sportfest sogleich für drei Tage veranstalten sollten; denselben Einwohnern gab er diese Summe dafür auf ewig. Falls sie sie für andere Zwecke sollten verwenden wollen, so will ich, daß dieses Geld den Einwohnern der Kolonie der Aventicenser gegeben wird. Der Platz für diese Inschrift ist gegeben durch Beschluß der Gemeinde von Moudon.

Quintus Aelius Aunus, ein begüterter Bürger keltischer Abstammung, stiftete dieses Fest im späten 2. oder frühen 3. Jahrhundert. Der 148 cm große Stein befindet sich heute beim Hôtel de Ville in Moudon.

deshalb im Reich niederlassen oder sogar an dessen Macht teilhaben.

Die an den Grenzen immer wieder aufflackernden Unruhen brachten aber auch zutage, daß in der römischen Staatskasse Ebbe herrschte, während die Städte und ihre Bewohner durchaus noch im Wohlstand lebten. Um die allerschlimmsten Lücken zu stopfen, ließ Kaiser Marc Aurel in Rom in einer öffentlichen Versteigerung den kaiserlichen Haushalt und die Palastausstattung verkaufen; er wollte der Reichsbevölkerung zunächst keine Steuererhöhung zumuten.

Marc Aurel galt als Philosoph auf dem Kaiserthron und war sehr beliebt. Eine goldene Bildnisbüste des Marc Aurel kam 1937 bei den Ausgrabungen in Avenches zutage (Bild Seite 27). Über den Tod des Kaisers hinaus muß sein Bildnis in der helvetischen Hauptstadt verehrt worden sein.

Nach Marc Aurel brach eine Zeit an, die immer mehr durch Kämpfe, Einfälle fremder Völker, durch Thronstreitigkeiten im Reich und eine zunehmende Geldentwertung gekennzeichnet war. Nachdem der wenig beliebte Kaiser Commodus 192 ermordet worden war, stritten sich seine Generäle Septimius Severus und Clodius Albinus um den Kaiserthron. Vor allem im benachbarten Gallien tobten Krieg und Schrecken; aus unserem Gebiet sind zwar keine Zerstörungen bekannt, aber die Unsicherheit und die

Ängste dieser Zeit spiegeln sich in mehreren Funden von verstecktem Bargeld wider. In einer Schlacht bei Lyon besiegte Septimius Severus schließlich seinen Nebenbuhler und wurde Kaiser. Nebst den schweren Aufgaben an der Reichsgrenze versuchte er, durch eine neue Steuerverteilung die Staatsfinanzen zu sanieren. Unter seiner Herrschaft und unter seinem Sohn und Nachfolger Caracalla gab es im ganzen Reich viel Arbeit für Architekten und Ingenieure. Auch in unserem Land wurde damals viel gebaut, erneuert und verschönert und das Straßennetz sorgfältig instand gestellt.

Im Jahre 212 gab Caracalla einen Erlaß heraus, wonach alle freien Bewohner des Imperium Romanum zu vollwertigen römischen Bürgern werden sollten. Damit waren rechtlich alle freien Bewohner des Reichs gleichgestellt – mit Ausnahme natürlich der Sklaven, die nach wie vor sozusagen zum Mobiliar eines Haushalts zählten. Weil die Armee immer größere Summen verschlang, mußten aber auch immer mehr Steuerabgaben geleistet werden. Caracallas Nachfolger Severus Alexander (222–235) versuchte zwar die immer drückender werdende Steuerlast zu senken. Mit persönlichen Landgeschenken im Grenzgebiet wollte er zudem die Soldaten anstacheln, ihr eigenes Land besser zu verteidigen. Aber auch er vermochte weder die

Staatsfinanzen zu sanieren noch die galoppierende Geldentwertung zu bremsen.

Diesen Aufgaben waren jedoch seine Nachfolger auch nicht gewachsen. Diese sogenannten Soldatenkaiser versuchten mit militärischer Strenge, eine Verbesserung der Finanzen zu erreichen und die riesigen Ausgaben für das Heer aufzubringen. Die Folgen dieser Roßkur waren aber katastrophal: Rücksichtslos wurde das Vermögen reicher Provinzialrömer beschlagnahmt, die Städte sozusagen von Staates wegen geplündert. In Gallien begannen Banden von verarmten Bauern und Handwerkern die Straßen unsicher zu machen. Der wohlhabende Mittelstand der Bevölkerung verschwand allmählich: Entweder gelang der Sprung nach oben zu großem Reichtum und Macht, oder alles ging verloren. Dann blieb nur noch die Möglichkeit, sich in die Dienste eines Mächtigen zu begeben oder eben sich als Straßenräuber ein Auskommen zu nehmen.

1741 kamen in den Ruinen
eines römischen Gebäudes
bei Obfelden-Lunnern im
Kanton Zürich diese prächtigen Schmuckstücke aus
Gold zutage. Die Ketten und
Anhänger waren wohl vor
einem der Alamanneneinfälle
des 3. Jahrhunderts ver-
steckt, aber nicht wieder behändigt worden. Durch-
messer der größeren Zier-
scheibe 4,5 cm.

Am 19. April 1939 entdeckten
die Ausgräber in einem Abwasserkanal die Goldbüste
des Kaisers Marc Aurel. Ob
ein Bewohner von Aventi-
cum das verehrte Kaiserbild
vor einer drohenden Gefahr
dort verborgen hat?

Einer der bekanntesten
Funde aus der Römerzeit der
Schweiz ist die aus Gold ge-
triebene Büste des Kaisers
Marc Aurel (161–180) von
Aventicum. Das nicht ganz
lebensgroße Bildnis zeigt den
Kaiser in Feldherrenpanzer
und Mantel. Es ist vielleicht
das Werk eines Goldschmie-
des aus der helvetischen
Hauptstadt selbst.

Septimius Severus (193-211) Caracalla (211-217) Severus Alexander (222-235) Trajanus Decius (248-251) Gallienus (259-268)

Die Alamannen kommen!

Zu diesen inneren Schwierigkeiten kamen die immer wiederkehrenden Einfälle der Germanen ins Reichsgebiet auf der Länge des ganzen Limes. Im Jahre 213 erfahren wir aus der schriftlichen Überlieferung erstmals von einem aus verschiedenen Germanenvölkern zusammengewürfelten Stamm, der sich *Alamanni* nannte und der unserem Gebiet noch viel Unheil und Schrecken zufügen sollte. Diese Alamannen waren hauptsächlich im südlichen Grenzbereich aktiv und stießen in kurzen Raubzügen immer wieder durch den Limes bis weit nach Süden. Kaiser Gallienus hatte im Jahr 260 Alamannenscharen bei Mailand zu bekämpfen!

Die Germaneneinfälle und andere Gefahren, die die Bewohner unseres Gebiets verängstigten, sind an zahlreichen Versteckdepots wie in einem Spiegelbild abzulesen. In unsicheren Zeiten haben die Menschen seit jeher all das versteckt, was ihnen wertvoll war. Während in unserem Land aus der vorangegangenen Zeit nur ganz wenig Versteckdepots bekannt sind, häufen sie sich in der zweiten Hälfte des 3. Jahrhunderts. Und dabei kommen mit den heute entdeckten Depots ja nur diejenigen wieder ans Tageslicht, die seinerzeit von ihrem Besitzer nach der Gefahr nicht wieder behändigt werden konnten!

In den Schatzfunden, wie sie eigentlich nicht korrekt und nur vom heutigen Finder her betrachtet auch genannt werden, sind in allen westlichen Provinzen recht ähnliche Dinge enthalten: kostbare Schmuckstücke aus Gold und Silber, Geschirr aus Silber und Bronze und sogar hin und wieder Eisenwerkzeuge. Den größten Anteil aber macht das Bargeld aus, das vielfach allein versteckt wurde, sei es in einem Sack, in einem Tontopf oder Metallgefäß. Die Münzen aus diesen Versteckfunden geben interessante und wichtige Auskünfte: Zum einen ist mit der jüngsten Münze der Zeit-

punkt der Vergrabung recht genau zu bestimmen. Zum andern liefert die Zusammensetzung der Geldhorte dem Münzenforscher Angaben über die Orte der Münzprägung und über den Münzumlauf und den Geldverkehr schlechthin.

Die einfallenden Germanenscharen hatten es nicht auf das Land abgesehen, sondern auf den Reichtum und die bewegliche Habe der Provinzialrömer. Sie stahlen alles, was nicht niet- und nagelfest war. Die Banden fielen ein wie die Heuschrecken, raubten, plünderten und schreckten vor Mord nicht zurück; ebensoschnell wie der Spuk auftauchte, war er wieder verschwunden.

Ganz schlimme Einfälle brachen in den Jahren 259/60 über unser Gebiet herein: Wieder einmal durchstießen die Alamannen den Limes und zogen plündernd und zerstörend durch das Land. Vor allem das schweizerische Mittelland muß schwer gelitten haben. Nach einer späteren Überlieferung fiel damals die Helvetierhauptstadt Aventicum in Schutt und Asche. Die Ausgrabungen zeigen aber, daß einige Quartiere wie in Augusta Rauracorum auch später noch bewohnt blieben. Aber manche Siedlungen wurden in jenen Jahren für immer zerstört. Nach diesen verheerenden Stürmen reagierte der Staat schnell: Noch im Jahr 260 ließ der Provinzstatthalter das alte, halbzerfallene Legionslager von Vindonissa renovieren und wieder mit Militär besetzen. Weitere Maßnahmen zum Schutze von Mensch und Tier werden vom Militär, teilweise aber auch als Selbsthilfe von den Städten und der Landbevölkerung ergriffen worden sein. In einigen Städten, so in Basel und in Augst, wurden in aller Eile aus dem Schutt der zerstörten Gebäude an geeignetem Standort innerhalb der Siedlung Befestigungen gebaut, die der Bevölkerung bei Gefahr Schutz bieten konnten. Auf dem offe-

Die Münzschatzfunde aus der Zeit der Kaiser Decius bis Probus (249-282 n. Chr.) im Gebiet der heutigen Schweiz.

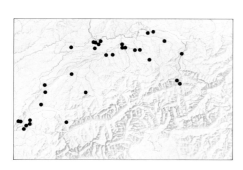

Aurelianus (270-275)

Probus (276-282)

nen Land mit seinem dichten Netz von Bauernhöfen und Landgütern errichtete man auf teilweise schlecht zugänglichen Höhen einfache Fluchtburgen, in die sich die umwohnende Landbevölkerung kurzfristig flüchten konnte. Mehrere derartige Refugien sind bis jetzt aus dem Jura, aber auch aus der übrigen Schweiz bekannt geworden, und es sind sicher noch lange nicht alle entdeckt. Eine der größten Anlagen befand sich auf dem Wittnauer Horn, oberhalb Frick im Kanton Aargau. Weitere, teilweise mit Mauern und Türmen gesicherte Refugien lagen beispielsweise auf dem Stürmenkopf, oberhalb Wahlen im Berner Jura, auf Toos-Waldi im Kanton Thurgau und in Schaan im Fürstentum Liechtenstein. Die Landbevölkerung zog sich nicht nur in diese Höhenrefugien zurück. Einzelne Fundstücke aus dieser Zeit aus Höhlen und unwegsamen Waldhöhen zeigen, daß alle möglichen Schlupfwinkel aufgesucht wurden.

Weil Rom an den Grenzen von West bis Ost unablässig zu kämpfen hatte und weil im Innern des Reiches Unruhen an der Tagesordnung waren, versuchten zwischen 258 und 274 hohe Offiziere in Gallien mehrfach und nicht ohne Geschick, die westlichen Provinzen Spanien, Gallien, Britannien und Germanien auf eigene Faust als Kaiser zu regieren. Begreiflicherweise wehrte sich Rom gegen diese Selbständigkeitsbestrebungen. Es gelang keinem der gallischen Gegenkaiser, sich auf die Dauer durchzusetzen, obwohl mehrere mit Erfolg die immer wieder an der Grenze erscheinenden Germanen zurückgeworfen hatten.

Als Folge der schweren Germaneneinfälle seit den dreißiger Jahren des 3. Jahrhunderts beschloß der Staat um 260, den Limes aufzugeben und die Grenze an den Rhein zurückzuverlegen. Kaiser Probus (267-282) gelang es endlich, die über 3000 Kilometer lange Nordgrenze des Reiches an Rhein und Donau zu festigen. Man

muß sich aber nicht vorstellen, daß nun sofort Germanen an die neue Grenze vorrückten; noch längere Zeit blieben da und dort in Grenznähe Provinzialrömer wohnen. Alamannische Ansiedlungen im ehemals römischen Gebiet zwischen Rhein und Limes kennen wir erst seit dem 4. Jahrhundert n. Chr. Umgekehrt haben die Römer einen Landstreifen rechts des Rheins durchaus noch in ihre Grenzverteidigung einbezogen, um jederzeit ungefährdet den Fluß als Wasserweg benützen zu können.

Die Regierungszeit des Kaisers Diokletian (284-305) brachte für das ganze Reich und damit auch für unser Gebiet die einschneidendsten Änderungen seit Augustus. Er hat das Imperium Romanum nach bereits vorhandenen Ansätzen konsequent aufgeteilt. Seit Diokletian spricht man von der spätrömischen Epoche oder der Spätantike. Über diese nicht minder bewegte Zeit berichtet das letzte Kapitel.

So könnte das Refugium aus der Zeit um 270 auf dem Stürmenkopf oberhalb Wahlen (Berner Jura) ausgesehen haben. Auf der steil abfallenden Anhöhe fanden sich Reste einer Ummauerung und zweier Türme. Im Innern muß man sich einige Holzbauten vorstellen, die den Bewohnern der umliegenden Gutshöfe bei Gefahr vorübergehend ein Dach über dem Kopf zu bieten hatten.

Vorhergehende Doppelseite:

Vor den Toren des Legionslagers Vindonissa wird heute nachmittag eine große Parade stattfinden. Die Vorbereitungen sind in vollem Gange, und es geht zu und her fast wie vor einer richtigen Schlacht. Aber diesmal werden die Waffen nicht poliert, die Rüstungen nicht angezogen, die Geschütze nicht herausgefahren, um gegen den Feind zu ziehen: Ein General der am Rhein stationierten Truppen - er hat sein Hauptquartier in Mogontiacum (Mainz) - wird auf der Durchreise nach Rom das Legionslager Vindonissa besuchen. Zwei Reiter der Hilfstruppen (vielleicht stammen sie aus dem benachbarten Rätien?) haben den Auftrag, von einer Anhöhe aus zu erkunden, ob der hohe Besuch naht.

Der Centurio Gaius Valerius Festus ist schon zur Parade gerüstet. Sein treuer Sklave Primus trägt ihm Mantel und Waffen, das prächtig verzierte Schwert, den Dolch und den Helm mit dem blutroten Federbusch. Der aus Oberitalien stammende Gaius wird heute seine honesta missio erhalten, das heißt seinen Abschied aus der Armee nehmen. Der General persönlich wird ihm die auf einer Bronzetafel eingeschnittene Entlassungsurkunde überreichen. Vor zwanzig Jahren ließ Gaius sich in die Legionen des Kaisers anwerben. Die Werber hatten ihm das Leben eines Legionärs in den schönsten Farben geschildert und ihm den Mund nach den Belohnungen und Geschenken wäßrig gemacht, die ihn nach Ablauf der Dienstzeit erwarteten. So hatte er sich schließlich einschreiben las-

sen. Das Heimweh hatte ihn allerdings oft geplagt, und nicht wenige seiner Kameraden und Freunde starben als junge Männer. Gaius schaffte den Aufstieg bis zum Hauptmann, dem höchsten Rang, den ein Legionär erreichen kann. Die zwei armillae (Armreifen) und die neun phalerae (Ehrenscheiben), die, an Lederriemen befestigt, den Panzer schmücken, sind ihm für besondere Leistungen verliehen worden; er trägt sie mit Stolz.

Jetzt freut der Centurio sich auf den Abschied. Bald würde er endlich das kleine Landgut in der Nähe von Salodurum kaufen können, auf das er schon lange ein Auge geworfen hat.

So könnte einer der Wachttürme am Walensee ausgesehen haben, die bei der Eroberung der Gebiete nördlich der Alpen Straße und Wasserweg gegen die Räter abzusichern hatten. Der gemauerte Turm ist von einer Holzpalisade umschlossen. Ein Teil der hier stationierten Soldaten wohnt in Lederzelten. Holzstoß und Heuhaufen dienen dazu, bei Tag und Nacht jederzeit den anderen Türmen Signale übermitteln zu können.

I m Gebiet der heutigen Schweiz stand römisches Militär vor allem während der Eroberung und bis zum Ende des 1. Jahrhunderts n. Chr. sowie erneut in der Spätzeit, als der Rhein wieder Grenze geworden war. Während der großen Feldzüge unter Kaiser Augustus hatten zwar viele tausend Soldaten unser Land durchquert, aber nur kleinere Einheiten waren hier stationiert. Dem gefährlichen rätischen Gebiet in Graubünden und der Ostschweiz benachbart, schützten Wachttürme am Walensee die wichtigen Straßen. Ein Kastell mit einigen hundert Soldaten stand in Zürich auf

dem Lindenhof, in Vindonissa beim spätkeltischen Oppidum, in Basel im Oppidum auf dem Münsterhügel. Auch an anderen Stellen, selbst nördlich des Rheins, war damals römisches Militär in Aktion. Ein eigentliches Legionslager wurde unter Kaiser Tiberius, dem Adoptivsohn und Nachfolger des Augustus, im Jahre 17 n. Chr. in Vindonissa angelegt, nachdem Rom seine Absicht aufgegeben hatte, ganz Germanien (etwa das heutige Deutschland) zu erobern. Das Lager blieb bis zum Ende des 1. Jahrhunderts belegt. In der spätrömischen Zeit standen Militäreinheiten in Kastellen an der

Rheingrenze und in ihrem Hinterland. Zusätzlich ließen die Kaiser diesen Grenzabschnitt mit einer dichten Kette gut befestigter Wachttürme sichern. Über die damaligen Veränderungen berichtet das letzte Kapitel.

Das Heer und seine Offiziere hatten eine beträchtliche Macht. Jeder Kaiser mußte darauf bedacht sein, sich die Gunst des Heeres zu erhalten. Vor allem in der späteren Römerzeit, seit dem 3. Jahrhundert, waren viele Kaiser ursprünglich hohe Offiziere und hatten sich vom Heer auf Schild und Thron erheben lassen.

Das Militär – Soldaten und Offiziere

Das Heer und seine Ausrüstung

Die römische Armee war ein Berufsheer. Im ganzen Römerreich standen jederzeit insgesamt etwa 350 000 Mann unter den Fahnen. Wer zum Militär ging, hatte eine zwanzig bis fünfundzwanzig Jahre dauernde Dienstpflicht vor sich; bei der Entlassung war ein Soldat um die vierzig Jahre alt.

Neben den etwa dreißig Legionen mit ihren Offizieren und Legionären, die bereits beim Eintritt in die Armee römische Bürger sein mußten, gab es ebenso viele sogenannte Hilfstruppen (Auxilien, von lateinisch auxilium, Hilfe), deren Angehörige aus den Provinzen kamen und keine römischen Bürger waren. Im Laufe der Zeit gehörten dem Heer immer mehr Provinzbewohner an; schon zu Augustus' Zeiten rekrutierten sich große Teile aus Norditalien und Gallien, später aus sämtlichen Provinzen des Römerreichs. Seit dem 2. Jahrhundert wurden vermehrt Helvetier und Rauriker als Hilfstruppen ausgehoben. Sie dienten besonders bei der Reiterei in den verschiedensten Teilen des Reiches. Von einigen, die ihre Heimat nie wieder gesehen haben, sind Grabsteine gefunden worden, andere ließen sich nach der Entlassung aus der Armee in der Ferne nieder.

Die Auxiliarsoldaten wurden bei ihrer Entlassung aus der Armee vollwertige römische Bürger. In den ersten hundertfünfzig Jahren des Römerreiches erhielten sonst nur ausgewählte Provinzbewohner das Bürgerrecht, dessen Besitz, wie wir im zweiten Kapitel gesehen haben, mit vielen Vorteilen verbunden war. Die Aussicht auf das römische Bürgerrecht und die Land- und Geldgeschenke bei der Entlassung haben viele Provinzbewohner bewogen, ihre jungen Jahre beim Militär zu verbringen, wenn auch nicht wenige während der langen Dienstzeit starben und nie in den Genuß der Belohnungen kamen.

Die Ausrüstung der Soldaten war Staatseigentum und wurde nach Vollendung der Dienstpflicht eingezogen. Sie bestand aus einem Panzer, der, über einem Hemd und kurzen Hosen getragen, den Körper schützte. Auf der rechten Seite hing an einem quer über die Brust geführten Riemen ein Kurzschwert (gladius), an der linken Hüfte ein Dolch (pugio). Vom Waffengurt des Legionärs hing ein Gehänge aus Lederstreifen mit angenieteten Metallplättchen, die bei jedem Schritt leise klirrten. Zur Ausrüstung gehörten außerdem ein Schild (scutum), ein Helm (cassis) und zwei Wurflanzen (pila). Je nachdem bei welcher Truppe der Soldat eingeteilt war, hatte er statt der Lanzen beispielsweise Pfeil und Bogen oder Schleudern. Hilfstruppen und Legionen unterschieden sich zwar etwas in ihrer Ausrüstung, aber die Art der Bewaffnung blieb während der ganzen Römerzeit mehr oder weniger konstant; nur die Formen änderten sich im Laufe der Zeit. Die Archäologen können Entwicklung, Verbesserungen und neue Einflüsse im Wandel der Formen verfolgen.

Die Offiziere der Armee besaßen im Prinzip die gleichen Waffen, nur weit schöner und prächtiger ausgearbeitete als die der Soldaten: Die Dolchscheiden etwa verzierten geschickte Handwerker mit eingelegten und eingehämmerten Silberfäden, die Schwertscheiden mit reich gemusterten, zuweilen vergoldeten Bronzeblechen. In verschiedenen Details der Ausrüstung unterschieden sich die Offiziere wiederum untereinander nach ihrem Rang.

Der Centurio führte hundert Mann (lateinisch centum heißt hundert) und ist im Rang etwa einem Hauptmann vergleichbar. Besonders bewährte Soldaten konnten es nach verschiedenen Unteroffiziersposten bis zum Centurio bringen. Ein tüchtiger und tapferer Centurio erhielt als Auszeichnungen Kränze, Ringe und verzierte Scheiben, die er bei Paraden und an Festen an Lederstreifen befestigt über dem Panzer wie auf dem Bild Seite 30 zur Schau trug. Der Legionskommandant, seine Stellvertreter und andere hohe Offiziere stammten dagegen aus dem römischen Ritter- oder sogar aus dem Senatorenstand und brauchten nicht als einfache Soldaten anzufangen. Sie verzichteten auf angehängten Schmuck, dafür besaßen sie nebst anderem besondere Schuhe, ein spezielles Schwert und trugen den ehrwürdigen, seit der Bronzezeit gebräuchlichen Muskelpanzer.

Neben den für den Kampf ausgerüsteten Einheiten gab es in jeder Legion etwa vierhundert Mann als Hilfspersonal, darunter Knechte für die Betreuung der Zug- und Tragtiere und Fuhrleute, die schwere Wagen führen oder die Geschütze bewegen mußten.

Einst war mit diesem aus Eisen geschmiedeten und mit Silber- und Bronzezierat geschmückten Helm ein Legionär des Legionslagers Vindonissa gerüstet; an der «Gabel» ließ sich der wippende Helmbusch befestigen. Gesamthöhe des Helms 41 cm.

Zierscheibe aus weiß hinterlegtem, blauem Glas mit dem Porträt des Feldherren Drusus, Sohn des Kaisers Tiberius. Auf Schultern und Brust trägt er die Büsten seiner Zwillingssöhne und seiner Tochter. Derartige Phaleren wurden, in goldglänzende Bronze gefaßt, als Auszeichnung an besonders tapfere Soldaten und untere Offiziere verliehen, wie dies unser Bild Seite 30 zeigt. Durchmesser 6 cm. Aus Vindonissa.

Links:
Kurzschwert (gladius) aus Eisen. Die mit feinem Durchbruchmuster verzierte, vergoldete Scheide und der aus Elfenbein gedrechselte Griff zeigen, daß es sich nicht um eine gewöhnliche Legionärswaffe, sondern um das Schwert eines Offiziers handelt (Schwert und Scheide nicht sicher zusammengehörend). Länge des Schwertes 63 cm.

Die Offiziere von Vindonissa tranken Wein aus Italien, Griechenland, Spanien und Südfrankreich aus kostbaren Gläsern. Die beiden Trinkschalen sind aus mosaikartigen und marmorierten zusammengeschmolzenen Glasstückchen geformt und sorgfältig auf der Drehbank überschliffen. Derartige Gläser kamen im früheren 1. Jahrhundert n. Chr. aus Syrien und Ägypten in die Gebiete nördlich der Alpen. Das hübsche blaue Stengelglas links ist knapp 10 cm hoch.

Das kleine, noch 14 cm hohe Schmelzöfelchen aus rotgebranntem Ton und die beiden Tiegel kamen mitten im Legionslager Vindonissa zutage. An dieser Stelle arbeiteten in der Frühzeit des Legionslagers Bronzegießer und andere Metallhandwerker. In den kleinen Tiegeln wurde vielleicht Bronze geschmolzen. Mit einer Zange ergriff der Handwerker den Tiegel mit dem auf über 1000 Grad erhitzten, flüssigen Metall und leerte dieses in die vorbereiteten Gußformen.

Gaius Allius Cai filius Pomptina tribu Oriens domo Dertona centurio legionis XIII Geminae.
Gaius Allius Oriens, Sohn des Gaius, aus der Tribus Pomptina, von Dertona, Centurio der 13. Zwillingslegion.

Der Centurio Gaius Allius Oriens, der zur Zeit des Kaisers Tiberius oder Claudius in Vindonissa starb, stammte aus Tortona in Oberitalien. Er begann als einfacher Soldat und stieg bis zum Hauptmann auf. Auf seinem 195 cm großen Grabstein ließ er seine Auszeichnungen und Orden verewigen: 3 Kränze aus feinen Goldblechblättchen (coronae aureae), 2 Halsreifen (torques), 2 Armreifen (armillae) und 9 Ehrenscheiben (phalerae).

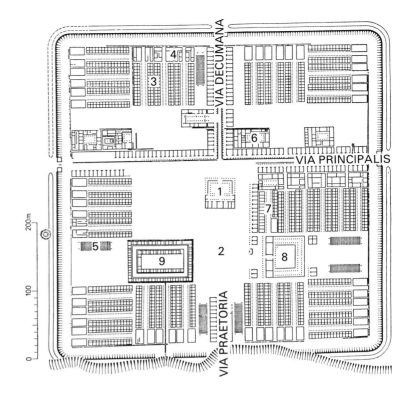

Plan des im 2. Jahrhundert erbauten Legionslagers von Inchtuthil in Schottland. Die Aufteilung eines römischen Legionslagers ist an diesem Beispiel besonders deutlich sichtbar: *1* Principia mit dem Fahnenheiligtum und der Legionskasse; *2* (Etwa an dieser Stelle befindet sich in der Regel der Palast des Legionskommandanten); *3* Kasernen; *4* Centuriohaus; *5* Vorrats- und Lagerhallen (horrea); *6* Häuser ritterlicher Offiziere; *7* Unterkünfte von Unteroffizieren; *8* Werkstätten (fabricae); *9* Spital.

Wie wohnten und lebten die Soldaten?

Von den antiken Militärspezialisten und Architekten ist genau überliefert, wie ein Legionslager auszusehen hatte. Im ganzen Römerreich wurden die Lager nach dem gleichen Grundplan gebaut, aber selbstverständlich dem jeweiligen Terrain angepaßt.

Die Lebensbedingungen im Militär waren sehr unterschiedlich: Während sich die einfachen Soldaten in langen Kasernen zu acht in eine etwa dreißig bis fünfunddreißig Quadratmeter große Stube mit Kajütenbetten, Tisch und Feuerstelle zu teilen hatten, besaß ein Centurio für sich und seine Bediensteten bereits ein Haus mit mehreren Zimmern. Der Legionskommandant schließlich wohnte mit seinem Gefolge in einem regelrechten Palast (praetorium genannt). Aber selbst ein einfacher Soldat konnte sich seinen eigenen Sklaven halten.

Der Sold zeigt ähnliche Abstufungen: Im 1. Jahrhundert n. Chr. verdiente ein Soldat 225 Denare (Silbermünzen), ein Centurio 3750 Denare pro Jahr. Ein höherer Offizier erhielt pro Jahr mindestens 7500 Denare, also dreiunddreißigmal mehr als ein Soldat. Die Hilfstruppen erhielten allgemein weniger Sold.

Die Legionen versorgten sich zum größten Teil selbst. Zwar werden die Bewohner um Vindonissa verpflichtet gewesen sein, regelmäßig Getreide, Gemüse und Fleisch an die Legion abzuliefern. Die fast hundert Jahre hier stationierten Truppen haben aber auch eigene Landgüter bewirtschaftet, auf denen Getreide, Gemüse und Obst angepflanzt und Vieh gehalten wurde. Jeder Soldat erhielt pro Tag drei römische Pfund (gut ein Kilogramm) Getreide. Als Brot, noch häufiger als Brei war Getreide die Grundspeise; dazu gab es Gemüse, Salat, manchmal auch Fleisch. Gewürzt wurde mit verschiedenen Kräutern. Anstelle von Salz verwendeten die Soldaten nicht selten stark salzige Fischsauce; sie richteten den Brei manchmal mit Olivenöl an. Früchte wie Äpfel, Birnen, Kirschen, Pfirsiche und Nüsse gehörten ebensogut auf den Tisch der Legionäre wie der einheimischen Zivilbevölkerung. Importierte Delikatessen wie etwa Austern, Oliven, Wein, Feigen oder gar Reis dürften allerdings wegen ihres höheren Preises den Offizieren vorbehalten gewesen sein. In ruhigen Zeiten wird das Essen von kleineren Gruppen gemeinschaftlich zubereitet worden sein; eine eigentliche zentrale Legionsküche für die 6000 Mann gab es nicht.

Die Legionen mußten sich aber nicht nur selbst mit Lebensmitteln versorgen, sondern auch mit allem anderen Notwendigen: Werkzeug und Gerät, Waffen und Kleider. Aus den zeitgenössischen Beschreibungen und von den Ausgrabungen wissen wir, daß es in den Legionslagern Schmiedewerkstätten, Gießereien und eine ganz spezialisierte Lederverarbeitung gab. Im Schutthügel des Legionslagers von Vindonissa fanden sich bei den Ausgrabungen im feuchten, morastigen Schlamm unförmige Lederklumpen. Durch den Spezialisten behandelt, entpuppten sie sich als Schuhe, Panzerteile, Überzüge von Schwertscheiden, Schilden und viel anderes mehr. Außerdem übten natürlich Bauhandwerker, Ziegler und Schreiner ihr Gewerbe aus, für die Kleidung sorgten Webereien und Schneiderateliers, für einen Teil des Geschirrs Töpfereien, die neben den vielen anderen Handwerksbetrieben in jedem Lager ihren festen Platz hatten. Besonders wichtig waren die Schmieden, denn jeder Legionär trug mit vollständiger Bewaffnung fast acht Kilogramm Eisen auf sich. Eine einzige Legion benötigte allein für die Ausrüstung etwa achtundvierzig Tonnen Eisen!

Während der langen Dienstzeit hat mancher Soldat in den legionseigenen

TAXATSINGVLISINGVLAS
A D XVII K IVLIAS
C LAICANIO BASSO COS
M LICINIO CRASSO FRVGI
PAG II KAPXVI
ALAE GEMELLIANAE CVI PRAEST
Q POMPONIVS Q F COL RVFVS
GREGALIBVS
CATTAO BARDI F HELVETIO
ET SABINAE CAMMI FILIAE VXORI EIVS HELVETIAE
ET VINDELICO F EIVS
ET MATERIONAE FILIAE EIVS
DESCRIPT ET RECOGNIT EX TABVLA AENEA QVAE FIXA EST
ROMA IN CAPITOLIO POST AEDEM IOVIS O MIN
BASI Q MARCI REGIS PR

Lederüberzug eines Schildes mit aufgenähter Lederetikette der 11. Legion, die von 70 bis 101 in Vindonissa stationiert war.

Am 15. Juni 64 erhielt der Helvetier Cattaus, Sohn des Bardus, seinen Abschied aus der Armee, in der er als Reiter in den Hilfstruppen gedient hatte. Damit wurde er zusammen mit seiner Frau Sabina und seinen Kindern Vindelicus und Materiona römischer Bürger. Die Urkunde, ein sogenanntes Militärdiplom, ist auf einer 17,5 cm breiten Bronzetafel fein säuberlich eingeschnitten. Gleichzeitig wurden Cattaus und seine Familie in Rom auf der langen Liste der römischen Bürger eingetragen. Gefunden in Geiselprechting (Bayern).

Handwerksbetrieben (lateinisch fabrica, davon kommt unser Wort Fabrik) ein Handwerk gelernt, das er auch nach der Entlassung aus der Armee brauchen konnte.

Eine ganz wichtige Aufgabe des Heeres war der Straßen- und Brückenbau. Vielenorts im Römischen Reich diente das Verkehrsnetz zunächst in erster Linie dem Heer und war später dem Handel und Verkehr nützlich. Da es ja damals weder Telephon noch Telegraph gab, mußten sämtliche Botschaften, die kaiserlichen Verordnungen und Berichte zu Wasser und zu Land transportiert werden. An den Fernstraßen ließen die Römer deshalb Straßenstationen errichten, in denen neben den Gasthäusern, Herbergen und Stallungen eine kleine militärische Besatzung die Kontrolle über ein Straßenstück und seinen Verkehr ausübte. Auch an den Zollstationen und in den Städten gab es derartige Straßenposten mit Militärbesatzung. Daß in unserem Gebiet während des 1. Jahrhunderts die Legion von Vindonissa einen guten Teil dieser Straßenposten besetzte, zeigen die an wichtigen Verkehrspunkten bei Ausgrabungen immer wieder gefundenen Ziegel mit Stempel der Legion von Vindonissa. Später waren es vielfach Soldaten und Unteroffiziere der in Straßburg und Mainz stationierten Legionen, die bei uns für Recht und Ordnung auf den Straßen zu sorgen hatten.

Das Leben der Soldaten bestand aber nicht nur aus Kämpfen, Bauen und Arbeiten. In ihrer festgesetzten Freizeit besuchten sie mit Vorliebe die Thermen, das große Bad mit seinen Sportanlagen. Dort betrieb man nicht nur Sport und Körperpflege; die Bäder waren zugleich ein überaus beliebter Ort der Geselligkeit. Im Amphitheater konnten sich die Soldaten an Tierjagden und Gladiatorenkämpfen begeistern.

In der Nähe jedes Legionslagers entstand eine kleine Siedlung, die sogenannten canabae, mit Läden, Restaurants und Unterhaltungslokalen. Lange Zeit war es den Soldaten nicht erlaubt zu heiraten, und Frauen durften überhaupt nicht ins Lager. Viele Soldaten werden deshalb ihre Angehörigen im Lagerdorf untergebracht haben. Aus mehreren Entlassungsurkunden geht nämlich hervor, daß Soldaten bei ihrem Austritt aus der Armee bereits Frau und Kind hatten. So auch der Helvetier Cattaus, der am 15. Juni des Jahres 64 in Regensburg an der Donau seinen Abschied erhielt.

Eine Legion setzte sich zusammen aus:		
Kampftruppe in 60 Centurien zu je 80 Mann	4800	Mann
Legionsreiter	120	Mann
Handwerker und Magazinarbeiter, die im Lager arbeiteten	300*	Mann
Ständig außerhalb des Lagers beschäftigte Handwerker	100*	Mann
Lazarettangehörige und Veterinärpersonal	50*	Mann
9 (10) Stäbe der Legion	260*	Mann
Zum Statthalter und zum Prokurator der eigenen Provinz abkommandiert	210*	Mann
Zu Statthaltern und Prokuratoren anderer Provinzen abkommandiert	210*	Mann
Militärische Straßen-, Zoll- und Steuerstationen	200*	Mann
Sonstige Immunes und Abkommandierte	(150)	Mann
* geschätzte Zahlen	Total 6400	Mann

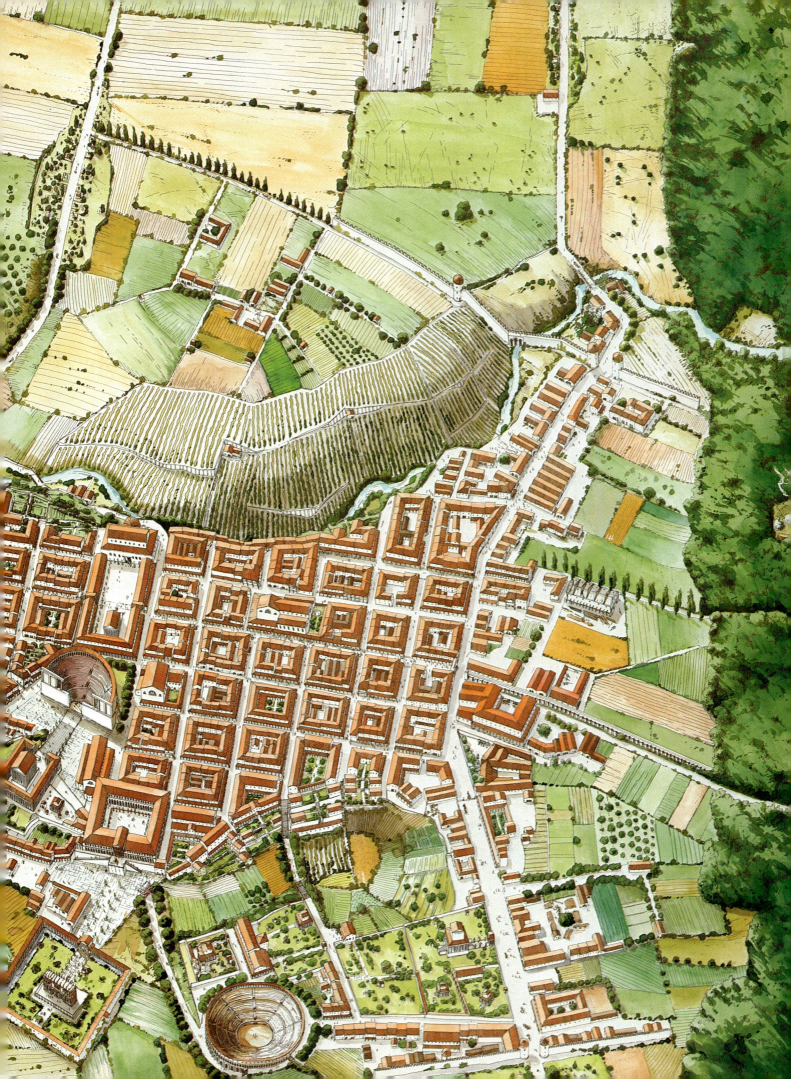

Vorhergehende Doppelseite:

Das Luftbild zeigt die römische Koloniestadt Augusta Rauracorum, wie sie zu ihrer Blütezeit um 200 n. Chr. ausgesehen haben könnte. Zur Römerzeit brauchte ein Fußgänger gute 20 Minuten, um die gegen 20000 Einwohner zählende Stadt zu durchqueren.

Augusta ist kurz nach der Eroberung der Gebiete nördlich der Alpen etwa um 10 v. Chr. von Kaiser Augustus an diesem günstig gelegenen Platz neu gegründet worden, als Erneuerung einer um 44/43 v. Chr. von Lucius Munatius Plancus vermutlich im keltischen Oppidum von Basel eingerichteten römischen Kolonie. In Augst bot ein Felsriegel im Rhein einen geeigneten Platz für eine Brücke (1) und die träg in den Rhein fließende Ergolz (16) einen idealen Hafen (14).

Bewohnt wurde die Stadt hauptsächlich von den einheimischen, romanisierten Kelten; zugezogene Römer und Fremde aus verschiedenen Teilen des Reiches machten nur einen kleinen Teil der Bevölkerung aus.

In das bei der Koloniegründung feierlich abgegrenzte Stadtgebiet legten die römischen Geometer ein rechtwinkliges Straßennetz. Daraus ergaben sich in der Oberstadt 51 Quartiere (insulae) zu etwa 60 × 50 Meter (d. h. 180 × 160 römische Fuß) zu ursprünglich je 10 bis 12 Parzellen. Die Quartiere der Unterstadt sind länger. Hier sind zwei große Achsen festzustellen, nämlich die nordsüdlich zur Brücke (1) führende Straße und ein etwa in Fortsetzung zur Oberstadt ausgerichtetes Netz. An der Peripherie der Stadt war die Überbauung nicht in regelmäßige Quartiere gegliedert, sondern reihte sich den Straßen und dem Gelände entlang.

Die ersten Häuser bestanden mit Ausnahme öffentlicher Bauten aus Holz und verputztem Fachwerk und waren größtenteils nicht mit Ziegeln, sondern mit länglichen Holzschindeln bedeckt. Seit der Mitte des 1. Jahrhunderts n. Chr. begann sich der Steinbau mit gemörtelten Mauern und Ziegeldach in verschiedenen Varianten durchzusetzen. Selbstverständlich herrschte zu allen Zeiten eine rege Bautätigkeit, es wurde gebaut, abgerissen, umgebaut, renoviert und erweitert.

Südlich des forums (5) befanden sich die Quartiere mit meist einstöckigen Miethäusern mit Läden, Werkstätten und Schenken im Parterre und Zwei- bis Dreizimmerwohnungen im Obergeschoß. An den Rändern des Plateaus, an den Abhängen zum Fielenbach (2) und zur Ergolz (16) sowie auf dem «Kastelen» genannten Teil nördlich des forums lagen die Stadthäuser der vornehmen Bürger, einige sogar mit eigenen Gärten. In der Oberstadt war die Wasserversorgung durch den Aquädukt (29) gesichert, der Wasser aus dem Ergolztal nach Augst brachte. In unterirdisch verlegten Leitungen floß das Wasser zu den Brunnen an den Ecken der insulae, aber auch in die vornehmen Häuser und öffentlichen Bäder.

Die Unterstadt mit ihren Lagerhäusern scheint weniger dicht besiedelt gewesen zu sein. Aber auch hier müssen viele Handwerker gearbeitet und gelebt haben, unter anderen Töpfer und Glasbläser. Das Wasser holte man sich aus Sodbrunnen in den Hinterhöfen. Die breiten Straßen der Unterstadt dienten nicht der Repräsentation, sondern waren wegen des Verkehrs und der sperrigen Fahrzeuge nötig, die Waren zu- und abtransportierten.

Das Abwasserproblem lösten zwei fast mannshohe Kanäle, in welche die Abwässer der Stadt geleitet wurden. Selbstverständlich muß es in einer Stadt dieser Größe eine öffentliche Kehrichtabfuhr gegeben haben.

Nach einem steten Aufbau und Ausbau der Stadt wurde Augusta Rauracorum während den Unruhen nach der Mitte des 3. Jahrhunderts mehrmals von Scharen der germanischen Alamannen, vielleicht auch von Räuberbanden geplündert, gebrandschatzt und teilweise zerstört. Mehrere Häuser zeigen Spuren von Reparaturen aus dieser Zeit. Die schlimmen Einfälle der Jahre 259/60 sowie der siebziger und achtziger Jahre müssen die Stadt, besonders im Zentrum, hart getroffen haben. Vermutlich nach 260 wurde der mit wenig Aufwand abzuriegelnde Stadtteil auf Kastelen provisorisch befestigt, um der verbliebenen Bevölkerung bei Gefahr Schutz zu bieten. Im frühen 4. Jahrhundert schließlich entstand aus den Trümmern der Stadt unmittelbar am Rhein bei der Brücke (1) das spätrömische Kastell Kaiseraugst (castrum Rauracense) mit seinen über 4 Meter dicken und 10 Meter hohen Mauern (Bild Seite 156).

Ein Stadtrundgang vor 1800 Jahren

Machen wir einen Stadtrundgang mit Publius Rogatinius, einem Geschirrhändler aus Epomanduodurum (Mandeure), der am kommenden Markttag seine Ware in Augusta anbieten will. Von Salodurum (Solothurn) herkommend, erreicht er das Westtor (31).

Dort stehen gelangweilt zwei Benefiziarier, Straßenpolizisten, mustern ihn kurz und diskutieren weiter über die letzten Gladiatorenspiele, die von den Bürgermeistern der Stadt am Fest des Apollo gegeben worden sind. Am Ende der links abzweigenden Straße erblickt Publius das Amphitheater (25), Schauplatz von Tierjagden und Gladiatorenkämpfen, doch entschwindet es seinem Blick kurz darauf hinter einem größeren Tempelbezirk (26–28).

Vorsichtig manövriert Publius seinen Wagen zwischen den Schrittsteinen durch, einer Art Fußgängerstreifen, auf denen die Leute selbst bei schlechtem Wetter die aufgeweichte Straße überqueren können, ohne sich die Füße schmutzig zu machen. Schon erreicht er das große Gebäude der mansio (30), des Hotels, in welchem alle in staatlichem Auftrag Reisenden Unterkunft und Verpflegung erhalten. Unser Geschirrhändler übernachtet, wenn er nach Augusta kommt, stets in der Herberge des Bellinus, nicht weit vom Osttor (11). Am Aquädukt (29) vorbei erreicht er rasch sein Ziel, überläßt die Zügel zwei herbeigerufenen Sklaven und befiehlt ihnen, den Wagen einzustellen und die Ochsen zu versorgen. Da er tagsüber mit dem Wagen nicht ins Stadtzentrum darf, wird er seine zerbrechliche Ware morgen in aller Frühe zu seinem Stand auf den Markt (5) bringen.

Der Patron begrüßt ihn freundlich und weist ihm ein Zimmer im Obergeschoß zu.

Nach einem kurzen Trunk hat Publius Lust auf ein Bad. Da seine Herberge im Gegensatz zur mansio kein eigenes Bad besitzt, geht er in die großen Thermen (7). Der Hauptstraße entlang (•••) schlendert er gemütlich durch die Säulenlauben, schaut den Bronzegießern, Beinschnitzern, Webern und anderen Handwerkern zu, die mit ihren Lehrlingen und Gesellen noch fleißig arbeiten. Geschäftiges Leben herrscht auf der Straße.

Am Eingang zu den Bädern bezahlt Publius einen bescheidenen Eintritt, legt seine Kleider ab und kann sich nun ausgiebig erfrischen. Im Warmbad trifft er einen hiesigen Geschäftsfreund und plaudert mit ihm über Wetter und Geschäfte.

Nach dem Bad machen Publius und sein Bekannter einen kleinen Stadtrundgang. Sie überqueren das forum (5) mit dem Jupitertempel (5a), der großen Geschäftshalle (5b) und dem Rathaus (5c) und gebührend bewundert Publius die neuaufgebaute Statue eines vor kurzem verstorbenen Bürgermeisters. Vor dem prächtigen Tempel durchgehend, verlassen sie das forum. Die Straßen werden nun ruhiger; es gibt weniger Werkstätten und Läden, dafür größere, gepflegte Stadtvillen.

Die zwei Männer spazieren zum nördlichen Rand des Plateaus und überblicken nun die ganze Unterstadt mit ihren Häusern, Lagerhallen und Handwerksbetrieben. In der Abendsonne leuchten die hellgetünchten Mauern und die roten Ziegeldächer. Die Rheinbrücke (1) ermöglicht auf dem Landweg die schnellste Verbindung ins Rheinland. Allerdings schätzt Publius für größere Transporte den Flußweg mehr, ist er doch viel billiger und rheinabwärts erst noch viel schneller. In der Mündung der Ergolz befindet sich der Hafen (14) der Koloniestadt.

Auf der Rheininsel erhebt sich seit mehreren Generationen ein grosses Denkmal (13), das an den Sieg des Kaisers Vespasian über die Germanen und die Eroberung des Dekumatenlandes erinnert.

Publius verabschiedet sich, denn er will noch einem vor Jahren hier auf der Durchreise verstorbenen Verwandten einige Rosen aufs Grab legen. Rasch steigt er die Treppe, die von der Ober- zur Unterstadt führt, hinunter und erreicht an einem der Steinbrüche (18) vorbei die Ergolzbrücke und die Ausfallstraße nach Westen. Wie überall in den römischen Siedlungen, befinden sich die Friedhöfe (4, 9, 15, 32) beidseits der Ausfallstraßen, außerhalb des eigentlichen Stadtgebietes.

Wo die Gräber beginnen, halten stets einige Kinder Rosen feil. Publius kauft einen Strauß. Langsam geht er der von Pappeln gesäumten Straße entlang; prächtige Grabmäler stehen hier, gepflegte, mit immergrünen Pflanzen und bunten Blumen bepflanzte Familiengräber, deren Inschrifttafeln den Vorübergehenden die Namen der Verstorbenen verkünden. Dazwischen und dahinter befinden sich die vielen bescheidenen Gräber und Grabstellen der einfachen Bevölkerung, ohne Steinumfassung, ohne Steininschriften, aber viele mit frischen Blumen geschmückt. Da und dort sieht man alte Grabstellen, schrägstehende oder umgestürzte Altäre und Steine, von Efeu oder Brennesseln überwachsen. Ob diese Familien weggezogen oder ausgestorben sind? Nach kurzem Verweilen am

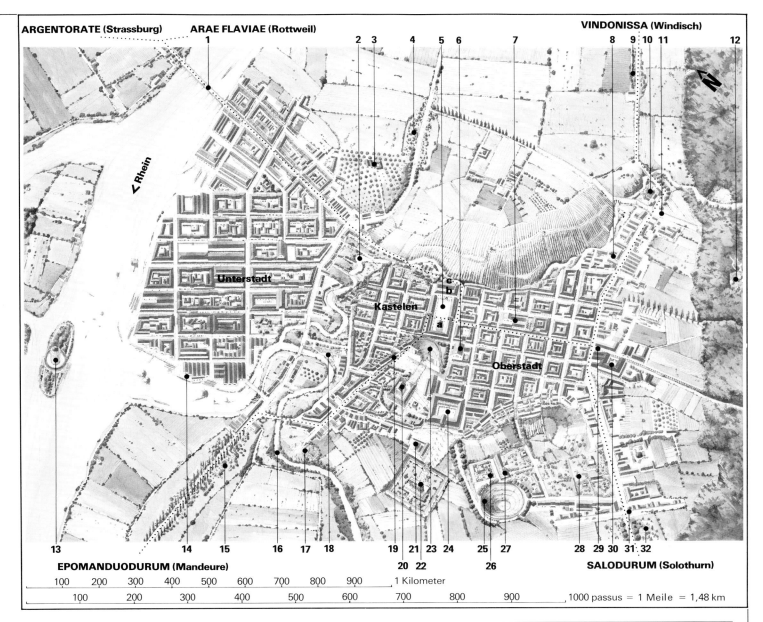

ARGENTORATE (Strassburg)   ARAE FLAVIAE (Rottweil)   VINDONISSA (Windisch)

1   2   3   4   5   6   7   8 9 10 11   12

Rhein

Unterstadt

Kastelen

c
b
a

Oberstadt

13   14   15   16   17   18   19 21 23 24   25 27   28 29 30 31 32
20 22   26

EPOMANDUODURUM (Mandeure)   SALODURUM (Solothurn)

100   200   300   400   500   600   700   800   900   1 Kilometer
100   200   300   400   500   600   700   800   900   1000 passus = 1 Meile = 1,48 km

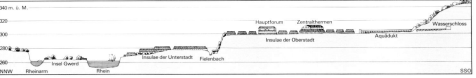

340 m. ü. M.
320
300
280
260
NNW   Rheinarm   Rhein   Insel Gwerd   Insulae der Unterstadt   Fielenbach   Hauptforum   Zentralthermen   Insulae der Oberstadt   Aquädukt   Wasserschloss   SSO

Grab wendet sich Publius zurück. Über die Ergolzbrücke erreicht er die steile Straße, die zum Markt (5) führt, biegt aber schon bei der Wirtschaft des Fuscus nach rechts ab. Zu seiner Rechten sieht er das Heilbad (21), das unter dem speziellen Schutz der Götter Apollo und Äskulap steht. Dahinter ragt das prächtige, erst vor wenigen Jahren eingeweihte Wochengötterheiligtum (22). Den großen, statuengeschmückten Platz überquerend, erreicht er die Treppe zum zweiten Markt (24), wo gerade die letzten Läden schließen. Schon sieht er vor sich das Theater (23) und linkerhand die majestätische Front des großen Merkurtempels (20) mit der breiten, sandsteinbelegten Freitreppe und Prozessionsstraße. Am Theater ist übrigens die nächste Vorstellung durch eine Wandaufschrift angekündigt: In zehn Tagen werden nach der Wahl der Bürgermeister zwei Truppen ihre Vorführungen zeigen. Publius besuchte vor zwei Jahren mit seiner kleinen Tochter Annusia das Theater; fast 8000 Zuschauer waren dem Schauspiel gebannt und zum Teil mit lauten Zwischenrufen gefolgt. In der vordersten Reihe vor der Bühne saßen die Bürgermeister mit ihren Familien und sämtliche Honoratioren der Stadt, und bis in die obersten Ränge drängten sich Zu-

schauer aus Stadt und Land - war das ein buntes Durcheinander gewesen.
Vom Theater wendet er sich an den Frauenthermen (6) vorbei nach Süden. In der Luft liegt der stark würzige Geruch von frischem Rauchfleisch und von Wurstwaren, die an dieser Straße von verschiedenen Spezialisten zubereitet werden.
Schon hat er wieder die Hauptstraße zum Osttor (11) erreicht und eilt zur Herberge. Bestimmt ist das Nachtessen zubereitet; später wird er noch zwei, drei Becher Wein trinken und eine Partie Würfel spielen, bevor er sich zur Ruhe begibt.

1 Brücke über den Rhein; 2 Fielenbach; 3 Töpferei; 4 Friedhof; 5 Markt (forum) mit (a) Jupitertempel, (b) Geschäftshalle (basilica) und (c) Rathaus (curia); 6 Öffentliche Bäder (thermae; sog. Frauenthermen); 7 Öffentliche Bäder (sog. Zentralthermen); 8 Töpfereiquartier; 9 Friedhof; 10 Großes Grabmal aus dem 1. Jahrhun-

dert n. Chr.; 11 Stadtmauer mit Osttor; 12 Holzkohlenmeiler (angenommen); 13 Großes Denkmal auf einer Rheininsel; 14 Hafen mit Schifflänen und großen Lagerhallen; 15 Friedhof; 16 Ergolz; 17 Städtische Kehrichtdeponie in aufgelassenem Steinbruch (angenommen); 18 Steinbruch (aufgrund geologischer Gutachten angenommen); (19 Standort des jetzigen Römermuseums und Römerhauses Augst); 20 Tempel und Tempelbezirk auf Schönbühl; 21 Heilbad in der Grienmatt; 22 Tempelbezirk mit Wochengötterheiligtum (septizodium) in der Grienmatt; 23 Szenisches Theater; 24 Ein weiterer Markt; 25 Amphitheater; 26-28 Tempelbezirke und Pilgerhaus (27) auf Sichelen; 29 Ende der oberirdischen Wasserleitung (aquaeductus) und Ausgangsstelle für das unterirdische Wasserleitungsnetz der Oberstadt; 30 Hotel für Reisende im Staatsdienst (mansio); 31 Stadtmauer mit Westtor; 32 Friedhof; ••• Hauptstraßen.

An der Hauswand des modernen Gebäudes, das über dem Südteil der Basilika von Nyon steht, ist heute eine perspektivische Rekonstruktion der römischen Basilika zu sehen, die einen guten Eindruck dieses großen Raums vermittelt.

Vorhergehende Doppelseite:

Heute ist großer Markttag in Augusta. Einige Kleinhändler haben auf dem Hauptmarkt keinen Platz mehr gefunden und stellen deshalb ihre einfachen Stände wie üblich der Straße entlang auf, die zur Oberstadt und zum forum (Markt) führt. Im Schatten des Theaters verkauft dort drüben ein Fischer seinen Fang: «Kauft schönen Fisch, frischen Salm aus dem Rhein, heute nur zwei Asse das Pfund.» Die Kundschaft bleibt nicht aus. – «Fette Hühner, fette Hühner», ruft dazwischen eine ältere Marktfrau, die seit Jahrzehnten Hühner auf dem Wochenmarkt feilhält und neben sich einen Korb Eier stehen hat. «Hast du noch von dem vorzüglichen Käse?» fragt ein junger Mann den kurzatmigen, kahlköpfigen Satto, der, auf einem Korb sitzend, seine Ware bewacht und von Zeit zu Zeit mit einer Handbewegung die Fliegen verscheucht. «Fünf Asse willst du für zwei Pfund Schweineschmalz?» hören wir nebenan, «da geh ich lieber zu Fortunatus und bezahle die Hälfte.» «Du ruinierst mich total», jammert der rothaarige Verkäufer, «bezahle vier Asse und das Fett ist dein. Den Topf schenke ich dir. Gib zu, das ist ein gutes Angebot in dieser teuren Zeit!» Hat er sein Geschäft gemacht?
Wer von uns an diesem Tag auf dem Markt gewesen wäre, hätte Stimmengewirr, Feilschen, Rufen, Schwatzen, Jammern und Lachen gehört, hätte die Marktgerüche eingeatmet und das bunte, vielfältige Angebot an sorgfältig zum Verkauf ausgebreiteten Waren bewundern können. Allerdings sind an den Ständen entlang der Straße nur kleine Beträge für das tägliche Leben ausgegeben worden. Im Innern des forums oder in der Geschäftshalle, der Basilika, boten auch Großhändler ihre Ware an oder vermittelten größere Geschäfte, und hier waren auch aus der Ferne importierte Güter erhältlich.
An den Markttagen öffnen natürlich auch die übrigen Geschäfte ihre Pforten weit: Räucherschinken, Würste, Backwaren warten auf Käufer, und in den kleinen Schenken erfrischen sich Käufer und Verkäufer und feuchten die Kehle an.
Die Matrone Flavia Verecunda hat ihre Einkäufe bereits erledigt; auf dem forum hat sie eine gut gemästete Gans erstanden. Ihre Magd Primula trägt die restlichen Einkäufe und folgt ihrer selbstbewußten Herrin in respektvollem Abstand. – Dort steht

auf der Straße der alte Tato. Er verdient sein Leben mit Kleintransporten; für ein kleines Entgelt bringt er mit seinem zweirädrigen Karren Waren vom einen Ende der Stadt bis zum andern. Außerdem ist er ein stadtbekannter Geschichtenerzähler.

In den Schenken und Wirtshäusern wird es still, wenn Tato anfängt zu erzählen, spannende oder auch unheimliche Sagen und von Begebenheiten aus früherer Zeit. Manchmal sind es auch lustige Geschichten und Schwänke, die jedermann zum Lachen bringen. Auch seine eigenen Erlebnisse versteht Tato in allen Farben zu schildern, beispielsweise erzählt er einem fremden Bauersmann und der Frau des Metzgers Reginus gerade, wie er vor einiger Zeit einen über zwei Fuß langen, seltsamen Fisch aus der Ergolz gezogen habe. Die städtischen Arbeiter hingegen, die eine defekte Wasserleitung zu flicken haben, lassen sich vom Geschichtenerzähler nicht stören. Die zehn Fuß langen, ausgebohrten Hölzer für die neuen Leitungen liegen bereit und werden bald ausgewechselt. Eisenmanschetten halten die Verbindungen zusammen. In wenigen Stunden werden die Arbeiter das Loch zuschütten, und Abends werden die Wagen wieder über die Straße fahren.
So könnte es vor 1900 Jahren ausgesehen haben, wenn man an der Stelle des heutigen Römerhauses und Römermuseums Augst gegen die (heute erheblich steiler verlaufende) Straße Richtung forum blickte.

D ie Siedlungsarten zur Römerzeit umfaßten auch bei uns Städte (colonia, municipium), größere und kleinere Marktorte (vicus) und Gutshöfe (villa rustica). Von weiteren, kleinen Siedlungen wie Herbergen und Straßenstationen wird im folgenden Kapitel weiteres zu berichten sein.
Lange Zeit gab es im Gebiet der heutigen Schweiz nach römischem Begriff und Recht nur drei echte Städte, nämlich Nyon, Augst und Avenches. Von den einst sicher recht zahlreichen Kleinstädten und Marktorten, den vici, sind bis heute knapp zwanzig durch archäologische Funde und Inschriften bekannt. Alle diese Siedlungen lagen, wie die Karte (siehe Buchdeckel) zeigt, an den großen Verkehrs-

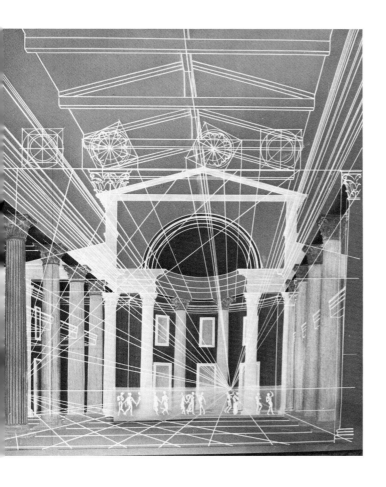

Quinto Cluvio Quirina tribu Macro omnibus honoribus apud suos functo cui primo omnium in dumviratu scholam et statuas ordo decrevit Helveti publice inpendium remiserunt Macrius Nivalis et Macrius Macer liberi.

Dem Quintus Cluvius Macer aus der Bürgertribus Quirina, der alle Ämter bei seinen Landsleuten bekleidet hat, dem zuerst von allen während seines Bürgermeisteramtes der Stadtrat eine Halle und Statuen beschlossen hat, die Helvetier von Staates wegen. Die Kosten der Inschrift erstatteten dem Staat Macrius Nivalis und Macrius Macer, seine Söhne.

Quintus Cluvius Macer entstammte einer keltischen Familie und erhielt das römische Bürgerrecht nach der Koloniegründung von Aventicum. Die Inschrift ist auf der 109 cm hohen Basis für eine Ehrenstatue eingemeißelt, die einst vor der Versammlungshalle der Macrii stand.

achsen zu Wasser und zu Land oder an wichtigen Zubringerstraßen. Sie bildeten die regionalen und überregionalen Zentren für eine weitgestreute ländliche Besiedlung. Dörfer im heutigen Sinn existierten zur Römerzeit nicht. Das Land war übersät mit Bauernhöfen und Landgütern mit meist mehreren Quadratkilometern Umschwung. Allein im helvetischen Gebiet wird das Land zur Blütezeit des Römerreichs von über 3000 Gutshöfen aus bewirtschaftet worden sein.

Es gibt nirgends Angaben, wie viele Leute zur Römerzeit bei uns wohnten. Zahlen beruhen entweder auf Berechnungen aufgrund archäologischer Funde – zum Beispiel Gräberfelder – oder auf Beschreibungen der römischen Schriftsteller und Landwirtschaftsspezialisten. Wenn im Helvetiergebiet (dem etwa Westschweiz und Mittelland entsprachen) in etwa 3300 Villen im Durchschnitt je fünfzig Personen lebten, so ergibt dies für diesen Raum eine Landbevölkerung von 170 000 Seelen. Dazu kommen die Städte und Kleinstädte mit sehr unterschiedlichen Einwohnerzahlen. Städte wie Avenches und Augst hatten an die 20 000 Bewohner, während selbst in einem großen vicus wie Lousonna (Lausanne-Vidy) vielleicht höchstens 2000 Menschen lebten. Selbstverständlich blieben weder die Zahl der Bewohner noch die besiedelte Fläche durch die Jahrhunderte der Römerzeit gleich. Einem raschen Anwachsen der Siedlungen und der Bevölkerungszahl im 1. und im frühen 2. Jahrhundert wird eine langsame, aber stete Ausbreitung des Siedlungsgebietes im 2. und noch im frühen 3. Jahrhundert gefolgt sein. Seit dem mittleren 3. Jahrhundert nahm die Zahl der Bewohner wegen der unsicheren, kriegerischen Zeit ab. Eine zwar stark verringerte provinzialrömische Bevölkerung hat aber auch in spätrömischer Zeit und bis ins frühe Mittelalter weiterhin in unserem Land gewohnt; doch dazu mehr im letzten Kapitel.

Vorhergehende Doppelseite:
Der grauhaarige, untersetzte Schiffer Catuso von Genava steuert gemächlich sein schwer beladenes Schiff gegen Lousonna. Schmunzelnd schüttelt er die alte, fleckige Lederbörse, wird er doch in Lousonna die guten Geschäfte von Genava fortsetzen können. Im Genfer Büro eines Großkaufmanns, des Herrn Otacilius von Aventicum, erhielt er den Auftrag, eine Fuhr von dreißig Amphoren feurigen Rotweins aus Spanien und zehn Fässer gallischen Weins von Genava nach Lousonna zu transportieren. Den Auftrag hatte ihm der Genfer Geschäftsführer des Herrn Otacilius, der schlaue freigelassene Sklave Antiphilus ausgehändigt: «Außerdem mußt du im Lager des Tuchkaufmanns Philetus zwanzig verschnürte Wolldecken abholen und an die gleiche Adresse wie die Amphoren liefern. Aber paß gut auf, daß du die Ware sorgfältig behandelst!»

«Hei», ruft jetzt Catuso seinem Sklaven Olus zu, der geschickt zwischen den bereits angelegten Schiffen an Land stachelt, «hör mir gut zu. Wir müssen in Lousonna nur die Fässer abladen. Noch heute nachmittag fahren wir mit der übrigen Ladung weiter, nach Puliacum (Pully), zum Haus des Herrn Quintus Severius Marcianus, Bürgermeister von Equestris. Dort wirst du zum Staunen nicht herauskommen, da bleiben dir Maul und Augen offen, wenn du nur erst einmal dieses vornehme Haus von nahe siehst. Selbst unser Kaiser, denke ich, würde in diesem wahren Palast gerne absteigen. Viele Säulen, Hallen und Terrassen gibt es dort zu sehen, und Gärten mit den seltensten Pflanzen. Ein Fischteich gehört dazu, so groß wie ein Bassin in den Thermen. Man sagt, der teuerste Architekt unseres Procurators habe das Haus um viele tausend Sesterze umgebaut und vergrößert. Ganze Schiffsladungen Marmor sind dazu nach Puliacum geführt worden, und jedes Fenster ist mit durchsichtigem Glas geschlossen. Freigiebig ist er auch, der Herr Severius. Vor zwei Monaten hat er zum Fest des Mars Caturix zwanzig Gladiatorenkämpfe gestiftet und allen Bewohnern von Equestris ein Essen spendiert. Das hat mir mein Freund Ocellio erzählt. Übrigens scheint es» – Catuso tätschelt mit seinen kurzen Fingern eine der Amphoren –, «daß der spanische Wein wohl bald gebraucht wird. Denn von der Tante eines Kindermädchens, einer guten Freundin meiner alten Prima, habe ich gehört, daß im Hause des Herrn Severius eine Hochzeit bevorsteht. Ob die teuren gallischen Wolldecken das Brautgemach schmücken werden?»

Der geschwätzige Schiffer hätte wohl gerne noch weiter berichtet, vermutet und übertrieben, wenn nicht sein Schiff am Hafen angelangt wäre und er sich um den Verlad der Fässer hätte kümmern müssen. Während er auf den Verwalter wartet, der die Fässer kontrollieren und weiterleiten muß, drückt er seinem Olus zwei kleine Bronzemünzen in die Hand: «Geh, hol auf dem Markt etwas Brot und Käse; nachher machen wir in der Wirtschaft des Togirix eine Pause und trinken einen Becher Wein.»

Von Ochsen- und Maultieren gezogene Karren bringen und holen unterdessen verschiedenste Waren. Auf einer großen Waage wird die nicht bezeichnete Fracht gewogen oder kontrolliert, und über sämtliche Waren und über jedes Schiff wird Buch geführt. Die Kontrolle ist nicht nur für die Kaufleute wichtig, sondern auch für die Steuerbehörden.

Da kommt Olus mit zwei Broten und Käse zurück. Eigentlich wollte er sich noch mit den Fischern und mit den Arbeitern unterhalten, die dort drüben Segel flicken, aber der Meister winkt ihn mit einer energischen Armbewegung zu sich; er muß helfen, die Fässer vom Schiff zu rollen und auf einen bereitgestellten Ochsenwagen zu verladen.

Der vicus Lousonna, in dem unsere Geschichte sich abspielt, entstand zur Zeit des Kaisers Augustus, ganz zu Beginn der Römerzeit auf vorher unbewohntem Areal. Eine Keltensiedlung muß aber in der Nähe gelegen haben (wahrscheinlich auf dem Hügel der heutigen Altstadt). Rasch entwickelte sich Lousonna zu einem Marktort und Umschlagplatz für Waren verschiedenster Herkunft. Lousonna besaß nach Genava nicht nur den wichtigsten Hafen am Lacus Leusonnensis (Genfersee), hier führte auch die Fernstraße von Gallien über Equestris (Nyon), Viviscum (Vevey) und Octodurus (Martigny) zum Großen St. Bernhard und nach Italien. Das Seeufer lag zur Römerzeit etwa zwei Meter höher als heute. Am Ufer wurden Handelshäuser, Warenlager und im Zentrum des langgestreckten vicus eine über 70 Meter lange Basilika, eine Geschäftshalle mit zahlreichen Handelsbüros und Läden, gebaut, der sich ein recht großer Marktplatz (forum) mit Tempel anschloß. Etwas weiter östlich lagen die öffentlichen Bäder (thermae). Zwischen der Basilika und dem großen Handelshaus, die wir auf unserem Bild sehen, liegt ein ummauertes Heiligtum. Darin standen drei Kapellen, in denen unter anderem dem seit alters verehrten Schiffergott Neptun und dem Hercules Opfer dargebracht wurden. Beim Forumstempel kam eine Weihung an Mercurius Augustus zutage, den in einer Person mit dem vergöttlichten Kaiser verehrten Handelsgott Merkur.

An den langgestreckten Straßen reihten sich dicht an dicht die für einen kleinstädtischen Marktort typischen langgestreckten Häuser: Sie stoßen mit ihrer Schmalseite an die Straße an und überdecken oft mit einer Säulenlaube (porticus) das Trottoir.

Neben dem Handel nahm das Gewerbe in Lousonna einen wichtigen Platz ein. Schon seit Beginn der Römerzeit fabrizierten hier Töpfer ihr Geschirr, darunter recht gute Terra sigillata, die auch auf dem Markt von Octodurus verkauft wurde. Von den vielen anderen Handwerkern sind dank Funden Bronzegießer und Schmiede bekannt.

Zur Blütezeit werden in diesem bedeutenden vicus gegen 2000 Menschen gelebt und gearbeitet haben. Während der kriegerischen Jahrzehnte zwischen 260 und 280 scheint Lousonna allmählich zerstört und verlassen worden zu sein. Die verbliebenen Einwohner zogen sich auf den etwas vom See entfernten Hügel zurück, der heute die Kathedrale und die Altstadt trägt. Nur der Forumstempel des alten vicus wurde weiterhin aufgesucht, bis in spätrömische Zeit.

*Quintus Stardius Macer
Gaius Stardius Pacatus
Gaius Albucius Philogenes
Gaius Statius Anchialus
Gaius Novellius Amphio
Publius Cornelius Amphio IIIIII
viri.*

Die auf einen 108 cm hohen Stein gemeißelte Liste der «kaiserlichen Sechserherren» wurde in Genf gefunden. Die jährlich gewählten seviri augustales setzten sich in der Regel aus reichen freigelassenen Sklaven zusammen. Da sie wegen ihres Standes keine öffentlichen Ämter bekleiden durften, schuf bereits Kaiser Augustus dieses Ehrenamt. Auch die hier genannten Männer scheinen ausnahmslos Freigelassene zu sein; die Beinamen Anchialus, Philogenes und Amphio weisen auf eine Herkunft aus dem griechischsprechenden Osten des Reiches.

Im vicus Vitudurum (Oberwinterthur) erhielten sich dank hohem Grundwasserstand größere Teile von Holzbauten, Wasserleitungen und Abwasserkanälen aus dem 1. Jahrhundert n. Chr. Unser Bild zeigt links die Schwellbalken eines Holzhauses mit davorliegender Säulenlaube sowie mehrere Wasserleitungen. Aus dem Haus führt ein Abwasserkanal.

Städte, Marktorte und ihre Bewohner

Alle drei Städte standen im Rang des höchsten Stadtrechts, das Rom zu vergeben hatte, dem einer Kolonie. Nyon und Augst seit Caesar und Augustus, Avenches seit Kaiser Vespasian um 70 n. Chr. Zum Namen einer Koloniestadt gehörten klingende Beinamen, die sich nebst anderen ehrenden Titeln auf den Gründer und auf die Herkunft der angesiedelten römischen Kolonisten – meist emeritierte, das heißt aus der Armee entlassene Soldaten – beziehen.

Nyon hieß COLONIA IULIA EQVESTRIS;

Augst hieß COLONIA PATERNA PIA APOLLINARIS AVGVSTA EMERITA RAVRICA;

Avenches hieß COLONIA PIA FLAVIA CONSTANS EMERITA HELVETIORVM FOEDERATA.

Der Gründer ist in allen drei Namen überliefert: Caesar gehörte zur Familie der Julier, deshalb hieß Nyon colonia *Iulia*. Augustus hat sich wie bei vielen anderen von ihm neu- oder wiedergegründeten Städten in der colonia *Augusta* Raurica verewigt. Vespasian stammte aus der Familie der Flavier, so wurde Avenches die colonia *Flavia*. Die langen Kolonietitel standen aber nur auf den ganz offiziellen Inschrif-

ten. Wie die Überlieferung der Namen bis heute zeigt, sagte man in der Umgangssprache schon zur Römerzeit Augusta (Augst), Aventicum (Avenches) und Noviodunum (Nyon). Um unser Augusta von den zahlreichen anderen Augusta-Städten in den Provinzen abzusetzen, hieß es «Augusta der Rauriker», Augusta Rauracorum, so wie beispielsweise die große Stadt Trier «Augusta der Treverer», Augusta Treverorum hieß.

In die Reihe der Hauptstädte der römischen Schweiz gehört auch Martigny, das seit Kaiser Claudius um die Mitte des 1. Jahrhunderts Vorort der vier vereinigten Walliser Stämme war und vom Kaiser den Rang eines forums, eines Marktzentrums, erhielt. Seither hieß Martigny nicht mehr Octodurus, sondern offiziell FORVM CLAVDII VALLENSIVM.

Die Städte waren politischer, wirtschaftlicher, kultureller und zum Teil auch religiöser Mittelpunkt der Volksgemeinden (civitas), die nach wie vor aus den keltischen Stämmen bestanden, wie wir sie im zweiten Kapitel kennengelernt haben. In den Städten hatte die Verwaltung ihren Sitz, und von hier aus wurde alle fünf Jahre die Steuerschatzung (census) für das ganze

Stammesgebiet durchgeführt, denn die Volksgemeinden mußten die Steuern selbst eintreiben und an den Provinzstatthalter abliefern.

Die colonia war keine gewöhnliche Stadt, sondern wurde gegründet, um die Ausdehnung der römischen Herrschaft zu sichern. Gleichzeitig wurde die einheimische Bevölkerung mit der römischen Lebensart vertraut gemacht, denn der Gründer einer Kolonie ließ römische Bürger in eine bereits bestehende Siedlung führen und dort Wohnsitz nehmen. Oft waren dies, wie wir gesehen haben, aus der Armee entlassene Soldaten, die teilweise auch Land im neuen Koloniegebiet erhielten. Bei der Gründung wurde das Gebiet der Kolonie aus dem übrigen Stammesgebiet ausgeschieden, vermessen (dies war die limitatio) und darin das Areal der eigentlichen Koloniestadt bezeichnet. Dieses im Römerreich bis und mit Kaiser Augustus allgemein übliche Prinzip galt auch für Nyon und Augst, während sich in der viel später gegründeten Kolonie Avenches offenbar nur mehr wenig Kolonisten niedergelassen haben.

Die Verwaltung und Regierung der Koloniestädte entsprach dem Vorbild der Stadt Rom: Anstelle der beiden

In Augst kam dieses 45 cm
große Hausheiligtum
(lararium) aus Kalkstein mit
zugehörigem kleinem Altar
zutage. Die vier Bronze-
figürchen – vorne zwei Mer-
kurstatuetten, hinten ein
buckliger Zwerg mit Hahn
und eine Minerva – standen
einst zusammen in einem anderen Augster lararium.

50

Dieser kraftvolle Kopf eines
großen Jagdhundes
schmückte einst die ge-
schwungene Kopflehne eines
Bettes. Der vermutlich in
Sierre im Wallis gefundene,
15 cm lange Kopf ist das
Werk eines meisterhaften
Bronzegießers der frühen
Römerzeit aus dem Süden.

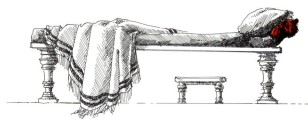

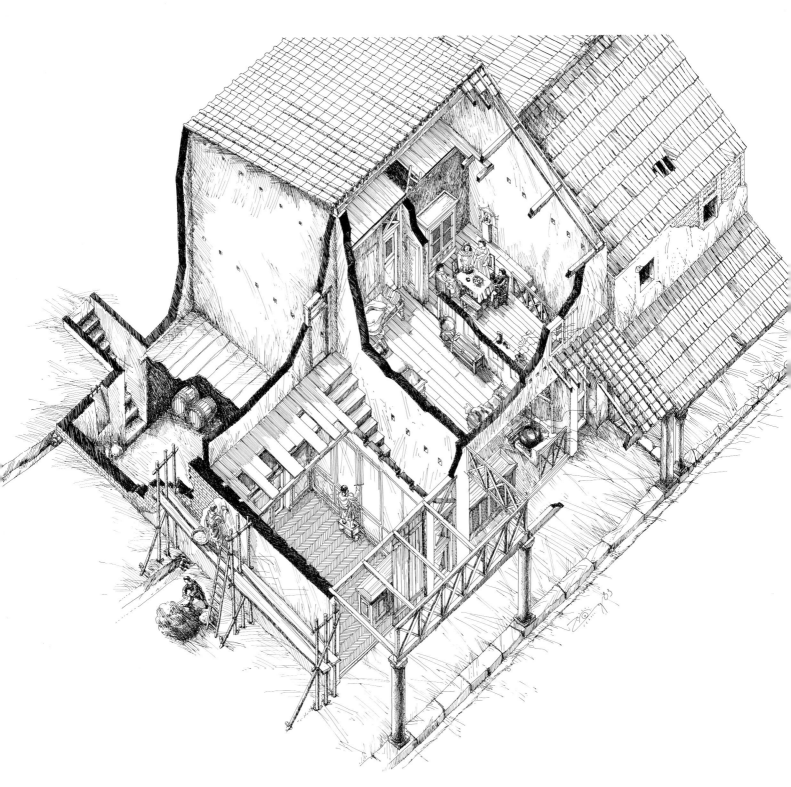

Konsuln von Rom verwalteten zwei Duumvirn (auf lateinisch heißen sie duoviri, die Zweimänner) als Bürgermeister die Kolonie. Sie leiteten die Geschicke der Stadt und wahrscheinlich das ganze Stammesgebiet. Sie wurden jährlich von den freien Männern gewählt. Zwei Aedilen (aediles) halfen den Duumvirn bei ihrer Arbeit. Sie hatten unter anderem das Polizeidepartement unter sich und waren für die Organisation von Theater und Spielen zuständig. Auf den Inschriften werden noch weitere Beamte genannt, die unter der Direktion der Duumvirn verschiedene Bereiche verwalteten.

Hundert Stadträte (decuriones) bilde-

ten wie der Senat in Rom die ergänzende Behörde zu den Duumvirn. Der Stadtrat wurde alle fünf Jahre bei der Steuerschatzung durch die Bürgermeister neu bestimmt.

Einige Koloniebürgermeister sind aus Inschriften namentlich bekannt (Bild Seite 45). Bezeichnenderweise sind darunter kaum echte Römer, sondern fast ausschließlich Angehörige einflußreicher einheimischer Familien zu finden, die schon bald nach der römischen Eroberung romanisiert worden waren und das römische Bürgerrecht erhalten hatten. Rom hat also nicht ortsfremde Funktionäre an die Spitze der Koloniestädte und Stammesgebiete

gesetzt, sondern den einheimischen Kelten ein weitgehendes Selbstverwaltungsrecht belassen; allerdings in den vom römischen Staat festgesetzten Grenzen. Von Rom bestimmt waren dagegen die Zolleinnehmer, in späterer Zeit oft kaiserliche Sklaven (Bild Seite 102). Oberste Instanz nach dem Kaiser war und blieb aber der Provinzstatthalter.

Grundsätzlich standen die Gemeindeämter allen freien römischen Bürgern offen. Die Beamten hatten aber bei Amtsantritt aus ihrem Vermögen eine größere Geldsumme zu den städtischen Ausgaben beizusteuern, deshalb kamen nur begüterte Bürger in Frage.

Im Erdgeschoß der Stadthäuser befanden sich in den ausgedehnten Handwerkervierteln Läden, Werkstätten und Wirtschaften. Meistens führt bei diesen etwa neun Meter breiten und zwölf Meter langen Häusern von der Haustüre aus ein Korridor zu einer Holztreppe in den ersten Stock, in die Wohnung. In diesen Logis wohnte ein großer Teil der Städter wie etwa im mittleren der im Bild gezeigten Häuser. Wir blicken in das Eßzimmer, das zugleich als Stube dient und eine kleine Kochnische besitzt. An der einen Wand ist ein kleines Hausheiligtum gemalt. Ein Kasten, in dem unter anderem das Geschirr aufbewahrt wird, steht ebenfalls in diesem Raum. Die Familie ißt am Tisch, auf Stühlen und Bänken sitzend, aber ebensogut wie die Bewohner der vornehmen Einfamilienhäuser nur mit einem Löffel und den Fingern. Neben diesem Wohnraum liegt ein Schlafzimmer mit Betten und einer Wäschetruhe; auf einem einfachen Kandelaber verbreitet eine Talglampe abends ein spärliches Licht. Durch eine Türe gelangt man zu einem zweiten Schlafraum. Während das alte Haus rechts noch aus Holz und verputztem Flechtwerk gebaut und mit länglichen Holzschindeln gedeckt ist, trägt das erst kürzlich in gemörteltem Mauerwerk errichtete mittlere Haus ein Ziegeldach. Besonders sorgfältig und aufwendig wird das Haus links gebaut und ausgestattet. Der Boden des Ladens ist mit hochkant gestellten Tonplatten belegt, und die Wände werden bemalt. Dieses Haus besitzt außerdem – was gar nicht selbstverständlich ist – einen gemauerten Keller. Darin werden Vorräte gelagert. Ein Maurer ist dabei, eine Wand zu verputzen; sein Gehilfe rührt in einer Grube den notwendigen Kalkmörtel an.

Möbelfuß, wohl von einem dreibeinigen Tischchen. Über dem als Löwentatze gebildeten Fuß bietet eine Fruchtbarkeitsgöttin auf einer Platte Früchte an. Die strenge, aber ausdrucksvolle 21 cm hohe Figur ist das Werk eines einheimischen Bronzegießers.

Man erwartete von den Magistraten auch freiwillige Gaben zum Wohl der Gemeinde; nicht selten berichten Inschriften von größeren und kleineren Stiftungen. Als Entschädigung für diese Aufgaben standen den Beamten verschiedene Ehrenrechte zu. Wir wollen hier nur erwähnen, daß ihnen bei den Theateraufführungen, die ja im römischen Leben eine große Rolle spielten, ganz spezielle Ehrenplätze nahe bei der Bühne reserviert waren.

Die Einwohner der Koloniestädte setzten sich aus verschiedenen Gruppen zusammen. Da waren die zugezogenen Kolonisten (coloni); die Schriftquellen überliefern Zahlen zwischen 2000 und 6000 Neusiedler. Im Jahre 24 v. Chr. ließ Augustus in der von ihm gegründeten Kolonie Augusta Praetoria (Aosta) am Südfuß des Großen St. Bernhard zu den einheimischen Bewohnern 3000 Veteranen ansiedeln. Wir dürfen damit rechnen, daß auch in unseren beiden Kolonien aus der Zeit von Caesar und Augustus – nämlich Nyon und Augst – zwischen 2000 und 3000 römische Bürger Wohnsitz nahmen, wobei sich allerdings ein Teil auf Gutsbetrieben im weiteren Koloniegebiet niederließ. Anfänglich werden die römischen und romanisierten Zuzüger in diesen neuen Zentren zwar einen beachtlichen Anteil der Bevölkerung gebildet und damit die Romanisierung der Einheimischen sehr gefördert haben; im Vergleich zur Gesamtzahl der Bevölkerung in Stadt und Land stellten sie aber nur eine dünne Schicht dar.

Die tonangebende Gesellschaft bildeten in erster Linie die einheimischen Patrizier, die ja früh das römische Bürgerrecht erhielten (Bild Seite 16). Einige Keltenfamilien – wie die Camilli aus Aventicum – sind aufgrund ihres Reichtums sogar in den römischen Ritterstand aufgenommen worden. Angehörige des obersten römischen Standes der Senatoren sind in unserem Gebiet im Wallis seit dem 3. Jahrhundert n. Chr. bekannt.

Bis ins Jahr 212, in dem alle freien Bewohner des Römischen Reiches das römische Bürgerrecht erhielten, werden die «gewöhnlichen» Einwohner (incolae) in den Koloniestädten die Mehrheit gebildet haben. Zu diesen Einwohnern zählten auch freigelassene Sklaven sowie Fremde und Zugewanderte, die in der Kolonie lediglich eine Niederlassungsbewilligung hatten. Bald einmal gab es auch unter den incolae sehr wohlhabende Geschäftsleute und Handwerker. Da ihnen die städtischen Ämter verschlossen waren, hatte bereits Kaiser Augustus ein Sechsmännerkollegium geschaffen (seviri augustales). In diesem Repräsentations- und Ehrenamt konnten vor allem reiche Freigelassene sich aus eigenen Mitteln für Stadt und Gemeinde einsetzen.

Die Bewohner der Kleinstädte und Marktorte, der vici, hießen vicani. Die vici hatten eine eigene Behörde mit einem curator oder magister als Chef; dem bedeutenden vicus Genava (Genf) standen zwei höhere Beamte, aediles, vor. Verwaltet wurden die vici zwar von den Hauptstädten aus, besaßen aber doch eine gewisse Selbständigkeit.

Städtisches Bauen und Leben

Von den römischen Städten unseres Landes ist Augst am weitesten ausgegraben und sein Plan deshalb am besten bekannt. Unser Bild Seite 38 zeigt, wie die Stadt zu ihrer Blütezeit ausgesehen haben könnte. In Augst, Nyon und Avenches finden sich für jede römische Stadt kennzeichnende Einrichtungen wie die rechteckigen Stadtquartiere und Gebäulichkeiten wie das Rathaus. Auch wenn die Bauten und Anlagen an den verschiedenen Orten nicht alle zur gleichen Zeit und vom gleichen Architekten gebaut worden sind, so sehen sich doch Grundform und teilweise auch Lage der öffentlichen Gebäude und Tempel in den Städten, ja selbst in den größeren Marktorten des Römerreichs in vielem recht ähnlich. So zeigen der Marktplatz (forum) und die angebaute Geschäftshalle (basilica) von Nyon und Augst eine enge Verwandtschaft.

Bei der Vermessung der Koloniestädte legten die Geometer den Umfang der Stadt und die Ausrichtung der Hauptstraßen in einem feierlichen Gottesdienst fest. Üblicherweise wurden die beiden Hauptstraßen auf den Altar des obersten römischen Himmelsgottes Jupiter ausgerichtet, dessen Tempel beispielsweise in Augst auf dem Marktplatz stand. Die etwa sechs Meter breiten Straßen verliefen im Stadtzentrum schnurgerade und bildeten ein regelmäßiges Netz. In den dazwischenliegenden Feldern entstanden die Stadtquartiere mit ihren Häusern und Mietwohnungen: Die rechteckigen, durch die Straßen begrenzten Flächen teilte man in Parzellen auf und verkaufte sie. Dazu erwarb der Käufer auf der Länge der Straßenfront einen etwa drei Meter breiten Streifen, auf dem er eine gedeckte, von Säulen getragene Laube (porticus) errichten konnte.

Die Häuser und Quartiere der vici unterschieden sich etwas von den eigentlichen Städten: An langen und nicht rechteckige Quartiere bildenden Straßen reihten sich längliche Häuser. Aber auch diese hatten vor ihrer Schmalseite an der Straßenfront nicht selten die charakteristischen Lauben angebaut. Das Bild Seite 46 zeigt, wie das Zentrum des vicus Lousonna (Lausanne-Vidy) vom See her betrachtet ausgesehen haben könnte.

Städte und Marktorte waren offen und nicht befestigt. Der weite Mauerring von Avenches bot keinesfalls Schutz, sondern repräsentierte Größe und Ansehen der Stadt. In Augst hatte man sogar nur gerade beidseits der Stadttore jeweils ein Stück Stadtmauer in Stein gebaut.

Aus dem Gewirr der Mauern und Holzreste können die Archäologen bei den Ausgrabungen herauslesen, daß die Häuser im Laufe der Zeit mehrfach umgebaut und verändert wurden. Die allerersten Gebäude der Römerzeit waren ganz aus Holz gebaut, verschiedentlich werden die Wände mit Lehm verstrichen und mit Kalkmörtel verputzt gewesen sein, so daß man von der Holzkonstruktion nicht viel sah. Diese Häuser trugen anfangs höchst selten Ziegeldächer, sondern meistens eine Bedachung aus länglichen Holzschindeln. Ganze Lagen von Schindeln aus Tannenholz kamen im vicus Vitudurum (Oberwinterthur) und in Holderbank im Kanton Solothurn in einer römischen Siedlung zutage, wo dank hohem Grundwasserstand das Holz über die Jahrhunderte hinweg erhalten blieb. Bis zu Kaiser Nero (54–68) waren selbst in Rom außer den öffentlichen Gebäuden nur wenige Häuser in Stein gebaut.

Nach der Mitte des 1. Jahrhunderts bürgerte sich der Steinbau mit Ziegeldach allmählich auch bei uns ein, zuerst in den Städten, dann auch auf dem Land. Den enormen Bedarf an Dachziegeln deckten zahlreiche private Ziegeleien. Die Ziegel hielten wie schon damals in den Alpentälern gebräuchlichen Steinplatten durch ihr Gewicht (80 bis 90 Kilogramm pro Quadratmeter) auf dem Dach.

Neben den nur mit Steinen und Mörtel gebauten Mauern verwendeten die Baumeister verschiedene Verbindungen von Stein- und Holzbau, die allgemein als Fachwerk bezeichnet werden. Aufgehendes Mauerwerk von römischen Häusern ist aber bei uns selten erhalten, nicht zuletzt, weil alle römischen Siedlungen zu verschiedenen Zeiten als willkommener Steinbruch für billiges, bereits zugehauenes Baumaterial dienten. Hin und wieder erlaubt eine umgestürzte und dann liegengebliebene Mauer wenigstens die Raumhöhe des Parterres zu bestimmen; normalerweise liegt sie bei etwa drei bis vier Metern, öffentliche Bauten wie Bäder, Markthallen oder Tempel natürlich ausgenommen, die gut und gerne fünfzehn Meter hoch über den Boden ragten.

Lange nicht alle Häuser besaßen einen Keller, in den Stadtquartieren jedoch die Mehrzahl einen ersten Stock. Dies zeigen Treppenhäuser für eine Holztreppe, die sich im Grundriß häufig abzeichnen. Bei den Ausgrabungen kann auch immer wieder gezeigt werden, daß bei der Zerstörung des Hauses – zum Beispiel bei einer Brandkatastrophe – Gegenstände vom oberen Stock ins Parterre stürzten. Zwei- oder dreistöckige Häuser werden in unserem Gebiet große Ausnahmen gewesen sein. In Rom dagegen baute man ohne weiteres vier bis sechs Stockwerke hoch. Die Kaiser mußten sogar mehrfach Bauvorschriften erlassen, weil es vorkam, daß billige Spekulationsbauten einstürzten.

Links:
Eine Ausgrabungsfläche in
Augst, insula 29, von über
20 m Höhe aus fotografiert.
Außer den verschiedenen
Mauerzügen von Wohn- und
Geschäftshäusern, die im Laufe
der Jahrhunderte mehrfach
umgebaut und erneuert wurden, erkennt man in den tiefer
gelegenen Schichten die (aus-
gegrabenen) Abdrücke läng-
licher Holzbalken aus frührömischer Zeit. Links eine
Herdstelle, die zu einem der
jüngsten Häuser gehört.

Oben:
Es erstaunt nicht, dass der
Handelsgott Merkur im vicus
Curia (Chur) einen zentralen
Platz einnahm, denn Curia
war einer der wichtigen Etappenorte an der Fernstraße
von Rätien nach Italien.
Durch die umgestürzte Wand
geschützt, blieb eine prächtige Malerei mit dem über 1 m
großen Bild des Merkur erhalten. Im Vogelkäfig rechts
eine pica salutrix, eine spre-
chende Krähe oder Elster,
wie sie zur Römerzeit in vielen Häusern gehalten wur-
den. Der über 12 m lange und
8 m breite Saal, den das
Wandbild einst schmückte,
könnte sehr wohl ein Ver-
sammlungsraum (schola) von
Handelsleuten aus Chur gewesen sein.

Nur ganz wenige Stadthäuser verfügten über eine Warmluftheizung (einen Hypokaust wie Bild auf Seite 57). Im Winter wärmten die Leute die Zimmer mit kleinen tragbaren Öfen oder mit einem Becken voll glühender Holzkohle. Eine gewisse Wärme werden aber auch die vielen Werkstätten im Erdgeschoß nach oben abgegeben haben, in denen ja häufig Herdstellen und nicht selten Backöfen standen.

Selbst in den einfachen Häusern waren die Wände wenigstens teilweise farbig bemalt, manchmal mit einfachen Tupfenmustern oder Feldern verziert. Rot, Ocker und ein helles Blaugrün sind nach den vielen bemalten Verputzresten, die bei der Ausgrabung römischer Häuser zutage kommen, überaus beliebte Farben gewesen.

In den Stadtquartieren lebten und arbeiteten die Bewohner ziemlich dicht gedrängt. Die Häuser und Wohnungen waren teils Eigentum der Bewohner, teils gemietet. Im Parterre hatten die Handwerker ihre Werkstätten und Läden, befanden sich die Wirtschaften und Schenken. Vom Parterre führte eine steile Treppe in den ersten Stock, der als Wohnung eingerichtet war. In diesen Zwei- bis Dreizimmerwohnungen lebte die einfache Stadtbevölkerung. Wenn über der Säulenlaube vor dem Haus noch ein Balkon oder eine Veranda angebaut war, vergrößerte sich der Wohnraum wenigstens im Sommer. Ein solches Logis mit Eßraum/Stube und ein bis zwei Schlafzimmern bot Wohnraum für eine Familie. Sklaven, Knechte und Mägde wohnten vielleicht in kleinen Kammern in den Hinterhöfen oder im Parterre, wenn man ähnliche Häuser in Italien vergleicht.

Das Eßzimmer war zugleich Stube; ein Tisch mit Bänken stand darin. An der einen Wand befand sich ein kleines Hausheiligtum, ein lararium, ein kleines Tempelchen, aus Holz oder Stein gearbeitet oder auch nur an die Wand gemalt. Darin oder davor standen auf einem Sockel ein Altärchen sowie kleine Götter- und Weihefigürchen aus Bronze, Ton und anderem, heute vergangenem Material wie Holz oder Teig. Jedermann hatte seine persönlichen Schutzgottheiten (Schutzengel würden wir sagen), die ihn und seinen Haushalt beschützten (Bild Seite 50).

Nicht alle Stadtbewohner hatten die Möglichkeit, selbst zu kochen; eine richtige Küche besaßen überhaupt nur größere Haushaltungen. Wie wir aus den erhaltenen Häusern in Italien und aus Beschreibungen schließen können,

befand sich aber im Eßraum meistens ein kleiner aufgemauerter Herd, auf dem die Hausfrau mit Holzkohle kochte. Eigene Kamine und Rauchabzüge müssen in den oberen Stockwerken rar gewesen sein. Aus diesem Grund konnte man für die Feuerstelle im Oberstock nur Holzkohle verwenden, weil diese kaum mehr Rauch und Abgase entwickelt. Nicht selten werden die Städter ihre in großen Backplatten und feuerfesten Schüsseln vorbereiteten Speisen zum Bäcker gebracht haben, wie man dies heute noch im Süden sehen kann: Nachdem das Brot gebacken und herausgenommen ist, können im noch heißen Backofen Mahlzeiten für mehrere Familien gargekocht werden. Bestimmt gab es auch in den römischen Städten und Marktorten der Schweiz kleine Garküchen, die warme Mahlzeiten über die Gasse verkauften.

Wasser und Abwasser

Die Römer brauchten viel frisches Wasser, für Haushaltungen, Gewerbe und insbesondere für die öffentlichen Bäder. Dementsprechend wurde die Wasserversorgung jeder Siedlung sorgfältig geplant. Oft führten kilometerlange, begehbare Wasserleitungen (Aquädukte) geeignetes Frischwasser auf unter- und oberirdischem Weg in die Ortschaften. Oberirdisch auf hohen, gemauerten Pfeilern getragene Wasserleitungen kennen wir natürlich aus den Städten Nyon, Augst, Avenches und Martigny. Die römische Wasserleitung von Vindonissa ist streckenweise noch heute in Gebrauch!

Von den Aquädukten aus wurde das Wasser über kleinere Reservoirs in unterirdisch verlegten Leitungen durch die Straßen geführt. Diese Leitungen bestanden in unserem Gebiet mehrheitlich aus etwa drei Meter langen, längs durchbohrten Baumstämmen (Deuchel), die mit Holz- oder Eisenmuffen aneinandergefügt wurden; Bleiwasserleitungen, die im Süden recht häufig sind, waren bei uns weniger gebraucht. Die Archäologen finden bei den Ausgrabungen oft nur noch die eisernen Verbindungsringe der seit der Römerzeit im Boden vergangenen Holzwasserleitungen oder aber die Negative der Leitungen in

Form von Kalksinter, der sich im Laufe der Jahre in den Holzleitungen abgelagert hatte. Um so interessanter sind die gut erhaltenen Holzleitungen, die nebst anderen Holzbauten kürzlich in Oberwinterthur, im vicus Vitudurum, zutage gekommen sind (Bild Seite 49).

In den Städten verfügten nur wenige reiche Privathäuser über fließendes Wasser im Haus. Wer sich diesen Luxus leisten wollte, mußte dafür einen hohen Wasserzins zahlen. Das Wasser holte man sich in großen Krügen an den Brunnen, die an etlichen Straßenecken standen – ein Ort, wo sicher auch die letzten Neuigkeiten der Römerzeit ausgetauscht wurden.

Fehlten Wasserleitungen, grub man bis auf den Grundwasserspiegel reichende, tiefe Sodbrunnen. In der Unterstadt von Augst finden sich in den Hinterhöfen der Quartierüberbauungen zahlreiche Sodbrunnen, während die Oberstadt größtenteils mit fließendem Wasser aus den Leitungen versorgt war.

Nicht jedes Haus in den Städten und vici verfügte über eine eigene Toilette. Im Hinterhof oder unter der Treppe zum ersten Stock werden sich zwar öfter kleine Latrinen über Sickergruben befunden haben; in jeder größeren Siedlung gab es aber, besonders

An Orten, wo viele Leute zusammenkamen, richteten die Römer öffentliche Latrinen ein, denn in den Städten verfügten lange nicht alle Häuser über eine eigene Toilette. Stets fließendes Wasser sorgte für die richtige Sauberkeit und Hygiene. So könnten beispielsweise die bei den Bädern von Martigny gelegenen Latrinen ausgesehen haben.

Modell eines mit Hypokaust beheizten Raumes: Vorne der Heizraum mit dem Holz, anschließend das Einfeuerungsloch (praefurnium), wo das Feuer entfacht wird. Die heiße Luft strömt durch den Hohlraum unter dem dicken Mörtelboden, der von Pfeilern und Platten getragen ist, und entweicht den mit Hohlziegeln (tubuli) bekleideten Wänden entlang über das

Dach. Wie praktische Versuche gezeigt haben, erwärmt sich der Raum nach einigen Stunden kräftigen Feuerns; der dicke Mörtelboden und die Tonplatten speichern die Wärme und geben sie noch stundenlang ab. Die römische Hypokaustheizung nützte die Energien aufs beste aus.

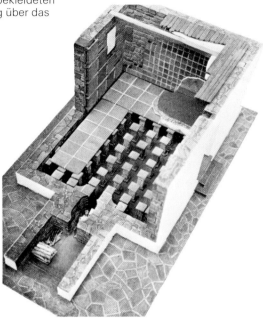

Bäder und ihre Lustbarkeiten

dort, wo sich viele Menschen versammelten, größere WC-Anlagen. Diese konnten ohne weiteres von zehn oder mehr Personen aufs Mal benützt werden, wie eine gut erhaltene Anlage bei den Bädern von Martigny zeigt (Bild oben). Da in den öffentlichen Latrinen stets fließendes Wasser allen Unrat wegspülte und der Boden dank einer speziellen Wasserrinne jederzeit ausgespült und gefegt werden konnte, waren diese Gemeinschaftsanlagen weit hygienischer als die Sickergruben in den Häusern und Hinterhöfen. War dies unumgänglich, benützte man des Nachts einen Nachttopf, von dem wir zwar den römischen Namen (matella), aber die Form noch nicht kennen.

Alle Abwässer der Stadt flossen durch kleinere Leitungen und Kanäle aus den Häusern und öffentlichen Anlagen in einen oder mehrere fast mannshohe Abwasserkanäle. Einstiegslöcher in regelmäßigen Abständen erlaubten der städtischen Equipe Verstopfungen, Beschädigungen und andere Hindernisse rasch zu beseitigen. Die Abwässer wurden in den nächsten größeren Fluß oder See geleitet.

Schon von weitem waren die öffentlichen Bäder (thermae) mit ihren hohen Hallen wie Wahrzeichen zu sehen. Die Bäder entschädigten die Bevölkerung dafür, daß ein Großteil der Häuser weder fließendes Wasser noch sanitäre Einrichtungen besaß. Selbst die Bewohner der vornehmen Stadtviertel verfügten nur ganz selten über ein eigenes Bad: Man ging in die Thermen. Die Thermen waren nämlich nicht nur für die Körperpflege nötig, sondern zugleich einer der gesellschaftlichen Mittelpunkte einer städtischen Siedlung: In den Bädern traf man Freunde und Bekannte, man lernte neue Leute kennen oder schloß Geschäfte ab; in den Thermen und den daran angebauten Sportanlagen verbrachten die Städter so gut wie die Bewohner der vici einen Teil ihrer Freizeit. Rings um die Bäder siedelten sich viele kleine Läden und Buden an, die von Eßwaren über Salböl bis zum Sportgerät alles mögliche angeboten haben werden. Eine ganze Reihe derartiger kleiner Boutiquen säumte außen den Hof der Augster Frauenthermen (Bild Seite 58).

Die Räume der Bäder waren hell und hoch, die Hallen von Säulen getragen, die Böden mit Platten belegt und die Räume farbig ausgemalt oder sogar mit verschiedenartigen Steineinlagen

geschmückt. In den Bädern bewährte sich die römische Hypokaustheizung ausgezeichnet. Dank einem ausgeklügelten Verfahren war es zudem möglich, mit der Abwärme über der Einfeuerung in großen Kupferkesseln stets warmes Wasser zu bereiten.

Männer und Frauen badeten in der Regel getrennt. In den größeren Städten gab es Männer- und Frauenthermen oder Doppelanlagen, nach Geschlechtern getrennt. In den Thermen der Insula 17 von Augst kamen in den Abwasserkanälen massenhaft beinerne Haarnadeln zum Vorschein, die auf ein Frauenbad schließen lassen. An den kleineren Orten galten getrennte Badezeiten, vielleicht am Nachmittag für Frauen und Kinder und abends für Männer, wie dies in arabischen Bädern Tunesiens üblich ist, in denen die Badetradition der Römerzeit bis heute weiterlebt. So wie der Schriftsteller Seneca um 50 n. Chr. in Rom den Betrieb in den Thermen farbig, wenn auch pointiert schildert, mag es bei Hochbetrieb auch in den Bädern der römischen Schweiz zu und her gegangen sein:

«Von allen Seiten umtönt mich wirrer Lärm, denn ich wohne gerade über dem Bad. Stell Dir jetzt einmal alle Arten von Tönen vor, die es einen bedauern lassen, daß man Ohren hat.

Die Salbölbehälter für die Körperpflege vor oder nach dem Bad waren ganz verschiedenartig gestaltet. Hier sehen wir ein Exemplar in Gestalt eines Schauspielers, der nach seinem Kostüm und der Lockenperücke in einer Tragödie spielte. Der (heute verlorene) Deckel muß die auf den Kopf geschobene Maske gewesen sein. Die 13,5 cm große Figur ist sehr sorgfältig gearbeitet, die Augen des bärtigen Schauspielers waren in Kupfer oder Silber eingelegt. Aus Avenches.

Die Schauspieler galten in der Antike nicht gerade als ehrenwerte Berufsleute; auch ihr nicht selten modisches Gehabe wurde gerne aufs Korn genommen. So fällt auf, daß der kurze Bart unseres Theatermannes sorgfältig gekämmt, ja gescheitelt ist und der Schnauz in einer ondulierten Locke endigt.

Das Bad zur Römerzeit gliederte sich in mehrere Abschnitte: Im Auskleideraum (A) deponierte man in Kästchen die Kleider, um sich dann in einen lauwarm beheizten Raum zu begeben (L), in dem sich der Körper allmählich an die wärmeren Temperaturen gewöhnen konnte. Hier konnte man sich massieren, übergießen oder

vor beziehungsweise nach dem Bad auch salben lassen. Durch den lauwarmen Raum gelangten die Badenden ins Warmbad (W) mit seinen Becken und Wannen mit warmem, immer wieder frisch nachfließendem Wasser. Nach ausgiebigem Bad kühlte man sich im Kaltbad (K) im Kaltwasserbassin ab. Die öffentlichen Bäder

Wenn die Kräftigeren ihre Übungen machen und dabei die Hanteln schwingen, wenn sie sich abarbeiten oder auch bloß so tun, dann höre ich ihr Stöhnen und, sobald sie dem angehaltenen Atem wieder seinen Lauf lassen, ihr Zischen und Keuchen. Wenn ich auf einen Müßiggänger (der keinen Sport treibt) stoße, der sich bescheiden nach einfacher Art salben läßt, so höre ich das Klatschen der Hand (des Masseurs) auf den Schultern, das seinen Ton ändert, je nachdem die Hand flach oder hohl aufschlägt. Kommt noch ein Ballspieler dazu, der zählt, wie oft er den Ball abprallen läßt, dann ist's um mich geschehen. Nimm nun noch einen Zankteufel hinzu und einen ertappten Dieb und einen Sänger, der gerne seine eigene Stimme im Bad ertönen hört; nimm ferner noch hinzu die, die unter lautem Klatschen des aufspritzenden Wassers ins Schwimmbassin springen! Außer diesen, deren Laute doch wenigstens natürlich sind, denke Dir noch einen Haarausrupfer, der, um sich bemerkbar zu machen, wieder und wieder seine dünne, schrille Stimme hervorpreßt und erst schweigt, wenn er jemandem die Haare unter den Achseln

ausreißt und so einen andern an seiner Stelle schreien läßt. Endlich die verschiedenen Ausrufe des Kuchenhändlers, der Wurstverkäufer, der Süßwarenverkäufer und der Kellner sämtlicher Kneipen, die alle in ihrer eigentümlichen, durchdringenden Tonart ihre Waren anpreisen.»

Nebst den Bädern in den Städten und vici gab es auch in unserem Land zur Römerzeit Badekurorte. Aquae Helveticae (Baden) und Eburodunum (Yverdon) waren sehr beliebte Badeorte – das heutige «Baden» bedeutet übrigens nichts anderes als die Übersetzung des lateinischen Wortes aquae. Dieser Badeort erlebte eine Glanzzeit im 1. Jahrhundert, solange die Soldaten im nahen Legionslager von Vindonissa ihren Standort hatten, blieb aber, nach den archäologischen Funden zu schließen, bis in spätrömische Zeit oft und gerne besucht. Zur Kur in den Heilquellen gehörte in Baden der Besuch eines jenseits der Limmat über eine Brücke erreichbaren Tempelbezirks, den zahlreiche Tempel, Kapellen, Altäre, Statuen und andere Weihegaben geschmückt haben müssen.

In den Schwefelbädern von Eburodunum kurierten Einwohner von Aventicum und Umgebung ihre Gebrechen. Auch hier standen in der Nähe der Bäder mehrere Tempel, darunter einer des heilenden Gottes Apollo Grannus. Man kann den emsigen Betrieb, der in derartigen Kurorten herrschte, nicht einfach mit einem der mondänen Badeorte vergleichen, wie sie beispielsweise zu Anfang unseres Jahrhunderts an der italienischen Riviera blühten. Die Verbindung von Heilbad und Tempelbezirk zeigt, wie das Leben zur Römerzeit vom Glauben an die höheren Mächte mitbestimmt wurde; in unserem Gebiet geht dieses Nebeneinander von heilendem Wasser und Gottheit sicher auch auf keltische Glaubensvorstellungen zurück. Die Verbindung von Wasser, Heilbad und Tempel erkennen wir ein weiteres Mal in Augst, wo unmittelbar neben einem großen Heiligtum in der Grienmatt ein Heilbad direkt über einer Quelle errichtet worden war (Bild Seite 41, Nr. 21 und Nr. 22).

(thermae) und das Bad nahmen im Leben zur Römerzeit einen wichtigen Platz ein. Kein Wunder, daß etliche Beschreibungen und Vorschriften zum Badewesen aufgeschrieben wurden, von den Architekten über Standort und Bauweise der Gebäude, von den Ärzten über das

Baden selbst. Der Arzt Galenus schreibt im 2. Jahrhundert.

«Nach ihrem Eintritt halten sie sich zuerst im Warmluftzimmer auf, darauf steigen sie ins warme Bad, dann gehen sie hinaus und steigen ins kalte, schließlich reiben sie sich den Schweiß ab. Es dient aber der erste Akt des

Bades dazu, die Stoffe durch den ganzen Körper zu erwärmen und zu lösen und ihre Ungleichheiten auszugleichen, endlich die Haut aufzulockern und, was sich unter ihr angesammelt hat, zu entleeren. Der zweite dagegen, falls jemand bei trockener Körperkonstitution ihn anwendet, heilsame Feuchtigkeit in die trockenen Teile des

Körpers zu bringen. Der dritte Teil des Badeganges, wenn wir nämlich das Kaltbad anwenden, soll den ganzen Körper abkühlen, die Hautporen schließen und die Kräfte stärken. Der vierte endlich soll den Körper durch Schweißfluß entleeren, ohne ihn einer Gefährdung durch die Abkühlung auszusetzen.»

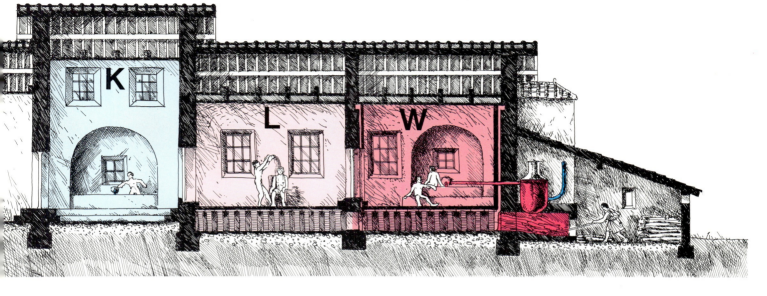

Märkte und Zunfthäuser als Geschäftszentren

Zu jeder Stadt und zu allen vici gehörte mindestens ein Markt (forum). Das forum bildete das Herz einer Stadt, bei dem sich die Hauptstraßen kreuzten.

Ein forum bestand aus einem großen rechteckigen Platz; auf der einen Schmalseite stand in den Städten und größeren vici eine hohe, von Pfeilern getragene Halle (basilica), in der an speziellen Tagen Gericht abgehalten, sonst auch Geschäfte getätigt wurden. In den Städten war der Basilika das Rathaus (curia) angegliedert, in welchem der Stadtrat der Decurionen tagte. Rings um den Marktplatz standen ebenfalls hohe Hallen mit vielen Verkaufsläden im Erdgeschoß und einer breiten, schattenspendenden und vor Regen schützenden Säulenhalle davor. Ein Tempel ist vom römischen Forum nicht wegzudenken. In den größeren Städten wie Augst war dies der Platz für den Jupitertempel. In Avenches stand unmittelbar neben dem Forum wie in Rom auf dem Kapitol ein Tempel für Jupiter, Juno und Minerva, die drei höchsten römischen Götter. Auch der Kult des vergöttlichten Kaisers hatte unter anderem im Forumstempel seinen Platz.

An den von Ort zu Ort abwechselnd an einem festgesetzten Tag abgehaltenen Wochenmärkten und an den vielfach mit Märkten verbundenen Feiertagen waren auch die offenen, von Statuen und Ehrendenkmälern gesäumten Forumsplätze mit Ständen und Verkaufstischen überfüllt. In den gedeckten Säulenhallen wird man an diesen Tagen auch Ärzte angetroffen haben, die zu Ader ließen oder ihre Heilsalben anpriesen (Bilder Seite 81). Wer keinen privaten Hauslehrer bezahlen konnte, hatte die Möglichkeit, vor der Geräuschkulisse des Marktlärms lesen und schreiben zu lernen. Auch allerlei fahrendes Volk – Gaukler, Seiltänzer, Zauberer und Pantomimen – wird gerade an Markttagen seine Künste vorgeführt haben.

In der Nähe des forums gruppierten sich andere öffentliche Gebäude wie die Zunfthäuser und Versammlungshallen der Handwerker (scholae) und die Bäder. In Avenches stand dort unter anderen das Haus der Aareschiffer und eine weitere schola, die zu Ehren des Quintus Cluvius Macer (macer heißt Metzger), eines Bürgermeisters der helvetischen Hauptstadt, errichtet worden war (Bild Seite 45).

Theater und Amphitheater

Die Bewohner der Schweiz zur Römerzeit schätzten Theater und Spektakel. Mit «panem et circenses», Brot und Spielen, konnte man sich auch in den Provinzen die Gunst des Volkes sichern. Nicht von ungefähr haben die städtischen Beamten immer wieder in die eigene Tasche gegriffen, um Spiele und Theateraufführungen selbst zu finanzieren oder doch die dafür bestimmten öffentlichen Gelder kräftig aufzubessern.

Die Römer kannten zwei Arten von Theater: Das *szenische Theater* mit halbrundem Zuschauerraum und gerade abgeschlossener Bühne für Schauspiele und Pantomimen und das ovale, geschlossene *Amphitheater* (griechisch amphi heißt ringsum, beidseits), ein Schauplatz für Tierjagden und Gladiatorenkämpfe. Daß beim Legionslager von Vindonissa lediglich ein Amphitheater stand, ist für den Geschmack der Soldaten bezeichnend. Wagenrennen fanden im Zirkus (circus) statt, einer bis zu fünfhundert Meter langen Rennbahn, die bei uns, jedenfalls für die ersten Jahrhunderte der Römerzeit, nicht bekannt sind. Wagenrennen wurden in der Spätzeit des Römerreiches besonders beliebt.

Die Architekten und Baumeister versuchten, bei der Wahl des Bauplatzes wenn möglich von den Vorzügen des Geländes zu profitieren. Hügel, Hänge oder natürliche Senken konnten viel mühsames Pickeln und Schaufeln ersparen. Die Form der Theater haben die Römer von den Griechen übernommen. Die Akustik war so ausgeklügelt, daß die gesprochenen Worte bis in die obersten Ränge verständlich blieben.

Für die altehrwürdige Verbindung von Spiel und Kult bezeichnend, ist die Ausrichtung der Theater von Avenches und Augst auf einen Tempel: In Avenches blickten die Zuschauer, vielleicht durch Arkaden des Bühnengebäudes, direkt auf den prächtigen Cigognier-Tempel. In Augst hatte man in der Mitte des Bühnenhauses eine Lücke belassen, die den Blick über eine breite Prozessionstreppe auf den genau gegenüberliegenden Tempel freigab (Bild Seite 41, Nr. 20 und Nr. 23).

Tempel

Schon mehrfach war von Tempeln, den Gotteshäusern der Antike, die Rede. Nebst den Tempeln auf und beim forum oder beim Theater gab es in allen Städten und vici und auch außerhalb der Siedlungen eigentliche heilige Bezirke. Diese Bezirke waren nach alter keltischer Tradition stets von einer Mauer oder einem Zaun umschlossen und lagen oft in der Nähe von Quellen und Bächen. In ihnen standen die den Gottheiten geweihten Tempel und zahlreiche Kapellen, Bildstöcke, Altäre und Statuen, aber auch heilige Bäume und Sträucher. Von diesen Heiligtümern und Tempeln wird unter «Religion und Glaube» näher zu berichten sein.

Friedhöfe

Leben und Sterben gehören zueinander. Die römischen Friedhöfe lagen zwar stets außerhalb der Siedlungen, aber doch nahe bei den Lebenden: In den Städten und vici reihten sich den Ausfallstraßen entlang mit Bäumen, Sträuchern und Blumen bewachsene Grabbezirke, Grabmäler und einfache Grabstellen. Auch zu den Gutshöfen auf dem Land gehörten eigene Friedhöfe. Doch mehr zum Totenbrauchtum im Kapitel über den Alltag.

Dies sind, in kurzen Worten geschildert, die Einrichtungen, die zu einer städtischen Siedlung gehörten. Außer den Häusern und Lauben, den öffentlichen Märkten, Bädern, Tempeln und den Gartenanlagen schmückten auch Ehrenbögen, Denkmäler und Statuen die Straßen und Plätze, verkündeten Inschriften in Stein und Bronze die Verordnungen, Taten und Spenden der Kaiser, ihrer Beamten und die Verdienste der städtischen Magistraten und der Gemeinde. Auch wenn vieles im Vergleich mit den römischen Großstädten selbst in den Kolonien bescheiden und provinziell gewirkt haben wird, zeigen alle städtischen Siedlungen unseres Landes, daß sie Teil des Imperium Romanum waren.

Gutshöfe und Bauernbetriebe

Die weitaus häufigsten Siedlungen bildeten die Bauernbetriebe der Römerzeit, die Gutshöfe (villae rusticae). Mehrere tausend Gutshöfe müssen einst im Mittelland und Jura, Wallis und Südtessin, ja bis zum Fuß der Alpentäler über unser Land verstreut gewesen sein. Die Bewirtschaftung des Landes bestand hauptsächlich in Ackerbau und Viehzucht; selbstverständlich wurde überall der Wald genutzt, zur Gewinnung von Holz und Holzkohle.

Hauptaufgabe der Gutshöfe war die Versorgung der nicht Landwirtschaft betreibenden Bevölkerung der Städte und vici sowie des Militärs mit Getreide, Gemüse, Fleisch, Milchprodukten, aber auch mit Rohmaterial wie beispielsweise Wolle und Flachs zum Spinnen von Garn. Der römische Name «villa» bedeutet nicht etwa wie heute nur ein Gebäude, sondern umfaßt einen ganzen landwirtschaftlichen Betrieb von recht unterschiedlicher Größe, dessen Vorbild aus dem Süden stammt. Die ersten villae wurden bei uns bald nach der römischen Eroberung gebaut. Wir wissen, daß ein Teil der römischen Neusiedler, die sich in den Kolonien niederließen, vom Staat Land zur Bewirtschaftung erhielten. Ein guter Teil des Landes blieb aber nach wie vor in den Händen der einheimischen Familien, die sich nach römischem Vorbild schon bald selbst einen oder mehrere Gutshöfe anlegten. Interessanterweise ist bis jetzt aus Mittelland und Jura noch keine einzige villa rustica bekannt, an deren Stelle schon vor der römischen Eroberung ein keltisches Bauernhaus stand, obwohl Caesar von keltischen Bauernhöfen berichtet. Wahrscheinlich haben die neuen Formen der Landwirtschaft nach der römischen Eroberung die ländliche Besiedlung doch stark verändert.

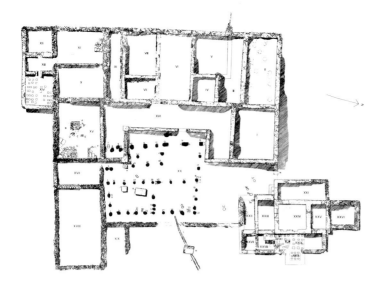

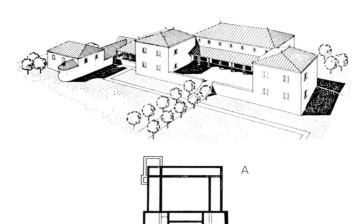

Bei der villa von Laufen-Müschhag fanden die Ausgräber – teilweise unter den Mauern des jüngeren, aus Stein gebauten Hauses – im Boden Löcher, in denen einst die tragenden Pfosten der allerersten, viermal kleineren villa standen. Das Gebäude muss mit Lehm verstrichen, verputzt und getüncht gewesen sein, aber das Dach war noch nicht mit Tonziegeln, sondern mit Holzschindeln bedeckt. (Die Pfostenlöcher des ersten Hauses sind auf diesem Plan schwarz eingezeichnet.)

Unter den verschiedenen Hausformen ist eine weitverbreitete villa mit zwei turmartigen Vorbauten und dazwischen angebauter Laube eindeutig aus dem Süden übernommen (A). Ein anderer, seltener Bau, der sich aus einer einfachen Halle mit zwei Reihen von Dachstützen entwickelte, wurzelt dagegen in der keltischen Bauweise (B).

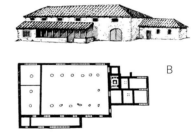

Haus und Hof

Die römischen Architekten und Landwirtschaftsspezialisten haben in ihren Lehrbüchern genaue Angaben zu Bau und Gliederung eines Gutshofes gegeben; allerdings ist es recht schwierig, die in erster Linie auf den Süden ausgerichteten Vorschriften auf unsere Verhältnisse zu übertragen. Die Empfehlungen zu Lage und Bau der Gebäude sind aber recht oft befolgt: Nach den antiken Autoren sollte eine villa rustica an guter Verkehrslage, wenn auch nicht unmittelbar an einer Hauptstraße erbaut werden, in der Nähe eines Baches liegen und von schlechten Winden und Witterungseinflüssen abgekehrt sein. Gleichzeitig sollte die Lage des Herrenhauses dem Besitzer eine schöne Aussicht bieten. Unter vielen anderen Beispielen erfüllen auch die Gutshöfe von Seeb im Kanton Zürich oder Pully am Genfersee und selbst einfachere

Anlagen wie die villa rustica bei Laufen-Müschhag im Berner Jura diese Forderungen. War keine Quelle in der Nähe, führten die Baumeister das Wasser in Leitungen herbei oder gruben Sodbrunnen. Zu einem mittleren Gutshof gehörten bei uns nach Schätzungen bis zu drei Quadratkilometer Umschwung, der sich auf Äcker, Weiden und Wald verteilte. Je nach Lage des Gutes wird Ackerbau oder Viehzucht vorgeherrscht haben.

Die ersten Bauernhäuser der Römerzeit waren noch ganz aus Holz oder aus Holz mit Lehmfachwerk gebaut. Ihre Überreste – verfüllte Pfostenlöcher und Balkengräbchen – sind deshalb im Boden nicht leicht zu entdecken. Oft dürften sie zudem unter den Mauern und Böden der späteren Steinbauten versteckt sein.

Nachdem sich seit der Mitte des 1. Jahrhunderts n. Chr. der Steinbau

zuerst in den Städten, dann auch auf dem Land durchsetzte, wurden die ersten kleinen Holzbauten abgerissen und durch größere, repräsentative Steinhäuser ersetzt.

Auch in unserem Gebiet gab es in Größe und Anlage ganz unterschiedliche Gutshöfe. Am günstigsten Platz des Areals wurde der eigentliche Hof gebaut, der meist zweigeteilt ist: in den Teil des Herrenhauses (pars urbana) und den Wirtschaftshof (pars rustica). Grundsätzlich werden diese Höfe von einer Umfassungsmauer mit einem bis zwei Toren oder von einem starken Zaun umschlossen gewesen sein. Diese Mauern und Zäune bewirkten zwar keine Befestigung, boten aber doch Schutz vor Tieren und Räubern.

Vorhergehende Doppelseite:

«Lucius Lucius!» ruft an diesem frühen Septembermorgen – es könnte ums Jahr 200 n.Chr. gewesen sein – eine kräftige Männerstimme. «Wo steckt denn der Lausbub schon wieder?» Es ist der Hauslehrer Eutychus, ein gebildeter griechischer Sklave, der den zwölfjährigen Sohn des Gutsbesitzers Marcus Severius zusammen mit seiner Schwester Prittusa und dem Cousin Marcus zu den täglichen Schulstunden erwartet. «Hast du Lucius etwa gesehen?» fragt er den eilig vorbeihastenden Verwalter Satto – doch der hat als Antwort nur ein unwirsches Kopfschütteln übrig, muß er doch jetzt dem Gutsherrn die Abrechnungen über die diesjährige Getreideernte vorlegen.

Noch einmal hören wir «Lucius, Luucius!» Der Gerufene, ein kräftiger, von der Sommersonne gebräunter Knabe mit glattem hellbraunem Haar und dunklen Augen, hört die Stimme seines Lehrers sehr wohl. Mäuschenstill bleibt er hinter einem Holunderstrauch versteckt und wagt kaum zu atmen. Kommt der Lehrer tatsächlich zu den Türmchen? Den Göttern sei Dank, nicht – hätte ihn in seiner hellen Tunika bestimmt entdeckt.

Die am väterlichen Haus angebauten Türmchen haben es Lucius schon lange angetan. Zurzeit läßt der Gutsherr darauf zwei Taubenschläge aufmauern; der eine ist bereits im Frühsommer fertig geworden, der zweite wird auch bald soweit sein, ist aber noch eingerüstet. Das reizt natürlich unseren Helden, seine Kletterkünste zu versuchen. Mit Marcus hat er einen Sack Nüsse gewettet, daß es ihm gelingen werde, die verbotene Baustelle unbeachtet zu erklimmen.

Auf dem fertigen Taubenschlag fliegen die Tauben ein und aus und plustern sich in der ersten Morgensonne. Von seinem Schwager Gaius hat der Gutsbesitzer sechs Paare weißer Tauben geschenkt bekommen; nun haben sie schon die ersten Jungen großgezogen. Zwar schätzt er Taubenbraten nicht allzusehr, aber die weißen Vögel, findet er, sind hübsch anzusehen. Und der Verwalter läßt den Taubenmist als hervorragenden Dünger auf die Gemüsegärten führen.

Lucius schaut einer elegant schwebenden Taube zu, wie sie auf dem schmalen Sims absitzt und im Innern des Taubenschlags verschwindet. Jetzt beugt er sich vorsichtig vor und späht zwischen den schützenden Zweigen des Holunderstrauchs gegen das Haus, aber alles ist ruhig und still. Rasch löst er die Riemen seiner Sandalen, versteckt sie unter einem Brett und beginnt gewandt und fast lautlos das Holzgerüst hinaufzuklettern. Er weiß, oben arbeitet Fuscus, der Maurer und Dachdecker,

aber glücklicherweise ist der Mann etwas schwerhörig – und sehen wird er ihn sicher nicht. Kaum eine Minute später steht er auf dem noch leicht schwankenden Gerüst, für den Arbeiter hinter der bereits fertigen Dachpartie des Taubenschlags verborgen. Jetzt wagt der Knabe, sich zu strecken und vorsichtig nach unten zu blicken: Unter ihm leuchten die roten Ziegeldächer und die hellgetünchten Mauern des väterlichen Hauses mit seinen verschiedenen Anbauten. Wie klein von hier aus alles ist! Und die Statue des Großvaters vor dem Haus vermag ja ein Finger zu verdecken!

Lucius kann sich an den vor über zehn Jahren verstorbenen Großvater nicht mehr erinnern. Dort drüben, nahe an der Straße nach Turicum ist seine Asche im Familiengrab beigesetzt. Ein Jahr nach seinem Tod hat der Vater eine Statue des Großvaters aus Kalkstein meißeln lassen und sie beim Rebgarten vor dem Haus aufgestellt. Vor einigen Monaten mußte die Bemalung erneuert werden, denn da und dort sah man bereits den hellen Kalkstein unter der abblätternden Farbe durchschimmern. Lucius und seine Schwester haben dem Maler lange zugeschaut, wie er in den Töpfen mit Wasser, Eiweiß und anderen, geheimnisvollen Mitteln die verschiedenen Farben aus bröckeligen Erdklümpchen mischte und mit Pinseln auftrug. Prittusa hat ihrem Bruder mit einem Stück Ockererde ein Kreuz auf die Tunica gemalt; als Rache hat er ihr einen blauen Strich auf die Nase gemacht. Er muß lachen, wenn er an das Gesicht seiner Schwester zurückdenkt. Jetzt prangt die Statue des Großvaters wieder in frischen Farben und blickt unverwandt zum See und zu den Bergen in der Ferne. Lucius läßt seine Augen über den kleinen See gleiten – dort sind ein paar Boote vertäut, und ein kleines Fischerboot gleitet gemächlich ans Ufer. Ob es heute gebratene Fische an süß-saurer Honigsauce gibt, die er so gerne mag?

Unter sich sieht er den Garten mit seinen Buchshecken, Bäumen und Bäumchen und den vielen bunten Blumen. Der gepflegte Garten ist der Stolz von Vater und Mutter. Erst vor fünf Jahren haben sie ihn durch einen Gärtner nach Plänen aus Rom anlegen lassen. Leider sind die Zedern und der Feigenbaum, die der Gärtner aus Südgallien kommen ließ, im letzten harten Winter verfroren; dafür gedeiht die Weide um so besser. Unter ihren Ästen halb verborgen steht eine kleine Steinbank, und davor plätschert leise ein Springbrunnen. Das ist der Lieblingsplatz der Mutter; von dort sieht man auf den See und bei klarem Wetter bis zu den Alpen.

Den Weingarten vor den Türmchen hat der Großvater angepflanzt; die Rebenstecklinge kaufte er in Gallien. Jetzt reichen die Reben bis fast zum See hinunter und geben pro Jahr immerhin sechs Fässer Rotwein. Zwar ziehen die Mutter und ihr Bruder Gaius, der mit seiner Familie den Sommer auf dem Gut des Schwagers verbringt, den dunklen Wein aus Südgallien vor, denn sie trinken den Wein lieber mit Wasser verdünnt oder sogar mit Gewürzen aromatisiert.

Von seinem Onkel Gaius, einem weitgereisten Geschäftsmann, weiß Lucius, daß jenseits der hohen Berge, die er von seinem luftigen Sitz aus nun besser als jemals zuvor sieht, Italien und weit gegen Mittag, viele Tagereisen entfernt, die Ewige Stadt Rom liegt. Und von einem riesengroßen Meer hat der Onkel berichtet, auf dem man selbst mit den größten und schnellsten Schiffen tagelang und ohne Land zu sehen fahren könne. «Wenn ich erwachsen bin», denkt der Knabe, «will ich unbedingt nach Rom, zum Kaiser.»

Während Lucius noch über Zukunftspläne träumt und an diese ferne Stadt denkt, hört er hinter sich plötzlich lautes Bellen und Rufen, dazwischen das Muhen der Kühe. Auf der anderen Seite sieht er nun, wie die Kühe mit ihren Kälbchen auf die Weiden geführt werden; die anderen Tiere sind mit ihren Hirten schon lange draußen, zum Teil kommen sie im Sommer gar nicht in den Hof.

Lucius kommt sich fast wie ein Vogel vor, denn selbst vom höchsten Baum aus hat er den Gutshof seines Vaters noch nie so vor sich gesehen: Die Gärten auf der hofseitigen Front des Herrenhauses, das Brunnenhaus, in welchem zwei Esel eine Wasserpumpe antreiben, dann all die Obstgärten und Pflanzplätze. Entlang den langen Hofmauern stehen die Ställe, Viehpferche, Scheunen und Speicher und die Wohnhäuser des Gesindes. Neben den Wohnhäusern der Knechte und Mägde sind zwei Geflügelhöfe und ein Ententeich zu sehen. Jede Nacht müssen die Drahtnetze kontrolliert werden, denn erst letzthin hat ein Marder wieder drei Hühner totgebissen und der Fuchs eine fette Gans gestohlen. Obwohl die brave Hündin Cexa dem Räuber laut bellend nachsetzte, gelang es diesem, durch ein Loch in der Hofmauer zu entwischen.

Am liebsten möchte Lucius jetzt zur Wagenremise in der linken hinteren Hofecke, denn dort arbeitet heute ein Schmied, um das bei der Ernte zum Teil beschädigte Werkzeug zu flicken und um neue Reifen an den Wagenrädern zu montieren. Er sieht den Rauch der Esse; von hier oben aus würde man sich gar nicht

64

vorstellen, wie das in der dunklen Werkstatt qualmt und raucht und hämmert und dröhnt.

Der Vater beschäftigt über vierzig Bauern, Knechte und Hirten. Zum Teil sind es Kleinbauern, zum Teil Sklaven. Einige haben selbst eine Familie, die auf dem Hof lebt und arbeitet. Ihre Kinder müssen schon bald fleißig mithelfen; sie gehen nicht zur Schule. Außer den Töchtern des Gutsverwalters Satto kann keines dieser Kinder auf dem Hof lesen und schreiben. Am Abend singen die Mägde beim Spinnen, oder sie erzählen sich Geschichten, auch Sagen von Hexen und Zauberern, daß einem so richtig die Haare zu Berg stehen - Lucius berührt rasch seine bulla, eine Amulettkapsel aus feinem Silberblech, die er seit er ein ganz kleiner Bub war an einem rotgefärbten Lederbändchen um den Hals trägt. Das hilft gegen Unglück, Krankheit und den bösen Blick. Diesem kann man sich bei derart unheimlichen Geschichten schon ausgeliefert fühlen. Seine Schwester und er hören eigentlich lieber zu, wenn Marulina, die alte Küchenmagd im Herrenhaus, aus ihrer Jugend und von seltsamen Vorkommnissen zu berichten weiß. Erst kürzlich hat sie den Kindern unter dem Siegel der Verschwiegenheit einen Donnerkeil* gezeigt, den sie unter der Schwelle des Hauses vergraben hat, damit kein Blitz einschlage.

Unten im Hof hört Lucius das Gebimmel von Pferdeglocken und sieht auch gleich darauf den leichten Reisewagen vorfahren. Fast hätte er vergessen - heute reist ja der Vater mit dem Onkel für einige Tage in die Hauptstadt Aventicum. Dringende Geschäfte rufen den Onkel, und der Vater muß die neugekauften Landstücke im Steuerkataster eintragen lassen. Dann will er sich im Büro der Aareschiffer nach einem günstigen Transport für frische Zedern umsehen und eine Amphore spanisches Olivenöl bestellen. Lucius wollte seinen Vater bitten, ihm ein Paar Winterschuhe aus Aventicum mitzubringen, das will er nicht verpassen! Rasch gleitet er vom obersten Brett und klettert nach unten. Der Lehrer wird ihn für sein Zuspätkommen nicht allzustreng bestrafen - letztes Mal hat er zwar hundert Verse aus der Geschichte des Aeneas auswendig lernen und drei Stockhiebe ertragen müssen.

Auf dem Boden angelangt, kommt ihm gerade noch in den Sinn, daß er die Sandalen unter dem Brett versteckt hat. Rasch zieht er sie an, wischt sich den Staub von der Tunika und verschwindet im Haus.

* Bei diesen Donnerkeilen handelt es sich um urgeschichtliche Steinbeile.

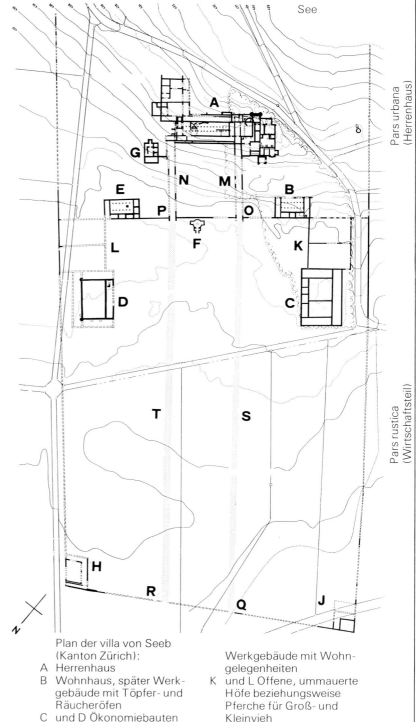

Plan der villa von Seeb (Kanton Zürich):
A Herrenhaus
B Wohnhaus, später Werkgebäude mit Töpfer- und Räucheröfen
C und D Ökonomiebauten mit Wohntrakten und Getreideschütten
E Wohnhaus mit Keller
F Brunnenhaus
G Badegebäude
H und J Ökonomie- und Werkgebäude mit Wohngelegenheiten
K und L Offene, ummauerte Höfe beziehungsweise Pferche für Groß- und Kleinvieh
M und N Offene, pergolaartige Korridore
O, P, Q und R Tore
S und T Straßen innerhalb des Ökonomiehofes (hypothetisch). 1:2500.

So dürfte das Kaltbad mit dem reich ausgemalten Gewölbe und dem Fischmosaik als Boden der Wanne ausgesehen haben, das sich ein begüterter Gutsherr bei Münsingen im Kanton Bern in seinem Privatbad einrichten ließ.

In einem Zimmer der vornehmen Villa von Corsier am Genfersee schmückte als Abschluß der Malereien ein 6 cm hoher Stuckfries mit abwechselnden Palmetten und Lotusblüten die Wand.

Je mehr Umschwung zu bewirtschaften war, desto größer hatten der Wirtschaftshof und die zugehörigen Bauten zu sein. Im erwähnten Seeb umfaßte die gegen drei Meter hohe Mauer einen rechteckigen Bezirk von fast zweihundert mal vierhundert Meter, das heisst acht Hektar Land. Gegen zwei Drittel davon beanspruchte der Wirtschaftshof, in dem sich Viehpferche und Ställe, große Scheunen, Speicher, Remisen für Wagen und auch Werkstätten reihten. Im Wirtschaftshof waren außerdem verschiedene Obst- und Gemüsegärten angelegt. In der pars urbana stand das Haus des Gutsbesitzers, während das Gesinde im Wirtschaftsteil wohnte.

Die im Boden erhaltenen Reste des Herrenhauses fallen viel mehr ins Auge als die Gebäude im Wirtschaftsteil, die statt aus gemörteltem Mauerwerk öfter in einfachem Fachwerk oder sogar ganz aus Holz gebaut waren; über das Herrenhaus wissen wir deshalb besser Bescheid.

Das Haus des Gutsbesitzers war komfortabel bis luxuriös ausgebaut und je nach Geschmack und Vermögen des Hausherrn mit kostbaren Mosaikböden geschmückt, die Zimmer mit Wandmalereien ausgemalt. Ein oder sogar mehrere Räume ließen sich im Winter mit der Hypokaustheizung angenehm erwärmen. Selbst zu kleineren Landhäusern gehörte schon bald ein eigenes Badegebäude mit den für den römischen Badekomfort nötigen Räume (Bild oben und Seite 56).

Für prächtig ausgestattete Villen ohne eigentlichen Landwirtschaftsteil, die in der näheren oder weiteren Umgebung von Städten lagen, hatten die Römer eine eigene Bezeichnung: villa suburbana, eine Vorstadtvilla als Sommersitz. Großgrundbesitzer, die nicht selten mehr als einen Gutshof besaßen, bevorzugten nach römischem Vorbild die Stadt als ständigen Wohnort, denn alle anderen Geschäfte wickelten sich in der Stadt ab. Dennoch schätzten auch sie die Ruhe eines Landsitzes, selbst wenn natürlich weder in Augst noch in Avenches mit ihren höchstens 20 000 Einwohnern je dieselbe Unruhe und der gleiche Lärm wie in der Großstadt Rom herrschten. Mehrere Beamtenfamilien aus Como und Mailand besaßen im Südtessin Landsitze, und um Genf machten Patrizier aus der Koloniestadt Vienne Ferien. Überhaupt säumten luxuriöse Villen den Genfersee. Im östlich von Lausanne gelegenen Pully fanden die Archäologen auf einer kleinen Terrasse über dem See eine große villa suburbana. Mit seinen Säulenhallen, Treppen und Gärten muß das Haus ein prächtiges Beispiel römischer Architektur geboten haben; vielleicht gehörten ausgedehnte Rebberge dazu.

Gärten sind vom römischen Gutshof nicht wegzudenken; in den Städten dagegen erfreuten sich nur gerade Hausbesitzer in den reichen Villenvierteln an eigenen Gärten. In den Hinterhöfen der meisten Stadtquartiere drängten sich nach und nach Anbauten der verschiedenen Werkstätten: Der Boden war zu teuer, um ungenutzt zu bleiben. Auf den Gutshöfen kannte man diese Probleme nicht. Nebst den Pflanzplätzen und Obstgärten im Wirtschaftsteil gab es beim Herrenhaus Platz für einen oder mehrere Nutzgärten, in denen beispielsweise seltenes, besondere Pflege beanspruchendes Gemüse und Obst sowie Gewürze und Heilkräuter gezogen wurden.

Von den Ausgrabungen in den Römerstädten Italiens und von den Schriftstellern der Antike wissen wir, welche Bedeutung die Gärten, ja sogar die einzelnen Pflanzen hatten. Als die Archäologen in Südengland einen römischen Palast ausgruben, fanden sie im Boden, durch die dunkle Färbung des Humus abgezeichnet, die Spuren einer symmetrischen Gartenanlage, wie sie ganz ähnlich durch Bodenfunde, Beschreibungen und Wandmalereien aus Italien bekannt sind, selbst wenn natürlich in unserem Klima nicht alle Pflanzen des Südens gedeihen können. Mit den Hausformen kam also auch römische Gartenkultur zu uns.

Die nach römischem Muster angelegten Gärten waren symmetrisch und dem Gelände entsprechend aufgeteilt, die einzelnen Felder und Beete können

Ein beliebtes Freizeitvergnügen der reichen Gutsbesitzer war im Herbst die Jagd, aus der verschiedene Szenen auf Wandmalereien, Mosaiken und Geschirr immer wieder zu Ehren kommen. Auch den Rand des Wochengöttermosaiks von Orbe (Bild Seite 70) schmückten Jagdszenen: Das Detail zeigt einen bärtigen Knecht auf Wildsaujagd; im linken Arm hält er eine Saufeder, eine Lanze mit zwei Widerhaken. Der mächtige Hund ist auf guter Fährte, wie ein Blick auf das Gesamtbild zeigt. Er scheint den Jagdknecht eher mit sich zu reißen, als von ihm an der doppelten Leine geführt zu werden.

mit dem immergrünen Buchs eingefaßt gewesen sein. Buchs läßt sich zudem in eine beliebige Form schneiden; auch hiesige Gutsbesitzer ließen sich vielleicht Buchsbäume in der Form ihrer Initialen oder eines Tieres schneiden. Der im Süden sehr geschätzte Efeu wird hier ebenfalls seinen Platz gehabt haben. Rosen und Lilien schmückten die Gärten, zuweilen in Verbindung mit Spalierobst oder kleinen Bäumchen, und je nach Saison belebten bunte, zum Teil in Töpfen gezogene Blumen die Beete. An geschützten Standorten spendeten Reblauben an heißen Tagen Schatten, und

auf oder neben den mit Kies bestreuten Spazierwegen erfreuten Brunnen, Wasserspiele oder sogar große Bassins mit Fischen die Gutsherren (Bild Seite 63).

Wie viele Leute lebten und arbeiteten auf einem Gutshof? Angaben über die genaue Zahl gibt es keine. Aus den römischen Landwirtschafts-Lehrbüchern sind immerhin einige Anhaltspunkte zu entnehmen, die auch bei uns gelten können. Dazu kommen Berechnungen aufgrund von Lebensalter und Zahl der Verstorbenen, die auf den Friedhöfen bei den Villen bestat-

tet waren, denn zu jeder villa gehörte ein eigener Friedhof, wenn auch die Familie des Gutsbesitzers ihre Verstorbenen in der Regel getrennt vom Gesinde bestattete oder sogar im städtischen Friedhof ein Familiengrab besaß.

Sehr wahrscheinlich lebten im Wirtschaftsteil eines mittleren Gutshofes wie etwa Laufen-Müschhag mit Frauen und Kindern etwa fünfzig Seelen, während auf großen Gütern wie Seeb, zu denen entsprechend mehr Umschwung gehörte, gut achtzig bis hundert oder mehr Personen wohnten. Dieses Gesinde rekrutierte sich aus Sklaven und aus zwar freien, aber durch ihre Armut abhängigen Knechten und Mägden. Bei großen Gütern pflegte der Besitzer einen Teil der Äcker an Kleinbauern zu verpachten, die dafür jährlich einen Zins sowie einen Teil des Ertrags entrichten mußten.

War der Gutsbesitzer abwesend oder lebte er nur zeitweise auf seinem Besitz, waren der vilicus, der Gutsverwalter und seine Frau für den guten Gang der Arbeiten und der Geschäfte verantwortlich. Der Verwalter hatte die Abrechnungen zu führen und seinem Herrn Rechenschaft über den Betrieb zu geben. Lange Zeit bevorzugten vermögende Gutsherren, die wohl nicht selten auch ein öffentliches Amt bekleideten, die Stadt als festen Wohnsitz. Erst in der Spätzeit, seit dem 3. Jahrhundert, begannen die Herren sich fest auf ihren Villen niederzulassen. Es ist wohl kein Zufall, daß einige Um- und Neubauten und luxuriöse Erneuerungen gerade in diese Zeit fallen – zum Beispiel die herrlichen Mosaiken im Herrenhaus des Gutshofes von Orbe, südlich Yverdon (Bild Seite 70).

Die Pächter müssen dem Gutsverwalter den jährlichen Pachtzins bezahlen. Vielleicht hat einer der Bauern nicht die gesamte Summe aufbringen können und bittet nun um Verschiebung des Zinstermins.

Die Früchte der Landarbeit

Von den verschiedenen Tätigkeiten auf den Gutshöfen bei uns, in Gallien und im Rheinland berichten wenig schriftliche Nachrichten, dafür einige bildliche Darstellungen. Ausgrabungen und Funde vermitteln zusätzlich Einblick in das Tagewerk der Bauern.

Der Ackerbau sicherte die lebenswichtige Getreideversorgung. Die Bauern pflügten die Äcker mit dem vom Ochsen gezogenen Pflug und zerkleinerten die Schollen mit der Egge. Mit verschiedenen Hacken, Harken, Spaten und Pickeln bearbeiteten die Knechte die Erde auf den Äckern und in den Gärten. Wie Pollenuntersuchungen gezeigt haben, düngten die Bauern

nicht nur die Äcker, sondern auch die Matten und Weiden; die Bewirtschaftung war aber weniger intensiv als heute. Das Heu wurde einmal pro Jahr mit der Sense geschnitten, das Getreide mit Sensen und Sicheln geerntet. In den ausgedehnten gallischen Landgütern ließen die Großgrundbesitzer das Getreide sogar mit einer regelrechten Mähmaschine schneiden. Derartige von Maultieren gestoßene Maschinen könnten auch auf den großen Gütern der Westschweiz verwendet worden sein. Nach dem Dreschen bewahrte man das Getreide in Kisten und Säcken in den Speichern auf, einen Teil für die Saat des folgenden Jahres, einen Teil für die eigene Nah-

rung; der Überschuß wurde verkauft. Das Stroh verwendeten die Bauern als Einstreu in den Ställen; geschickte Hände fertigten daraus auch mannigfaltige Flechtarbeiten.

Dank Getreidekörnern, die beispielsweise im Schutthügel des Legionslagers Vindonissa und andernorts in Brunnen und anderen feuchten Stellen erhalten blieben, sind wir durch die Untersuchungen der Botaniker recht gut über die bei uns zur Römerzeit angebauten Getreidesorten und anderen Nutzpflanzen unterrichtet: Mehrere Weizensorten, seltener Roggen, dann Rispenhirse, Gerste und Hafer ergaben Getreide für Brot und Brei. Hirse blieb bis ins Mittelalter ein ganz wich-

Nächste Doppelseite links:
In der fruchtbaren Ebene südwestlich von Aventicum lag bei Orbe einer der im 3. Jahrhundert reich ausgebauten römischen Gutshöfe unseres Landes, zu dem ausgedehnter Grundbesitz gehört haben muß. Bisher sind aus diesem einzigartigen Landsitz nicht weniger als acht Mosaiken zutage gekommen. Das schönste ist das Wochengöttermosaik: Dreizehn von verschiedenartigen Bändern eingefaßte Medaillons sind auf dem 4,25 × 4,6 m großen Boden verteilt, der von einem Jagdfries (siehe Bild Seite 67) und den Büsten der vier Jahreszeiten eingefaßt wird. In den Medaillons erscheinen die Planetengötter Saturn, Sol, Luna, Jupiter, Merkur, Mars und Venus, dann auch Ganymed, der von Jupiter in Gestalt eines Adlers entführte schöne Jüngling, und Narziß, der sich in sein eigenes Spiegelbild verliebte. Vier Paare von Meerwesen – Tritonen und Nereiden – umrahmen die Medaillons der Götter. Zentrale Gestalt ist nicht Saturn, der erste der Planetengötter, sondern die von zwei ihrer Gehilfen getragene Liebesgöttin Venus.

Nächste Doppelseite rechts:
Auch der Gutshof von Munzach bei Liestal im Kanton Baselland gehörte zu den komfortabel, ja luxuriös eingerichteten Landgütern. Einer der Besitzer ist auf einer Inschrift genannt: Gaius Cotteius, der einer freigelassenen Sklavin namens Prima und ihrer kleinen Schwester Araurica wahrscheinlich im Familiengrab der Gutsbesitzerfamilie die letzte Ruhestätte gewährte.
1974 kam in einem der Räume neben dem Herrenhaus ein Stück «Altmetall» zutage, das noch zur Römerzeit in einer Zimmerecke zum Abholen und Einschmelzen bereitgestellt worden war. Glücklicherweise blieb es dort stehen, bis der Pickel der Ausgräber darauf stieß, nämlich auf einen fast 50 cm großen und 8 kg schweren Bronzedelphin. Der sorgfältig überarbeitete und geglättete, ursprünglich golden glänzende Delphin ist ein Wasserspeier und muß einen Brunnen im Garten vor dem Herrenhaus geschmückt haben. Das Wasser floß aus der Muschel, die der Fisch in seinem Maul hält; der Schwanz ringelte sich um einen Dreizack, das Wahrzeichen des Wassergottes Neptun.

In einer von Weinreben umrankten Nische ihres Gartens steht die Dame Julia Festilla von Aventicum und spinnt feinsten Wollfaden. Die zahme Dohle, die im Käfig hin und her hüpft, kann sogar ein Liedchen pfeifen.

Ein Ackerknecht mit dem vom Ochsengespann gezogenen Pflug, wie sie ähnlich noch vor wenigen Generationen auch bei uns in Gebrauch standen.

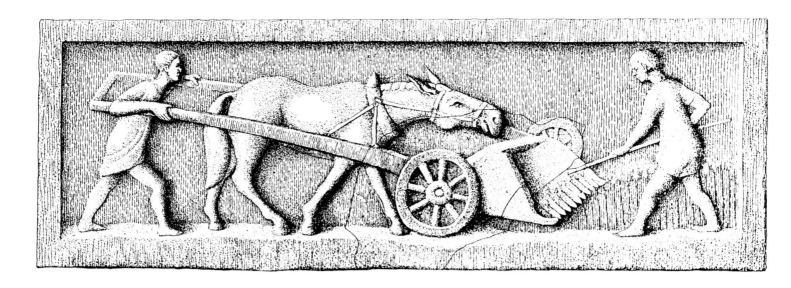

Vielleicht waren auf den großen Gutshöfen der Westschweiz wie in den ausgedehnten Landgütern Galliens auch regelrechte Mähmaschinen in Gebrauch. Der spätrömische Schriftsteller Palladius beschreibt dieses Erntegerät (vallus) folgendermaßen: *Im gallischen Flachland gebraucht man das nachstehend beschriebene Hilfsmittel für die Getreideernte, und anstelle von Menschenhand wird damit durch die Kraft eines einzigen*

Ochsen die gesamte Erntefläche abgeräumt. Man fertigt ein Wagengestell, welches von zwei niedrigen Rädern getragen wird. Der viereckige Boden wird mit Brettern versehen, die nach außen geneigt oben einen weiteren Raum schaffen. An der Vorderseite dieses Wagenkastens sind die Bretter etwas weniger hoch. Hier wird eine Reihe zahlreicher Greifzähne angebracht, die für die Getreidehalme nur schmale Lücken lassen und

leicht nach oben gekrümmt sind. An der Rückseite dieses Fahrzeuges befinden sich zwei kurze Deichseln wie die Tragstangen einer Sänfte. Hierzu wird ein Ochse mit dem Kopf zum Wagen hin angespannt mit Hilfe von Joch und Strängen, ein sanftes Tier natürlich, welches dem Treiber gehorcht. Sobald dieser das Fahrzeug über das Ährenfeld lenkt, wird jede Ähre von den Zähnen ergriffen und dann in den Wagenkasten geschoben,

wobei die Halme abgerissen werden und zurückbleiben. Der Fuhrmann kann von hinten je nach Bedürfnis die Höhe oder Tiefe der Zähne einstellen. So kann durch wenige Touren hin und her in kurzer Zeit ein ganzes Feld abgeerntet werden. Dieses Gerät ist nützlich in offenem und ebenem Gelände für diejenigen, die keinen Bedarf an Stroh haben.» Dieser Beschreibung entspricht das römische Relief aus Nordgallien bis auf wenige Details.

tiges Nahrungsmittel und wurde erst in neuerer Zeit allmählich von der Kartoffel verdrängt.

Lein und Mohn baute man zur Gewinnung von Öl an. Zwischen steinernen Mühlen zerquetscht, ergaben die stark ölhaltigen Früchte ein vielseitig brauchbares Öl. Aus den Stengeln des Leins konnten überdies nach verschiedenen Arbeitsgängen – Trocknen, Brechen, Hecheln – die Leinenfasern zum Spinnen des geschätzten Leinens gewonnen werden.

Gertel, verschiedene Beile und Äxte, Keile und Sägen brauchten Bauern und Waldarbeiter für die winterliche Beschäftigung des Holzschlagens, für die Nutzung des Waldes überhaupt, aus dem man Bau- und Brennholz schlug, und in Meilern brannte man Holzkohle.

Einen weiteren, wichtigen Zweig der Landwirtschaft bildete der Obst- und Gemüsebau. Wiederum geben die im Boden erhaltenen Hölzer, Früchte und Samen Auskunft über die von Wildpflanzen gewonnenen und über die angebauten und gezüchteten Obst- und Gemüsesorten der Römerzeit. Zu Obstsorten, die schon in vorrömischer Zeit gewonnen oder gezüchtet wur-

den, wie wilde Kirschen, Äpfel, Birnen, Nüsse, gewisse Zwetschgensorten, und Beeren, wie Himbeeren, Brombeeren, Erdbeeren, sowie Holunder und Hagebutten haben die Römer die Kulturkirsche und den Pfirsich mitgebracht und angepflanzt (lateinisch malum Persicum heißt Persischer Apfel, daraus ist das heutige Wort Pfirsich abzuleiten). Auch den Anbau der Weinrebe verdanken wir den Römern. Die Weinrebe ist beispielsweise aus Vindonissa mit Holzresten, von einigen anderen Orten mit Traubenkernen belegt; ein Teil des edleren Weines wurde aber selbst nach über hundert Jahren Römerherrschaft noch immer aus Südfrankreich eingeführt. Im Gegensatz zum Süden, wo man den Wein in Schläuchen, großen Tongefäßen und für den Export in Amphoren lagerte, waren bei uns hauptsächlich Holzfässer gebräuchlich. Ob der Weinhändler Marcellus aus Augst, der im fernen Holland zum Dank für die glückliche Reise einen Weihealtar errichtet hat, unter seinem in Holzfässern gelagerten Wein auch ausländische Sorten verkaufte, werden wir leider nie erfahren. Bei Gemüse und Salat sind zu den alten einheimischen Gewächsen wie

Bohnen, Erbsen, Linsen, Rüebli mehrere Sorten von den Römern mitgebracht und hier seither angepflanzt worden. Zu diesen gehören etwa der Fenchel, dann eine großblättrige Spinatart, Sauerampfer, Sellerie sowie verschiedene Kohlsorten. Leider sind diese Pflanzen im Boden viel schwieriger zu entdecken, da die Früchte und Samen eher vergehen als beim Obst. Dasselbe gilt für die Gewürze, Heilkräuter und Blumen. Die Schriftsteller überliefern für den Süden lange Pflanzenlisten, und in der Wandmalerei finden wir zahlreiche Abbildungen, während im Boden kaum Reste erhalten bleiben. Immerhin ist es gelungen, nördlich der Alpen einheimische Kräuter wie Petersilie, Kümmel, Bohnenkraut, Thymian und Minze oder die von den Römern mitgebrachten Gewürze Dill und Koriander aufzufinden. Viele dieser von uns heute nur noch als Gewürze geschätzten Kräuter waren in der Antike auch Heilmittel oder hatten eine religiöse Bedeutung. Reine Heilpflanzen – oder Gifte – wie Tollkirsche, Schierling und Malven (die auch zum Färben von Stoff dienten), wurden zur Römerzeit ebenfalls gezogen.

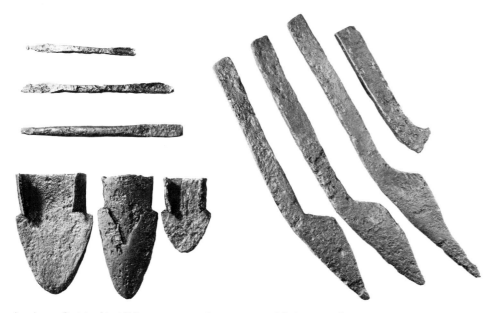

Weizen Gerste Roggen

Hirse Hafer

In einem Gutshof bei Büron im Kanton Luzern kam ein verrostetes Paket von Eisengegenständen zutage. Beim Reinigen entpuppten sich die Objekte als drei Pflugschare und vier Vorschneider, also Eisenteile von Pflügen. Dazu

kommen zwei Bohrer sowie ein Stechbeitel oder Meißel. Zweifellos wurden die Eisenstücke als Altmetall zur Wiederverwendung fein säuberlich zusammengelegt und verschnürt.

Die wichtigsten bei uns angepflanzten Getreidesorten der Römerzeit.

Kühe und Käse, Exportartikel für Rom

Viehzucht und Milchwirtschaft gehörten ebenso wie heute zum landwirtschaftlichen Betrieb. Die Tierknochen, die in jeder römischen Siedlung in großer Zahl gefunden werden, geben viele Auskünfte über die damals gehaltenen Tiere. Selbst wenn nur einzelne Knochen vorhanden sind, können Spezialisten nicht nur die Tierart bestimmen, sondern auch auf deren Größe und Ernährung schließen. Im Vergleich mit den Tierknochen aus der vorangegangenen Eisenzeit und des nachfolgenden Mittelalters sind denn auch Unterschiede in der Tierhaltung zur Römerzeit festzustellen, unter anderem, daß dank besserer Fütterung und Zucht die Kühe größer waren als zur Keltenzeit. Daneben gab es aber nach wie vor auch kleine Rinderrassen. Der römische Gelehrte Plinius schrieb im 1. Jahrhundert n. Chr. *«Am meisten Milch geben die Alpenkühe, die zwar den kleinsten Körper besitzen, aber am meisten Arbeit aushalten, da sie am Kopf, nicht am Nakken angeschirrt sind.»* Ziegen und Schafe waren weitere Milchlieferanten. Die Milch verarbeiteten die Bauern zu verschiedenen Käsesorten und Frischprodukten wie Quark und Sauermilch. Plinius wiederum ist es, der den

Alpenkäse lobt. Und Kaiser Antoninus Pius soll in Rom nach (übermäßigem?) Genuß von Alpenkäse gestorben sein.

Kühe, Schafe und Ziegen hielten die Bauern zur Römerzeit hauptsächlich als Nutztiere. Die Schafe lieferten außer der Milch die unentbehrliche Wolle; auch Ziegenhaar wurde gesponnen. Aus Wollstoff bestand ein größerer Teil der Kleider, Decken und Teppiche der damaligen Zeit. Den Fleischbedarf für Stadt und Land dagegen deckte in erster Linie die ausgedehnte Schweinezucht. Die Tiere mußten sich nicht in engen Koben quälen, sondern wurden vom Schweinehirten in die Unterhölzer am Waldrand und in die Waldlichtungen getrieben.

Pferde sah man weniger häufig als auf unseren früheren Bauernhöfen, da schwere Zugarbeiten von Ochsen bewältigt wurden. Die Knochen zeigen, daß die damaligen Pferde klein, aber robust und kräftig gebaut waren.

Selbstverständlich gehörte auf einen Gutshof auch Federvieh: Hühner zogen ihre Kücken auf, Gänse weideten, und Enten tummelten sich am Ententeich im Wirtschaftshof. An geeigneten Standorten brachten Bienenvölker den geschätzten Honig ein,

denn damals kannte man bei uns noch keinen Zucker. Bienenwachs gehörte sogar zu den von Nord nach Süd exportierten Waren. Große und kleine Hunde pflegten schon damals den Hof zu bewachen und die Herden zusammenzuhalten. Columella, ein Zeitgenosse des Schriftstellers Plinius und Spezialist der Landwirtschaft, hat den treuen Hütern des Hofes ein kleines Denkmal gesetzt: *«Der Hund wird allerdings zu Unrecht (als stummer Wächter) bezeichnet, denn wer von den Menschen kündigt so hell und mit so lautem Stimmenschall ein Raubtier oder einen Dieb an wie der Hund durch sein Bellen? Wer ist ein unbestechlicherer Wächter, ein aufmerksamerer Hüter, wo schließlich einer, der unerbittlicher rächt oder straft? Deshalb soll der Landwirt unbedingt vor allem dies Tier kaufen und halten, weil es Gutshof und Ernte, Gesinde und Vieh bewacht und behütet.»*

Im Sommer weidete das Vieh tagsüber im Freien; im Herbst aber stellte sich das Platzproblem: In den Ställen konnten unmöglich alle Tiere überwintern und mit Heu und Laub durchgefüttert werden. Deshalb schlachteten die Bauern im Spätherbst die für den eigenen Bedarf notwendigen

Eiserner Bohrer (links) und Meißel – davon drei noch mit den originalen Holzgriffen –, die bei der auf Seite 97 abgebildeten römischen Brücke von Le Rondet zutage kamen. Länge des Meißels rechts 43 cm.

Jungtiere und konservierten das Fleisch durch Einsalzen (Pökeln), Trocknen und Räuchern. Die anderen überzähligen Tiere verkaufte der Gutsbesitzer oder der Verwalter an die Metzger in den Städten und vici.

Das Tagewerk der Knechte und Mägde, Sklaven und Taglöhner bestand nicht nur aus Ackerbau und Viehpflege. In der Morgen- und Abenddämmerung hatte das Gesinde unter Anleitung des Verwalters Werkzeug und Gerätschaften zu flicken und auszubessern. Die Sicheln und Sensen mußten am Dengelstock gedengelt und mit dem Wetzstein geschliffen werden. Die Mägde kämmten und spannen Wolle und Leinen, soweit diese wertvollen Rohstoffe nicht unverarbeitet verkauft wurden. An einfachen Webstühlen webten sie schlichte Gewebe, um daraus Kleider für das Gesinde zu nähen. Nicht selten gehörten zu einem Gutshof auch kleine Werkstätten, in denen für den eigenen Haushalt oder allenfalls für einen kleinen Abnehmerkreis in der Umgebung getöpfert oder geschmiedet wurde. Einen eigenen Töpferofen betrieben zeitweise unter anderem die Gutshöfe von Laufen-Müschhag und Seeb. Eisen wurde im Jura in den reichen Bohnerzlagern gesammelt, ausgeschmolzen und zu Barren geschmiedet. Entlang den Wasserwegen entstanden bei günstigen Tonlagern private Ziegeleien, die teilweise über größere Distanzen hinweg ihre Kunden mit Dachziegeln, Hohlziegeln und allem, was es für den Bau einer Heizung brauchte, versorgten. Diese Baukeramik wurde ihres großen Gewichtes wegen – ein einziger Leistenziegel wiegt etwa fünfzehn Kilogramm – wenn möglich per Schiff transportiert. Bei Bevais sank zu Beginn des 2. Jahrhunderts n. Chr. ein Schiff im Neuenburgersee, das eine Ladung Ziegel transportierte – ob vielleicht ein Sturm das schwerbeladene Schiff zum Kentern gebracht hat?

Alle diese Handwerksbetriebe leitete der Gutsbesitzer oder der Verwalter, doch werden die wenigsten großen Gewinn abgeworfen haben. Schon deshalb sind sie, soweit wir sehen können, nirgends über längere Zeit geführt worden. Das einzige rentable Geschäft boten allem Anschein nach die Ziegeleien, die mindestens teilweise von Gutshöfen aus betrieben wurden. Der Bürgermeister und Geschäftsmann Marcus Dunius Paternus aus Aventicum besaß in der Nähe der Hauptstadt eine Ziegelei. Dank Ziegeln mit seinem Fabrikationsstempel DVN • PATER wissen wir, daß er seine Ware bis weit ins Aaretal lieferte.

Den größten Teil des Überschusses an Getreide, Obst, Vieh und der nicht für den Eigenbedarf gefertigten Produkte verkaufte der Gutsbesitzer an die Kaufleute und Händler, die die Waren weiterverteilten, auf den Märkten der Umgebung absetzten oder gar exportierten. Zur Blütezeit des Römerreiches kam es günstiger zu stehen, Werkzeug und Gerät, ja auch Kleider und Geschirr auf dem Markt zu kaufen, als spezialisierte Berufsleute auf einem Gutshof zu beschäftigen, deren Arbeitskraft ja kaum je voll beansprucht werden konnte. Hingegen werden von Hof zu Hof wandernde Handwerker für kleine Arbeiten eingesetzt worden sein, doch wissen wir davon kaum etwas.

Handwerk, Handel und Verkehr

In den Städten und vici lebten und arbeiteten viele spezialisierte Handwerker. Noch nach fast zweitausend Jahren spiegelt sich das römische Handwerk in den Bodenfunden wider, in den Resten der Werkstätten und den darin gefundenen Gerätschaften und Einrichtungen. Aber Werkzeuge aus vergänglichem Material sowie Griffe, Futterale, Kisten und Kästen und vieles andere mehr blieben im Boden nur sehr selten und unter besonders günstigen Bedingungen erhalten. Gefunden werden hauptsächlich die metallenen Teile, vom Türkloben bis zum Messer und vom Amboß bis zum Kastenschloß. Bei der Frage nach Verwendung und Gebrauch der Werkzeuge und Einrichtungen bieten Handwerksdarstellungen und Geräte aus Mittelalter und Neuzeit eine gewisse Hilfe, denn vieles behielt von der Römerzeit an bis zum Beginn des Industriezeitalters vor hundertfünfzig Jahren Form und Verwendung über die Jahrhunderte hinweg.

Lebensnahe Kenntnisse über die Berufe zur Römerzeit sind jedoch nebst zeitgenössischen Beschreibungen und Inschriften in erster Linie den bildlichen Darstellungen zu entnehmen. In verschiedenen Gebieten des Römischen Reiches ließen sich nämlich die Handwerker und Kaufleute auf ihrem Grabstein oder Grabdenkmal bei ihrer Tätigkeit verewigen oder zumindest mit den wichtigsten Gerätschaften abbilden. Zwar schmückten in unserem Land selten derartige Steine die Gräber; im Vergleich mit den Bildern aus anderen Gebieten geben sie aber nicht nur Einblick in die Arbeit, sondern vermitteln zugleich einen Eindruck vom Selbstbewußtsein der galloromischen Handwerker und Kaufleute.

Als unser Gebiet unter die römische Herrschaft kam, existierte hier schon seit langem ein hochstehendes keltisches Handwerk. Töpferwaren vorzüglicher Qualität und bester Form zeugen davon ebenso wie beispielsweise die keltische Schwertschmiedekunst, die weiterum berühmt war. Über diese und viele andere handwerkliche Traditionen legten sich römische Technik und Organisation, neue Methoden und Formen. Serienproduktionen – beispielsweise bei Geschirr und Bronzegerät – ermöglichten eine einfachere Herstellung und damit auch günstigere Preise, da an Rohmaterial kein Mangel herrschte. Auf den gut ausgebauten Handelswegen fanden die verschiedensten Waren ihre Käufer, selbst weit entfernt vom Herstellungsort. Nehmen wir als Beispiel das rote, zuweilen mit Reliefbildchen verzierte feine Tafelgeschirr, das mit dem modernen Namen «Terra sigillata» bezeichnet wird (Bilder Seite 17 und Seite 79): Vielen Gefäßen hatten die Töpfer vor dem Brand einen Stempel mit dem Töpfernamen eingedrückt. Dank diesen Stempeln und dank Untersuchungen des verwendeten Tons wissen wir, daß zur Zeit des Kaisers Augustus aus Italien viel derartiges Geschirr für die Legionen nördlich der Alpen geliefert wurde. Schon bald eröffneten aber einige Firmen Filialen in Gallien, um den Handelsweg zu verkürzen und um näher bei der neuen Kundschaft zu sein, die sich schon bald auch unter den Kelten fand. Während über zweihundertfünfzig Jahren sind Sigillata-Services aus Südgallien, später aus Mittelgallien und aus dem Oberrheintal über Hunderte von Kilometern hinweg verhandelt worden. Daneben gab es aber durchaus auch Töpferwerkstätten, die derartiges Geschirr – meist allerdings nicht in der gleich guten Qualität – für eine lokale Käuferschaft und wohl zu günstigem Preis anboten.

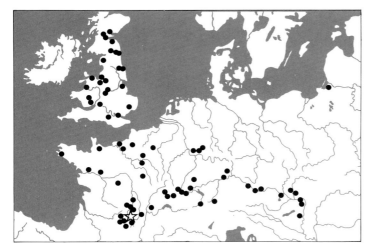

Tafelgeschirr (Terra sigillata) aus dem Großbetrieb des Töpfers Cinnamus von Lezoux in Gallien (Stern) ist im 2. Jahrhundert in die meisten römischen Provinzen zwischen England und Ungarn geliefert worden.

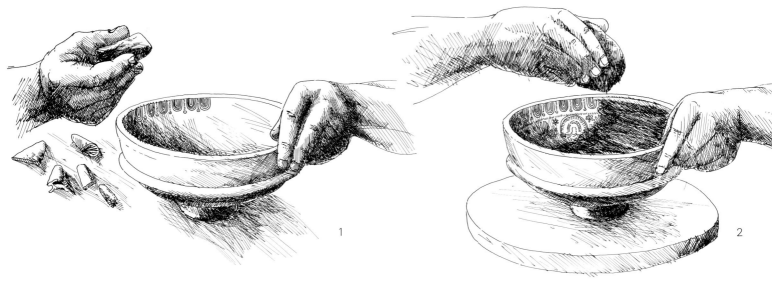

Handwerker und ihre Arbeiten

Zur Römerzeit gab es eine unglaubliche Vielfalt an Berufen. Aus den Inschriften geht hervor, daß die Handwerker zu Korporationen und Zünften (collegia) zusammengeschlossen waren. Diese Handwerksgesellschaften besaßen in den Städten und den vici eigene Versammlungshäuser (scholae), die Kaufleute eigene Büros. In den größeren Städten scheinen gewisse Gewerbe auf Straßen und Quartiere konzentriert gewesen zu sein, so etwa die Bronzegießer in Augst entlang der nordsüdlichen Hauptstraße.

Versuchen wir im Überblick die wichtigsten Handwerker und Berufsgruppen aufzuzählen: Ärzte, Professoren (öffentliche Lehrer, bei uns meist für Recht und Redekunst), Anwälte und Architekten übten sehr angesehene Berufe aus. Im täglichen Leben genossen Ärzte und Professoren gewisse Privilegien; sie mußten zudem keinen Militärdienst leisten. In Avenches hatten sie sich zu einer eigenen Korporation vereinigt. Nach alter Tradition waren viele Ärzte Griechen, wie Gaius Sentius Diadumenus, der im Kurort Eburodunum (Yverdon) oder in Aventicum praktizierte; andere mögen sich griechische Namen zugelegt haben. Auf einer in Basel gefundenen Grabinschrift lernen wir aber auch einen Arzt mit dem gut keltischen Namen Satto kennen. Während von den Ärzten wenigstens einige Gerätschaften und Stempel zur Beschriftung verschiedener, vor allem in der Augenheilkunde verwendeter Salben bekannt sind, blieb von der Tätigkeit der Lehrer und Professoren nur wenig im Boden übrig. Die Papyrusrollen, auf denen die Bücher und Reden geschrieben waren, sind längst zerfallen. Tintenfässer aus Bronze und Ton zeigen aber, daß man auch bei uns einst auf Papyrus, dem Papier der Antike, schrieb, das aus den Fasern der im Süden wachsenden Papyruspflanze gefertigt wurde.

Keine direkten Spuren haben auch der Bankier und der Geldwechsler im Boden hinterlassen, die Geld gegen Zinsen verliehen. Die Tausende und Abertausende von römischen Münzen, die im Boden der Schweiz zutage gekommen sind, zeigen nur, wie intensiv Geld als Zahlungsmittel gebraucht wurde. Ein weiterer Berufsmann ist ebenfalls nur aus Inschriften bekannt; seine Ware ist wie er selbst schon längst vergangen: Auf dem Großen St. Bernhard hat der helvetische Sklavenhändler Gaius Domitius Carassounus dem Jupiter Poeninus eine Votivgabe dargebracht (Bild Seite 80). Vielleicht hat er Sträflinge und gefangene Germanen nach Italien geführt. Kriegsgefangene wurden seit jeher in die Sklaverei verkauft; wir erinnern uns, daß die überlebenden aufständischen Helvetier im Jahre 69 n. Chr. dieses Schicksal erlitten.

Zahlreiche Handwerke und Berufe ha-

Wie eine mit Reliefbildchen verzierte Schüssel des feinen Tafelgeschirrs entsteht:
Der Töpfer dreht eine dickwandige Schüssel mit kräftiger Griffleiste; dann legt er mehrere Punzen (eine Art Stempel) aus Ton bereit, die am einen Ende eine Figur oder ein Ornament tragen. Diese Punzen drückt er, zu verschiedenartigen Mustern gruppiert, in den noch weichen Ton (1). Oft signiert der Töpfer seine Formschüssel mit einem Stempel, manchmal auch in schwungvoller Handschrift. Dann wird die Form gebrannt. Die fertige Formschüssel wird auf der Töpferscheibe fixiert. Der Töpfer dreht darin den Bauch der zukünftigen Schüssel; er achtet darauf, daß der Ton bis in die Winkel der Verzierungen gedrückt wird (2). Dann stellt er die Formschüssel zum Trocknen an einen gut durchlüfteten Ort; durch das Trocknen schwindet der Ton, und die zukünftige Schüssel läßt sich mühelos aus der Form nehmen (3).
Jetzt befeuchtet der Handwerker Boden und Rand und dreht sorgfältig zunächst den Fuß, dann den Rand an. Dabei muß er gut aufpassen, daß die obere Abschlußborte beim Ansetzen des Randes nicht verwischt (4). Die fertige Schüssel wird in ganz feinen Tonschlamm getaucht und schließlich mit vielen anderen Terra-sigillata-Gefäßen im Töpferofen gebrannt. Beim Brennen läßt der Töpfer viel Sauerstoff zu, damit das Geschirr schön rot wird (siehe Bild Seite 14).

In derartigen Formschüsseln wurden die reliefverzierten Terra-sigillata-Gefäße geformt (siehe Bilderfolge oben). Die Punzen und Muster veränderten sich mit der Zeit und sind auch typisch für bestimmte Töpfer oder Töpfereizentren. Die Abbildung zeigt eine Formschüssel (Durchmesser 28,5 cm) für sogenannte helvetische Sigillata aus den Töpfereien des späten 2. und 3. Jahrhunderts im vicus von Bern-Engehalbinsel. Man erkennt Kreise mit Brunnen, zwei Hasen und Blättchen sowie Nischen mit Götterfiguren, die mit eigenartigen Bäumchen abwechseln. Über das untere Abschlußband läuft eine wilde Hasenjagd.

Links:
Die mit dem Sockel knapp
18 cm große Statuette eines
beschützenden Hausgottes,
eines Laren, ist die kunstvolle
Arbeit aus einer Bronzewerkstätte Italiens. Die Augen
sind mit Silber eingelegt,
Kleider und Sockel mit rotem
Kupfer und hellem Silber verziert, was mit der ehemals
goldglänzenden Bronze ein
farbenreiches Metallspiel er-
gab.

Rechts:
Geschirr, Gläser, Öllämpchen
und Münzen aus einem reich
ausgestatteten Grab der Zeit
um 100 n. Chr. aus Solduno
im Tessin. Der Verstorbene
hatte ein komplettes Service
mit ins Grab bekommen, be-
stehend aus Schalen,
Schüsseln, Tellern und einem
großen Breitopf, zweifellos
gefüllt mit einer reichlichen
Mahlzeit. Als Trinkgeschirr
dienten feine Gläser und ein
Tonbecher; die großen Glasflaschen werden Wein und
Wasser enthalten haben.
Glasfläschchen mit wohl-
riechenden Ölen und Salben
(im Vordergrund) verström-
ten im Grab angenehme
Düfte. – Die vielen Gefäße
geben einen guten Überblick,
was für Ton- und Glas-
geschirr damals in einem
guten Südtessiner Haushalt
in Gebrauch war. Länge des
Lämpchens 11 cm.

78

Numinibus Augustorum et
genio coloniae Helvetiorum
Apollini sacrum Quintus
Postumius Hyginus et
Postumius Hermes libertus
medicis et professoribus de
suo dederunt.
*Dem göttlichen Walten der
Kaiser und dem Genius der
Kolonie der Helvetier, dem
Apollo geweiht. Quintus
Postumius Hyginus und
Postumius Hermes, sein Frei-
gelassener, haben dies den
Ärzten und Professoren aus
ihren eigenen Mitteln ge-
stiftet.*

Die Stifter, ein vermutlich
aus dem griechischen Osten
nach Aventicum zugewan-
derter Arzt und sein ehemaliger Sklave, haben den 57 cm
hohen Altar für die Ärzte und
Professoren (die öffentlichen
Lehrer, wahrscheinlich für
Recht und Redekunst) auf-
stellen lassen.

Iovi Optimo Maximo Poenino
Caius Domitius Carassounus
Helvetius mango votum
solvit libens merito.
*Dem Jupiter Poeninus er-
füllte Gaius Domitius Carassounus, helvetischer Sklavenhändler, sein Gelübde
gerne und wie es sich gehört.*

Das 24,5 cm breite Bronzetäfelchen war einst wie viele
andere ähnliche Votive an
den Wänden des Jupiter-
tempels auf dem Großen
St. Bernhard befestigt.

ben aber doch mehr und weniger deutliche Spuren hinterlassen. Unter den
Berufsleuten, die Metall verarbeiteten,
sind in erster Linie der Schmied, der
Bronzegießer und Bronzeschmied sowie der Gold- und Silberschmied zu
nennen. Von den hier einst manchen-
orts gefertigten Gegenständen der
Bronzegießer geben die Funde aus
dem Boden nur eine unvollständige
Übersicht. Denn nur von unfertigen
oder mißratenen Stücken kann man
mit Sicherheit sagen, daß sie an Ort
und Stelle gearbeitet wurden. Gewisse
Formen von Gewandfibeln, Geschirr
oder etwa Möbelbeschlägen sind sich
über weite Gebiete der Provinzen er-
staunlich ähnlich und wurden an verschiedensten Orten, aber nach den
gleichen Mustern gefertigt. Vor allem
einfaches Geschirr, kleinere Gerätschaften und Gegenstände des täglichen Gebrauchs sind mehrheitlich in
den lokalen Werkstätten gegossen, geschmiedet und gedreht worden. Besonders schön und qualitätvoll gearbeitete Bronzegegenstände – gerade
Geschirr – stammten dagegen aus spe-
zialisierten Großbetrieben; Statuen
und Statuetten auch von wirklichen
Künstlern aus Gallien und Italien.
Zimmerleute, Schindelmacher, Schreiner verschiedenster Spezialisierung,
aber auch Küfer, Drechsler und Holz-
schnitzer hatten viel Arbeit. Aus Holz
bestand der Dachstock der Häuser, in
der Frühzeit sogar das ganze Haus.
Die Zimmerleute (fabri tignuarii) waren in Aventicum besonders angesehen
und übten zugleich das verantwor-
tungsvolle Amt der Feuerwehr aus.
Die Möbel, die Einrichtungen der
Werkstätten, Schenken und Läden bestanden bis zu den Griffen und Stielen
von Werkzeug und Gerät meistens aus
Holz. Leider ist der größte Teil von
dem, was einst geschickte Handwerker
aus Holz fertigten, im Laufe der Jahrhunderte im Boden vergangen und nur
noch auf Grabreliefs in Stein und auf
Wandmalereien gemalt zu sehen.

Zu einer viel praktizierten ärztlichen Behandlung gehörte das Schröpfen, das Abziehen von Blut: Mit einem Skalpell schnitt der Arzt in den Rücken des Patienten kleine Schnitte, auf die er innen erhitzte Gefäßchen aus Metall oder Glas – eben Schröpfköpfe – aufdrückte. Durch das entstehende Vakuum hafteten die Schröpfköpfe auf der Haut, und gleichzeitig wurde das Blut angesogen. Auch zur Römerzeit gingen die ärztlichen Lehren davon aus, daß im Menschen gute und schlechte Säfte Wohlbefinden und Krankheit mitbestimmten. Der Aderlaß hatte zum Ziel, schlechte Säfte zu entfernen.

Der 12 cm große Schröpfkopf aus Bronze gehörte zur Ausrüstung eines Arztes von Octodurus (Martigny).

In Avenches, Augst, Bern-Engehalbinsel, Lausanne-Vidy, Martigny und Vindonissa sind kleine Stempelchen aus Stein gefunden worden, die jeweils den Namen eines Arztes und der von ihm hergestellten Salbe oder getrockneten Paste tragen. Sehr oft handelt es sich um Medikamente gegen Augenkrankheiten, aber hin und wieder auch um Mittel «contra omnia», «gegen alles». Die abgebildeten (in Wirklichkeit natürlich mit seitenverkehrter Schrift bezeichneten), 4 bis 4,7 cm langen Stempel wurden im vicus Bern-Engehalbinsel gefunden und tragen den Namen des Arztes Tiberius Claudius Peregrinus.

Beinschnitzer und Beindreher, Hornschnitzer und Leimsieder arbeiteten mit Knochen und Horn, mit Material also, das aus den Metzgereien ohne weiteres zu bekommen war. Geglättete und gelochte Röhrenknochenstücke vom Rind dienten aneinandergereiht als Scharniere für Kästen und Truhen. Aus Knochen drehten die Handwerker kleine Büchschen, schnitzten sie Haarnadeln, Löffel, Messergriffe, Spielwürfel und Spielsteine, kleine Flöten und vieles andere mehr. Der aus Tierknochen gewonnene Leim diente den Schreinern als Klebstoff für das Holz.

Das Spinnen der Wolle und des Leinenfadens war in der Regel die Arbeit der Frauen, oft finden wir sie mit Kunkel und Spindel dargestellt. Vielleicht trug der Verkauf gesponnener Wolle einen willkommenen Zusatzverdienst ein.

Färber und Tuchwalker übten ihr Handwerk aus, das wie die Ledergerberei mit starken Gerüchen verbunden war. Ihre Werkstätten waren auf Wasser angewiesen. Auch von diesen Berufen finden sich zwar im Boden zuweilen die Werkstätten und Tröge, die Produkte selbst sind meist vergangen. Im Schutthügel des Legionslagers von Vindonissa und an anderen feuchten Orten blieb glücklicherweise Leder aus der Römerzeit erhalten (Bild Seite 37). Gefärbte, mit Punzen oder feinen Schnittornamenten verzierte oder plastisch geprägte Reste von Schuhen, Etuis und Behältern zeigen, wie verschieden das Leder verarbeitet wurde. Die Tuchweber hielten Decken, Vorhänge und Kissen feil. Soweit die Kleider nicht selbst genäht wurden, kaufte man sie beim Schneider, unter denen es wiederum Spezialisten für Mäntel und andere Kleidungsstücke gab. Dieses Metier ist allerdings im Boden fast nicht zu bemerken. Denn Nähnadeln aus Bronze oder Knochen, die immer wieder zutage kommen, können ebensogut im Haushalt verlorengegangen sein.

Details der farbenprächtigen Malereien, die im 1. Jahrhundert n. Chr. ein Künstler auf die noch feuchten Wände der herrschaftlichen Villa von Commugny zauberte. Der Kelch mißt mit Blumen 31 cm.

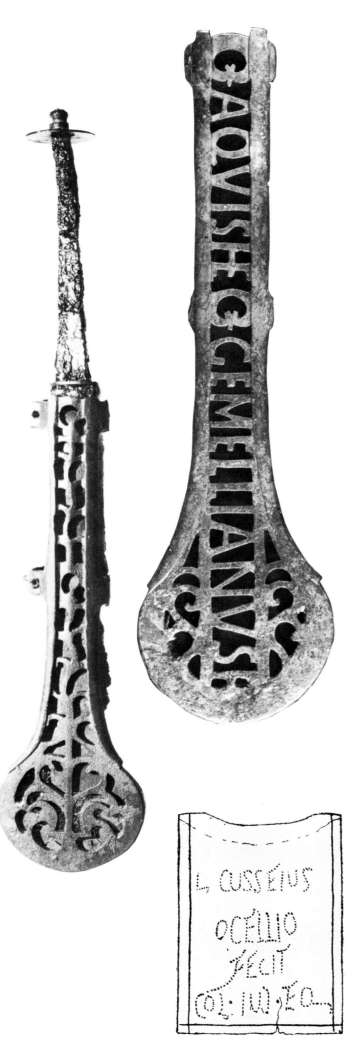

Im beliebten Badeort Aquae Helveticae (Baden) hat ein gallorömischer Handwerker im späteren 2. Jahrhundert Futterale für kleine Besteckmesser serienmäßig hergestellt. Auf dem Etui ist in zierlicher Schrift zu lesen: AQVISHEL GEMELLIANVS F (hergestellt durch Gemellianus in Baden). Diese Messerchen kauften die Kurgäste und brachten sie als – nützliches – Souvenir nach Hause. Viele gelangten, wohl im Reisegepäck von Soldaten, in weitentfernte Gegenden: Rheinabwärts nach Norddeutschland, nach Osten bis Ungarn und einmal sogar nach Marokko. Das abgebildete Futteral wurde in Epomanduodurum (Mandeure, in Ostfrankreich) gefunden und ist 19 cm lang. Zum Vergleich daneben (verkleinert) ein ähnliches Messer mit Futteral aus der Mitte des 3. Jahrhunderts von Augst.

Unten:
Eine Ansammlung von zusammengedrückten und gänzlich verformten, mißratenen Gefäßen (sogenannte Fehlbrände) aus dem Abfall der Töpfereien im vicus Bern-Engehalbinsel. Breite 45 cm.

Dank einer 6 cm großen Herstellermarke, die im Grab eines Veteranen und Gutsbesitzers in Süddeutschland zutage kam, wissen wir, daß ein gewisser Lucius Cusseius Ocellio aus Equestris (Nyon) im späten 2. Jahrhundert mit Bronzereifen gefaßte Holzeimer und vielleicht noch anderes Bronzegeschirr herstellte, obwohl aus der Koloniestadt selbst bisher noch nichts über seine Werkstatt bekannt ist.

Bild rechts unten:
So präsentierte sich den Ausgräbern das Warenlager eines Geschirrhändlers aus Lousonna (Lausanne-Vidy) nach 1800 Jahren. Fein säuberlich sortiert standen die Gefäße noch wie zum Verkauf bereit: Gelochte Käseformen (im Vordergrund), Krüge, Reibschüsseln, Töpfe, Teller, Schüsseln und Becher. Höhe der Krüge etwa 30 cm.

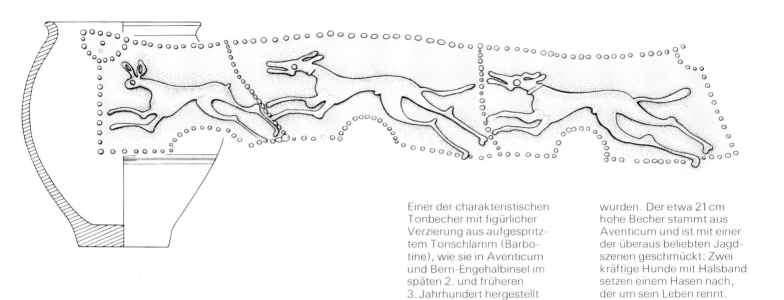

Einer der charakteristischen Tonbecher mit figürlicher Verzierung aus aufgespritztem Tonschlamm (Barbotine), wie sie in Aventicum und Bern-Engehalbinsel im späten 2. und früheren 3. Jahrhundert hergestellt wurden. Der etwa 21 cm hohe Becher stammt aus Aventicum und ist mit einer der überaus beliebten Jagdszenen geschmückt: Zwei kräftige Hunde mit Halsband setzen einem Hasen nach, der um sein Leben rennt.

Rechts:
Grabrelief eines Holzschuhmachers aus Reims (Frankreich). Noch vor gar nicht langer Zeit verarbeiteten die Holzschuhmacher, wie dieser Kollege aus der Römerzeit, auf einer Werkbank sitzend geeignete Holzklötze zu Schuhen. An der Wand sind verschiedene Werkzeuge – Stechbeitel, Meißel, eine Säge – in einem Gestell eingesteckt.

Unten:
Eine Schmiedewerkstatt auf einem Grabrelief aus Aquileia: Links der Gehilfe an der Esse. Hinter einem Hitzschild facht er mit dem Blasebalg das Feuer an. Am Amboß sitzt der Schmied, der offensichtlich auf die Fabrikation kleinerer Eisengegenstände spezialisiert war, denn rechts sehen wir neben seinen Werkzeugen Zange, Hammer und Feile (?) ein Kastenschloss.

Dieses Laufgewicht einer Waage aus Augst ist wie viele andere figürlich gestaltet. Die 8,7 cm große Büste aus Bronze stellt einen Satyrknaben aus dem Gefolge des Weingottes Bacchus dar. Der bekränzte, mit einem Tierfell bekleidete ländliche Gott – er ist halb tier-, halb menschengestaltig – hält in der rechten Hand eine Panflöte. Seine Bocksnatur ist erkennbar an den spitzen Tierohren und an der linken, als Huf gebildeten Hand.

Eben zeigen der Tuchhändler und sein Gehilfe eine mit langen Fransen behangene Decke aus der zur Römerzeit sehr geschätzten Wolle Nordgalliens. In einem Gestell liegen, sorgfältig zusammengelegt, weitere Decken, einige mit Fransen, andere mit Streifenmuster geschmückt. Der schwere Vorhang vor dem Ladeneingang ist zurückgeschlagen, um dem Betrachter den Blick auf die Szene freizugeben. Grabrelief aus dem Trierer Land.

86

Bereits zur Römerzeit waren im Schuhmachergewerbe verschiedene Spezialisten am Werk. Aus einem einzigen Lederstück geschnittene oder aus Sohle und Oberleder zusammengenähte Halbschuhe gehörten zu den häufigsten Straßenschuhen. Das Oberleder war oft kunstvoll mit geschnittenen und gestanzten Mustern durchbrochen. Die Sohlen verstärkte der Schuhmacher mit zahlreichen eisernen Schuhnägeln, die ein eigenes Muster bildeten. Zu Hause bevorzugte man Sandalen und Pantoffeln, deren Sohlen innen oft feine Präge- und Punzmuster trugen. Warme oder besonders weiche, bequeme Schuhe besaßen ein Wollfutter oder eine weiche Wollein-

lage, Sommerschuhe zuweilen auch eine aufgenähte Leinensohle. Der Schuhmacher fertigte auf Bestellung und auf Vorrat verschiedene Schuhmodelle. Zum Nähen und Formen der teilweise recht komplizierten Lederschnürung brauchte er Leisten, hölzerne Schuhmodelle, die in keiner Werkstatt fehlten: Auf einem Regal standen Leisten für größere und kleinere Männerschuhe, für Frauen- und Kinderschuhe bereit. Die Holzschuhmacher schnitzten Holzschuhe; diese trugen die Bauern bei der Arbeit im Stall. Zoccoli waren aber bei schlechtem Wetter auch auf den ja ungeteerten Straßen zu empfehlen.

Selbstverständlich übten die Maurer

ihren Beruf aus. Maler weißelten die Wände und verschönerten je nach Geschmack und finanziellen Möglichkeiten des Kunden die Wände mit einfachen Rahmenmustern, Tupfen oder sogar figürlichen Bildern. Unter den Malern muß es wahre Künstler gegeben haben, die nach Musterbüchern die schönsten Ranken und Blumen auf die noch feuchten Wände zauberten (Bild Seite 82/83). Als Farbtöpfe dienten kleine Tonnäpfe – oder ein gerade passender Topf aus der Küche. Um ein rechtes Quantum Farbe anzurühren, war dem Maler auch eine halbierte Amphore recht.

Steinmetzen bearbeiteten die im Steinbruch roh zugerichteten Blöcke und

In der Bäckerei des dicken Rhenicus herrscht Hochbetrieb. Zwei Sklaven mahlen Getreide, frischen Weizen. Daraus werden die Brote gemacht. Zuweilen mischt der Bäcker Roggenmehl dazu, je nach Brotsorte. Im Hintergrund des Ladens knetet ein Gehilfe den Teig und formt die Brote. Am Backofen prüft der Meister eben eigenhändig, ob die Brote im Ofen schon genügend gebacken sind.
Der junge Rhenicius, sein Sohn, verkauft die knusprigen Brote. Sie sind noch etwas warm und duften herrlich. Wenn am späten Vormittag alle Brote fertig gebacken sind, bringen Anwohner des Quartiers öfter ihre ofenfesten Backplatten vorbereiteten Mittagessen. Gegen ein bescheidenes Entgelt werden die Aufläufe im noch heißen Backofen überbacken.

Säulen am Bauplatz zu handlichen Quadern und kannelierten oder fein geglätteten Säulen. Geschickte Steinhauer meißelten Inschriften oder fertigten nach den Musterbüchern und Zeichnungen der Architekten und Baumeister Verzierungen an den öffentlichen Gebäuden. Vor den Toren der größeren Siedlungen sorgten Ziegeleien für den Bedarf an Dachziegeln, Bodenplatten und Heizröhren.

In jedem vicus und in jeder Stadt stellten Töpfer einen Teil des ständig benötigten Geschirrs her. Ihr feuergefährliches Gewerbe übten sie in Augusta Rauracorum (Augst) wie die Ziegelbrenner am Rand der Ober- und Unterstadt in mehreren Ateliers aus. In Lousonna (Lausanne-Vidy) arbeiteten verschiedene Töpfereien entlang der Hauptstraße, aber doch unmittelbar mit dem Seeufer im Rücken. Die Töpfereien führten eine recht große Auswahl, vom gewöhnlichsten Küchengeschirr und von großen Vorratsgefäßen bis zum feinen Tafelgeschirr in unterschiedlicher Qualität. Im 1. Jahrhundert kam aus Lousonna recht gute Terra sigillata, die sogar auf dem Markt von Octodurus (Martigny) zu kaufen war. Im späten 2. und im 3. Jahrhundert arbeiteten unter anderem in Baden und Bern-Engehalbinsel Töpferbetriebe, die unter ihren Erzeugnissen auch eigene Terra sigillata anboten (Bild Seite 77). Diese sogenannte helvetische Sigillata wurde nur auf den Märkten in der Umgebung verkauft. Besonders phantasievolle Töpfer übten zur gleichen Zeit in Aventicum und in Bern-Engehalbinsel ihr Metier aus: Rotgebrannte Trinkbecher und Weinkrüge, seltener auch Schüsseln verschönerten sie mit Rankenmotiven, Tieren und Fabeltieren sowie mit Szenen aus Jagd, Spiel und Alltag. Die Art der Dekoration mit feinem aufgespritztem Tonschlamm (Barbotine) war zwar damals in ganz Gallien und im Rheinland verbreitet, aber die Produkte aus diesen eng zusammengehörigen Werkstätten sind ganz unverwechselbar und zeigen einen eigenen Stil (Bild Seite 85).

Glasbläser übten ihr Gewerbe aus, auch wenn bei uns kaum je so spezialisierte Werkstätten wie in Italien oder im Gebiet um Köln tätig gewesen sind. In erster Linie werden hier einfache Gläser aus blaugrünem oder farblo-

sem Glas geblasen worden sein. Diese Ateliers boten auch Fensterglas an. Überreste von römischen Glasateliers fanden sich neuerdings in Locarno, dann in Martigny, vermutlich bei St-Cierges im Kanton Waadt und auch in Augst, wo das Glasgewerbe in spätrömischer Zeit beim Kastell Kaiseraugst eine besondere Blüte erlebte. Auch im spätrömischen Kastell Basel wurde Glas verarbeitet.

Nebst den hier genannten und vielen weiteren Handwerkern arbeitete eine ganze Berufsgruppe im «Sektor» Lebensmittel. In jeder Siedlung hatten die Bäcker ihre Öfen und Verkaufsläden. Der am besten erhaltene römische Backofen nördlich der Alpen kam in Augst unter dem Schutt eines zu-

sammengestürzten Hauses zutage; die Kuppel aus vermauerten Ziegeln blieb durch die Jahrhunderte ganz! Diese Bäckerei könnte so ausgesehen haben wie unser Bild oben. In Rom gab es damals über zweihundertfünfzig Bäckereien, die viele Sorten Brot buken. Ein Abglanz davon wird auch in den Provinzen zu spüren gewesen sein, denn das Brot wurde in der Römerzeit nebst dem althergebrachten Hirsebrei zum wichtigsten Grundnahrungsmittel. Die Metzgereien sahen mit Hackblock, Hackbeil, den verschiedenen Messern und dem an Haken aufgehängten Fleisch kaum anders aus als noch bis vor kurzer Zeit bei uns. An den Hackspuren der Tierknochen können wir sehen, auf welche Art der Metzger das Fleisch zerkleinerte, und

feststellen, daß man schon zur Römerzeit Koteletts und Ragout schätzte. Auch Wurstereien und Räuchereien boten ihre Waren an. Geräucherte Schweineschultern (Schüfeli, sagt man heute) gehörten zu den beliebten Lekkerbissen; sogar der Schriftsteller Varo lobte die gallischen Schinken und Würste, die bis nach Rom exportiert wurden. Bei den Ausgrabungen in Augst kamen in einem der Quartiere aneinandergereiht zahlreiche Werkhallen mit Räucherkammern zutage, in denen derartige Schinken und Würste geräuchert worden sein mögen.
Ob auch in der römischen Schweiz Bier gebraut wurde, wie dies aus Gallien und Rätien durch Inschriften bekannt ist, wissen wir noch nicht. Es ist aber fast anzunehmen, daß der schon

Vorhergehende Doppelseite:

«He caupo, noch einen Becher Wein. Aber unverdünnten und nicht den sauren Most, der mir die Löcher in der Tunika zusammenzieht!» ruft Julius Silvester, der Steinmetz. Der Wirt runzelt die Brauen und winkt seinem Gehilfen Primus, dem Wunsch des Gastes nachzukommen.

Gemella, die neunjährige Tochter des Wirtes zum «Schwarzen Bären» bedient einen Fremden, der etwas essen möchte. Auf dem Holzgestell hinter der Theke sind die an diesem Tag erhältlichen Speisen - Brot, Eier, Käse, geräucherter Fisch, Früchte - liebevoll ausgebreitet und arrangiert. Würste und Schinken hängen über der Theke und werden per Gewicht serviert und berechnet. «Gib mir etwas Brot und Fisch. Dazu einen Becher Bier», sagt der Mann im Akzent der nordgallischen Treverer. Was der Fremde wohl hier in Aventicum will?

In der Wirtschaft des Titus Julius Secundus wird meist Wein verlangt. Bei einem Kaufmann in Lousonna bestellt er regelmäßig südgallischen Wein, der in großen Fässern geliefert wird. Das Bier, von dem er jedes Jahr weniger ausschenkt, braut ein alter Bierbrauer in der Nähe.

Aus dem sonnigen Rhonetal gebürtig, diente Secundus zwanzig Jahre beim Militär, in den Hilfstruppen der Legionen am Rhein. Nach seiner Entlassung vor vier Jahren hatte er sich mit seiner Familie in Aventicum, der aufstrebenden Hauptstadt der Helvetier, niedergelassen und in einer der insulae, die der reichen Familie der Camilli gehört, ein Haus gemietet. Darin richtete er die Wirtschaft ein. Ein geschickter Schreiner fertigte das Mobiliar, die Tische, Stühle, Bänke, die Theke und das Gestell, auf dem die Waren präsentiert werden. Ein Porträt des Kaisers - mit Mühe erkennt man die nicht ganz getroffenen Züge von Nero - erhält von der mit Talg gefüllten Eisenlampe einen rötlichgelben Schimmer. Besonderes Schmuckstück des «Schwarzen Bären» ist aber ein kleiner Hinterhof, in welchem trotz verschiedener Anbauten der Nachbarhäuser noch Platz für eine kleine Reblaube blieb. Wer sich darin niederläßt, hat das Gefühl, in der Obhut des Bacchus persönlich zu sein. Kein Wunder, daß das Lokal bald zu einem beliebten Treffpunkt der umwohnenden Aventicenser und auch durchreisender Fremder geworden war. Im Oberstock des Hauses hat Secundus seit kurzer Zeit drei Gästezimmer zu vermieten, nachdem er für sich und die Seinen das schmale Haus nebenan kaufen konnte.

An diesem Sommernachmittag des Jahres 56 hört man ein Schellentamburin, dazu die heiseren Töne einer Panflöte, und schon nahen drei eigenartige Gestalten:

Zuerst taucht ein schlanker Knabe auf, nicht viel älter als der Sohn des Primus. Er ist begleitet von zwei Männern mit auffälligen, bunt karierten, aber schon etwas abgeschossenen und mehrfach geflickten Tuniken. Der ältere der beiden, der Panflötenspieler, lehnt seinen Schnappsack an eine Säule der porticus und fragt überaus höflich und unter vielen Verbeugungen, ob der gnädige Herr Wirt so gut sein wolle, zu erlauben, daß sie, die berühmten Künstler, die sogar in Rom und beinahe vom Kaiser selbst empfangen worden seien, ihm und den verehrten Gästen eine glanzvolle Show zeigen dürften: Phantastische Kunststücke seines Sohnes Aetolus und des Anchialus, eines berühmten Zauberers aus Alexandria, der in die Geheimnisse der babylonischen Zahlen eingeweiht sei. «Er wird ein Seil lebendig machen und wie eine Schlange senkrecht aufsteigen lassen.» «Gut», brummt der Wirt, «wenn ihr meine Gäste nicht belästigt und nachher rasch wieder von der Bildfläche verschwindet, dürft ihr eure Künste vorführen. Wenn sie gut sind, sollt ihr einen Becher Wein und ein Stück Brot mit Wurst erhalten.»

Schon beginnen die Artisten - von Ort zu Ort reisende Gaukler und Schauspieler - mit ihrem Programm. Die beiden Musikanten spielen einen schnellen Tanz, und dazu springt und hüpft der Knabe - aber plötzlich nicht mehr auf den Füßen, sondern auf den Händen stehend! Olus, der kleine Sohn des Hausslaven Primus, ist von dieser Darbietung ganz gebannt und begeistert. Hoffentlich läßt er das abgetragene Geschirr nicht fallen, sonst setzt es ein böses Donnerwetter ab! Sogar Julia Litullina, die Frau eines vermögenden Geschirrhändlers, der zwei Häuser weiter wohnt, schaut einige Augenblicke zu, bevor sie rasch weitergeht.

Nur die beiden eifrigen Würfelspieler lassen sich weder von der Musik noch von den Zauberkunststücken beeindrucken. «Zehn Augen habe ich gewürfelt.» - «Nein, du hast den Becher nicht richtig geschüttelt, du mußt den Wurf wiederholen!» Ein warnender Blick des Wirts, der plötzlich an ihrem Tisch steht, bringt die beiden Streithähne - Sklaven im Dienste der Camilli - rasch zum Schweigen. Sie wissen, bei lautem Streit oder Handgreiflichkeiten werden sie augenblicklich an die Luft gesetzt. Unterdessen beenden die Artisten unter allgemeinem Beifall ihr Programm. Secundus spendiert den versprochenen Imbiß, während der Knabe Aetolus mit dem Tamburin in der Hand die Gäste reihum um eine Spende bittet. Schließlich ziehen die drei weiter, um ihr Glück in einem weiteren Lokal zu versuchen.

Dieser Metzger ist dabei, auf dem großen Hackblock Schweinskoteletten zu hacken. Hinter ihm hängen an einem Gestell andere Teile des geschlachteten Schweines: Kopf, Innereien, Füße, Schinken und ein Rippenstück. Rechts eine Waage zum Abwägen des Fleisches. Am Boden steht ein Becken, für die Fleischabfälle und Knochen oder auch zum Auffangen des Blutes beim Schlachten.

in keltischer Zeit gebraute Gerstensaft zur Römerzeit auch bei uns geschätzt war.

Die meisten anderen Lebensmittel waren bei den Händlern und Marktfrauen auf dem forum, auf dem Markt, zu kaufen. In den größeren Orten hatte der Lebensmittelmarkt täglich offen; ein besonders reichhaltiges Angebot lockte aber an den Tagen der Wochenmärkte, den nundinae, an denen die Leute jeweils aus der ganzen Umgebung herbeiströmten. Wer die höheren Preise zu bezahlen vermochte, konnte auf dem Markt nebst den Erzeugnissen der einheimischen Landwirtschaft und Handwerker auch im-

portierte Waren kaufen. Das häufigste und damit wohl auch für weniger begüterte Leute erschwingliche Importgut muß nach den massenhaft gefundenen Transportbehältern – große kugelige Amphoren – Olivenöl aus Südspanien gewesen sein, gefolgt vom «Côte du Rhône» oder «Côte de Provence», dem südgallischen Wein. Importiert wurden aber auch ganze Oliven – Olivenkerne fanden sich beispielsweise in Avenches und Vindonissa – und als Leckerbissen Datteln, Melonen, Feigen. Vom Atlantik und aus dem Mittelmeergebiet kamen in Körben, dicht und satt verpackt, lebende Austern in unser Land. Aus

Spanien, Nordafrika und vielleicht von der Nordseeküste gelangten salzige Fischsaucen zum Verkauf, die in der römischen Küche eine große Rolle spielten. Noch viele andere Waren fanden ihre Käufer: Geschirr und Gläser aus Gallien und Italien bis Kleinasien, Wollkleider aus Gallien, Seidenstoffe aus Syrien oder gar aus China, Zinn aus England, Blei aus Spanien, aber auch Gewürze und Parfums aus Indien bis Italien.

Handel und Verkehr

Wenn Lebensmittel und andere Waren über derart weite Strekken gehandelt werden konnten, setzt dies ein hervorragend organisiertes Transportwesen voraus. Es gab zur Römerzeit ja weder Flugzeug noch Eisenbahn; alle Waren mußten zu Schiff und per Wagen, auf dem Rük-

ken eines Saumtieres oder eines Trägers transportiert werden. Damit kommen wir zu einer weiteren Kategorie der Berufe: Händler und Kaufleute; negotiatores und mercatores werden sie in den Inschriften genannt.

Die Kaufleute produzierten ihre Waren nicht selbst, sondern kauften und

verkauften fertige Produkte. Nicht selten waren die Kaufleute und Händler freigelassene Sklaven, die im Auftrag ihrer ehemaligen Herren ein Geschäft betrieben und dadurch oft zu beträchtlichem Reichtum gelangten. Unter den eigentlichen Handelsherren gab es einflußreiche Persönlichkeiten

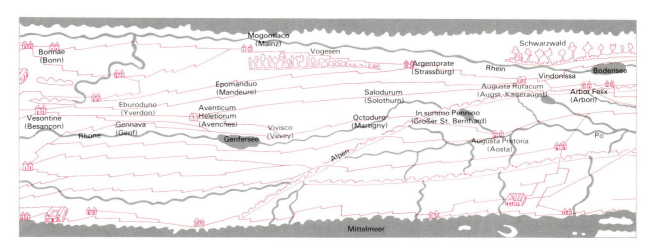

aus dem Ritter- oder sogar aus dem Senatorenstand, die dank ihres Ansehens und ihrer Verbindungen in der römischen Welt auch als Schutzpatrone von Transportgesellschaften amteten. Einen solchen Handelsherrn lernen wir um die Mitte des 2. Jahrhunderts n. Chr. in Quintus Otacilius

Pollinus aus der vornehmen Familie der Otacilier von Aventicum kennen: Er war Schutzherr der cisalpini-transalpini, das heißt der Händler und Kaufleute, die diesseits und jenseits der Alpen Geschäfte tätigten, und außerdem Schutzherr der Aare- und Rhoneschiffer und Patron der Ver-

einigung der Sklavenhändler. Dies geht aus der monumentalen Inschrift eines Denkmals hervor, das ihm zu Ehren in Aventicum aus öffentlichen Mitteln aufgestellt worden war.

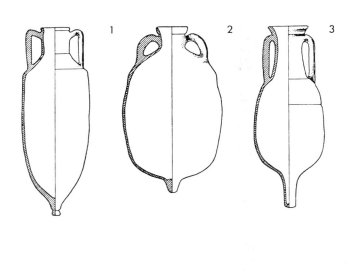

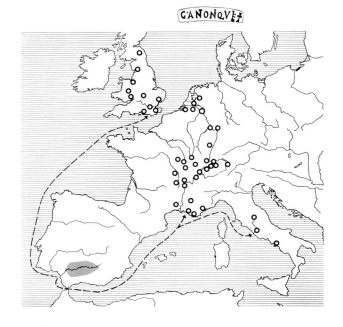

Straßen zu Wasser und zu Land verbinden Rom mit dem Imperium

Zu den großartigen Leistungen des Imperium Romanum gehört der Ausbau eines dichten Verkehrsnetzes zu Wasser und zu Land. Zwar konnten die Römer in den verschiedenen Provinzen ihres Reiches zahlreiche alte Wege und Straßen benützen und ausbauen; dazu kommen aber doch ganz neue Verbindungen und vor allem neue Hauptstraßen. Meer-, See- und Flußschiffahrt waren die wichtigsten Transportarten für den Warenverkehr. Militär und Reichspost (cursus publicus) bevorzugten dagegen die Straßen zu Land.

Die Reichspost war ein staatlich organisierter Nachrichten- und Transportdienst. In erster Linie diente er dem Kaiser und den Reichsbeamten für offizielle Reisen und Transporte, insbesondere aber auch, um schnell Nachrichten von Rom in die entferntesten Winkel des Reiches und umgekehrt zu übermitteln. Alle im kaiserlichen Auftrag Reisenden, sei das nun ein Zolleinnehmer, ein Legionskommandant, ein Diplomat oder ein Fuhrmann mit Fracht für den Staat, hatten das Anrecht, in eigens dafür eingerichteten Raststationen zu übernachten und bei Bedarf Zug- und Reittiere und selbst Wagen zu wechseln. Die Gemeinden mußten sich verpflichten, diese Stationen instand zu halten und stets Ersatz für Tier und Wagen sowie die nötige Verpflegung bereitzustellen. Hohen Beamten boten an den wichtigsten Etappenorte regelrechte Paläste – Luxushotels würden wir heute sagen –

eine bequeme Unterkunft. Nicht alle Reisenden waren auf die Rasthäuser an den Straßen und in den Vorstädten angewiesen. Wer einen Gastfreund hatte, konnte dank gegenseitiger Gastfreundschaft jederzeit im Haus dieses Freundes übernachten.

Doch kehren wir zu den Straßen zurück: Die römischen Straßenbauingenieure wußten genau, wie eine Straße angelegt werden mußte, und scheuten keine Mühe, das Trassee möglichst schnurgerade zu führen. Lieber nahmen sie beträchtliche Steigungen in Kauf, als mit Kurven und Zickzackwegen sich dem Terrain anzupassen und so die Höhenunterschiede zu überwinden. Die Straßen waren in der Regel etwa sechs bis acht Meter breit. Weil sie im Laufe der Zeit mehrere Schotterauflagen erhielten, wuchsen sie langsam höher als ihre Umgebung (Bild Seite 97); auf Luftbildern sind römische Straßen deshalb recht gut zu erkennen. Flüsse wurden mit Brücken überquert; Reste römischer Brücken sind aus unserem Gebiet mehrfach bekannt. Zu den eindrucksvollsten Zeugen gehören die mächtigen Pfosten, die einst die Pfeiler einer Holzbrücke über die Broye gebildet haben. Im Laufe der Zeit werden etliche Holzbrücken durch solide Bauten aus Stein ersetzt worden sein, so wahrscheinlich in Augst die Rheinbrücke, welche die Donauprovinzen Pannonien und Rätien durch das Hochrheintal am schnellsten mit den Hauptstädten Mainz und Köln in Germanien verband.

In den Alpen verbesserten die Römer viele der alten Saumpfade. Waren die Bergstraßen mit Wagen befahrbar, schlug man in der Straßenmitte Löcher in den Fels, um mit hineingesteckten Hölzern die Wagen bei der Bergfahrt abzustützen, bei der Talfahrt bremsen zu können. Die eisenbeschlagenen Räder gruben im Laufe der Zeit tiefe Rillen in den Stein. Diese charakteristischen Radspuren haben übrigens dem Hauenstein mit seiner römischen Paßstrasse den Namen gegeben.

Vier große römische Hauptstraßen durchquerten unser Gebiet: Den Norden querte die Verbindung von Gallien zu den Donauprovinzen. An dieser Straße lagen unter anderem Augusta Rauracorum, Vindonissa und Vitudurum (Oberwinterthur). In Augusta zweigte eine weitere Fernstraße nach Norden, ins Rheinland ab. Eine zweite West-Ost-Verbindung führte von Gallien via Equestris (Nyon), Viviscum (Vevey) und Octodurus (Martigny) über den Großen St. Bernhard nach Italien. Eine dritte Achse, an der Aventicum lag, verband die beiden Fernstraßen dem Westschweizer Jura und der Aare entlang und traf bei Vindonissa auf die nördliche Route. Durch das Bündnerland schließlich führte eine Nord-Süd-Verbindung von der Donau nach Italien. An dieser Straße lag der bedeutende Etappenort Curia (Chur). (Karte im Buchdeckel.)

Wer von unserem Gebiet aus nach Italien wollte, mußte einen der Alpenpässe überqueren. Zu den wichtigsten

Amphoren für Wein (1), Olivenöl (2) und Fischsauce (3). Diese Transportbehälter aus Ton sind etwa 1 m hoch und wiegen bis zu 35 kg. – Das Kärtchen zeigt den Export des Olivenöl-Großproduzenten Gaius Antonius Quietus aus Südspanien in die westlichen Provinzen des Römerreiches in der Zeit um 100 n. Chr.

Im Laufe der Jahre haben die mit Eisen beschlagenen Räder der römischen Wagen tiefe Spuren in denjenigen Straßenabschnitten hinterlassen, die direkt auf felsigem Untergrund verlaufen. Das Bild zeigt die Römerstraße am Hauenstein, wo außer den Radspuren deutliche Abarbeitungen am Fels selbst zu sehen sind.

gehört der Große St. Bernhard; als einer der höchstgelegenen Pässe Europas verband er Oberitalien am schnellsten mit Gallien und den Rheinprovinzen. Der Kleine St. Bernhard, der westlich vom großen Paß durch heute französisches Gebiet nach Oberitalien führt, und im Oberwallis der Albrunpaß, vom Binntal ins Val Antigorio nach Domodossola, schufen im Westen unseres Landes weitere Verbindungen von Nord nach Süd.
Nicht weniger bedeutend waren die Bündner Pässe, allen voran der Julierund der Malojapaß und der Septimer, die das westliche Rätien mit seiner Hauptstadt Augusta Vindelicorum (Augsburg) via Curia (Chur) mit Oberitalien und den wichtigen Zentren Comum (Como) und Mediolanum (Mailand) verbanden. Aber auch der Lukmanier, der Bernardino und der Splügen ermöglichten Verbindungen nach Süden. Seit kurzem macht ein römischer Paßort in Riom (Oberhalbstein), an der Straße zum Julierpaß, durch bedeutende Funde von sich reden: Hier gruben die Archäologen mehrere Häuser aus, die durch die ganze Römerzeit bestanden und teilweise mit prächtigen, bunten Wandmalereien geschmückt waren.
Auf dem Julierpaß stand bis vor einiger Zeit eine große Säule, der «Marmelstein», zweifellos der Rest eines Paßheiligtums. Erst in neuerer Zeit wurde die Säule zerschlagen; die Stükke stehen heute als «Juliersäulen» an der modernen Straße.

Auch die Überlandstraßen besaßen, ähnlich wie heutige Straßenkörper, eine Unterlage aus unterschiedlich grobem Schotter. Wenn Wetter und Verkehr eine Straße mit der Zeit gänzlich holprig gemacht hatten, wurde sie mit einem weiteren Schotterbelag erneuert. Diese in Rupperswil im Kanton Aargau geschnittene Römerstraße hat im Laufe der Jahrzehnte und Jahrhunderte zwar drei neue Beläge erhalten, wurde aber dabei immer schmäler.

Die eindrucksvollen Reste einer über 7 m breiten und 84 m langen Holzbrücke wurden 1963 in Vully-le-Haut/Le Rondet im Kanton Freiburg entdeckt. Gegen 300 Eichenpfähle waren nötig, um die sechs Brückenjoche zu bauen. Eine Zeitbestimmung nach den Jahrringen der Hölzer zeigt, daß die Brücke spätestens 34 n. Chr., also in der frühen Römerzeit gebaut und in den Jahren 83 und 129 erneuert worden war. Sie überbrückte die Broye und gehörte zur Straße, die Aventicum und die Westschweiz mit dem Jura und Ostfrankreich verband.

Rekonstruktion eines römischen Reisewagens nach Funden und bildlichen Darstellungen. In einem derartigen, gefederten Wagen konnten etwa vier Personen einigermaßen komfortabel reisen. Holprig wird die Fahrt trotzdem gewesen sein!

In den Zentralalpen wurden der Brünig, der Furkapaß und wahrscheinlich auch bereits der Gotthard begangen, aber keiner dieser Pässe lag an einer Hauptachse.

Bei den Reisen durchs Imperium von England bis Mesopotamien orientierten sich Militär und Kaufleute mit Hilfe von Straßenverzeichnissen mit recht genauen Distanzangaben (Bild Seite 94). Die Distanzen maßen die Römer in Meilen (milia passum, was soviel heißt wie tausend Schritte) zu 1,5 Kilometer; in der Spätzeit gebrauchte man als Streckenmaß auch die gallische Leuge (zu 2,2 km). Den Hauptstraßen entlang wurden Meilensteine aufgestellt, die jeweils die Distanz zwischen zwei Etappenorten angaben. Die Meilensteine waren aber nicht nur praktische Wegweiser für Reisende, sondern verkündeten durch ihre Inschrift gleichzeitig, welcher Kaiser Bau oder Erneuerung der Straße veranlaßt hatte. Andere Meilensteine wurden von den Gemeinden als Ergebenheitsbezeugung für den Kaiser gesetzt, in dessen Auftrag Bauarbeiten durchgeführt worden waren. Viele dieser gut mannshohen Säulen sind nach der Römerzeit als Baumaterial verschleppt, zu Kalk gebrannt oder auf andere Art zerstört worden. Trotzdem können wir sehen, daß in der Westschweiz einst mehr Meilensteine standen als in der Ostschweiz.

Für eine Tagereise rechnete man auf günstigem Gelände etwa 25 Meilen (rund 37 Kilometer); selbstverständlich gab es langsamere Transporte und schnellere Staffetenkuriere. Aber etwa im Abstand einer Tagereise standen an den Reichsstraßen Unterkünfte. In den Städten und vici lagen die Herbergen und Rasthäuser in den Außenquartieren, nahe bei den Stadttoren an den Durchgangsstraßen, wo sich auch große Lagerhallen befanden. Diese Lage war nicht nur praktisch für die Weiterreise, denn tagsüber durften seit den Zeiten Caesars in der Innerstadt keine Wagen fahren. Außerhalb der Siedlungen bestanden die Unterkünfte aus Straßenstationen mit Herberge, Bad und Stallungen. In der Regel befand sich dabei ein Posten der Straßenpolizei, der Benefiziarier. Derartige Straßenposten sind für Augst, Solothurn, Genf, Vevey und Massongex genannt. Daneben gab es aber noch viele andere, die wir nur aus Funden erschließen können, beispielsweise auf dem Großen St. Bernhard und in Petinesca auf dem Jäißberg. Zu vielen Straßenstationen und Rasthäusern gehörte ein Tempel oder ein Tempelbezirk; die Reisenden hatten es nötig, sich dem Schutz der Gottheiten anzuvertrauen.

Die Wasserwege ergänzten das Straßennetz. In unserem Gebiet wurden die Seen und sämtliche irgendwie schiffbaren Flüsse genutzt. Fast alle bedeutenden römischen Siedlungen unseres Landes liegen an Verbindungsstellen von Wasser- und Landstraße, und alle diese Städte und vici verfügten über einen mehr oder weniger großen Hafen.

Die Wasserstraßen dienten wie gesagt in erster Linie dem Warenverkehr. Den Transport besorgten die Schiffer (nautae) und Flößer (ratiarii). Auch bei uns waren sie in Berufsvereinigungen zusammengeschlossen: Die Genferseeschiffer besaßen unter anderem in Lousonna ein Zunfthaus. Die Aareschiffer bezahlten den Innenausbau ihres Versammlungshauses in Aventicum aus eigenen Mitteln und wurden dafür mit einer Inschrift geehrt. Ein Blick auf die Preisverordnung des Kaisers Diokletian um 300 n. Chr. und die vielen Inschriften von Seeleuten und Schiffern im ganzen Reich zeigt, wieviel günstiger der Transport zu Wasser zu stehen kam und welche Bedeutung demnach die Wasserwege hatten.

Schon mehrfach sind auf dem Grund der Westschweizer Seen römische Lastschiffe und Barken gefunden worden, beispielsweise in Yverdon (Bild Seite 101) und Bevaix am Neuenburgersee und in Avenches beim römischen Hafen am Murtensee. Sie gehören alle dem gleichen Typ Lastschiff an, das nur auf Seen und Flüssen verkehrte und in genau gleicher Form auch aus dem Rheinland bekannt ist. Wir dür-

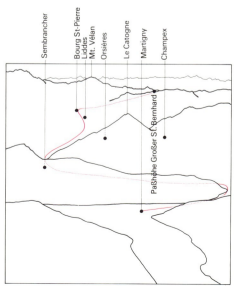

Blick auf Martigny und die
Walliser Alpen. Martigny
(Octodurus; seit der Mitte des
1. Jahrhunderts offiziell Forum
Claudi Vallensium) liegt am
Fuß der zur Römerzeit so wich-
tigen Paßstrasse, die über
Bourg-St-Pierre zum Großen
St. Bernhard und von dort
nach Süden, nach Italien führt.

Auf einer Straße von Augusta Rauracorum ging dieser 20 cm hohe Beschlag eines Pferdejoches verloren: Aus einem Blattkranz scheint ein wilder Eber zu springen; der eingesetzte, geschwungene Zahn ist aber nicht etwa ein Eberhauer, sondern echtes Elfenbein. Derartige Aufsätze waren oben auf den hölzernen Jochbogen befestigt und dienten zum Festbinden der Leinen. Das Bild des Ebers war zugleich seit alters ein unheilabwehrendes Amulett.

Der abgebrochene «Griff» (ansa) einer Votivinschrift vom Großen St. Bernhard zeigt ein gesatteltes Maultier; Maultiere zogen zur Römerzeit als Träger schwerer Lasten jahraus jahrein, von ihren Treibern begleitet, über die nicht ungefährlichen Paßstraßen.

fen uns vorstellen, daß einst Hunderte von größeren und kleineren Lastschiffen auf unseren Seen und Flüssen zirkulierten.

Auch auf dem Rhein herrschte reger Schiffsverkehr. Der vermögende Weinhändler Marcellus aus Augst weihte im 2. Jahrhundert der Göttin Nehalennia an der Rheinmündung einen Altar. Er war per Schiff rheinabwärts gefahren, um seine in Holzfässern gelagerte Ware in Holland und in Britannien zu verkaufen. Als Gegengeschäft hat er vielleicht Zinn aus England oder in großen Ballen ungesponnene Wolle aus Nordgallien rheinaufwärts gebracht.

In Lugdunum (Lyon) befand sich das große Handelszentrum für Waren aus dem Süden. Ein Teil dieser Güter wurde saôneaufwärts und auf dem Doubs bis zur Stadt Epomanduodurum (Mandeure in Ostfrankreich) und von dort auf dem Landweg zum Rhein

transportiert; ein anderer Teil gelangte rhoneaufwärts teilweise auf dem Landweg bis nach Genava und Lousonna, um von dort weiterverteilt zu werden.

Nebst verschiedenen Brücken- und Wegzöllen mußten die Händler und Kaufleute an mehreren grenznahen Umschlagplätzen Galliens einen Warenzoll von zweieinhalb Prozent (quadragesima Galliarum, Abgabe des vierzigsten Teils in den gallischen Provinzen) entrichten. Aus Inschriften kennen wir erst die Zollstationen Genf, Massongex und Zürich (Bild Seite 102). Sicher war auch in Pfyn, an der Grenze zur Provinz Rätien, ein derartiger Zoll zu bezahlen.

Zur Römerzeit gab es keinen Massentourismus; Reisen als Ferienvergnügen kannte man damals noch nicht. Gerne zogen sich zwar vermögende Römer aus den Städten in ihre Sommerhäuser zurück, oder die Damen und Herren

der guten Gesellschaft besuchten, in Sänften getragen oder in einem gefederten Reisewagen, einen Badeort zur Kur. Junge Männer studierten an Hochschulen im Ausland; einige Römer nahmen aus wissenschaftlichem Forscherdrang das Wagnis einer Reise ins Unbekannte auf sich. Davon abgesehen gehörte aber Reisen in erster Linie zum Beruf der Händler und Kaufleute und war Pflicht für Angehörige der Reichsverwaltung. Selbst innerhalb des Reiches bedeutete aber Reisen in der Fremde Gefahr und Bedrohung durch Krankheit, Wetter – und Räuber. Die Bergwelt unserer Alpen entzückte die Reisenden gar nicht; jeder war dankbar, wenn er den Paßort glücklich erreichte und die Straße abwärts bald ans Ziel führte. Dies läßt uns verstehen, weshalb auf den Pässen heilige Bezirke und Tempel standen und weshalb man den Gottheiten Gelübde ablegte.

Numinibus Augustorum Iovi Poenino Sabineiius Censor Ambianus votum solvit libens merito.
Für die Göttlichkeit der Kaiser erfüllte dem Jupiter Poeninus Sabineiius Censor, der Ambiane, sein Gelübde gerne und wie es sich gebührt.
Um 200 n. Chr. hat ein Reisender namens Sabineiius Censor aus der Gegend von Amiens in Nordfrankreich dieses Ex Voto auf dem Großen St. Bernhard dargebracht.

Quinto Decio Alpino IIII viro nautae lacus Lemanni.
Dem Quintus Decius Alpinus, Mitglied der Viermänner, die Genferseeschiffer.

Quintus Decius Alpinus, dem die Schiffer in Genf diese Ehrung aufstellen ließen, ist ein Verwandter des Publius Decius Esunertus, den wir auf Seite 16 kennengelernt haben.

Die Reste des römischen Lastschiffes von Yverdon; es ist in der zweiten Hälfte des 1. Jahrhunderts n. Chr. gesunken. – Dank den gut erhaltenen Planken können wir dem Schiffsbauer bei seiner Arbeit zuschauen: Er nahm eine gewaltige, etwa 20 m lange Eiche und spaltete sie der Länge nach. Dann höhlte er den Stamm aus. Zwischen die auseinandergerückten, oft mit weiteren Längshölzern erhöhten Hälften fügten der Handwerker und seine Gehilfen sorgfältig 7 bis 10 cm dicke, lange Eichenbretter. Mit vielen Querhölzern und über 4500 Eisennägeln vernagelten und verbanden sie anschließend die Stammhälften und die Bodenbretter miteinander. Aus einem weiteren Eichenbrett schnitzten sie ein über 10 m langes Steuerruder, das am Heck befestigt wurde. Diese Schiffe waren gut 3 m breit und über 20 m lang. Sie wogen 3,5 bis 7 oder 8 t und konnten doppelt so schwere Lasten wie das eigene Gewicht transportieren. Damit kein Wasser eindringen konnte, stopften der Schiffsbauer und später der Schiffer die Fugen zwischen den Brettern immer wieder sorgfältig mit Seilen, Moos, Weidenrütchen und Nägeln.
Das Schiff wurde mit Rudern und Stacheln vorwärts manövriert; bei günstigem Wind setzte man Segel aus Leinen oder Leder.

*Dis Manibus Hic situs est
Lucius Aelius Urbicus qui
vixit anno uno mensibus V
diebus V Unio Augusti libertus praepositus stationis Turi-
censis XL Galliarum et Aelia
Secundina parentes dul-
cissimo filio.*
*Den Manen. Hier liegt begra-
ben Lucius Aelius Urbicus,
der 1 Jahr, 5 Monate und
5 Tage gelebt hat. Unio, Freigelassener des Kaisers, Vor-
steher des Zürcher Postens
des gallischen Zolls, und
Aelia Secundina, die Eltern
ihrem vielgeliebten Sohn.*

Unio, der Vater des frühver-
storbenen Lucius, war im
späteren 2. Jahrhundert Chef
der Zollstation in Turicum
(Zürich); an den Provinzgrenzen und an wichtigen Um-
schlagplätzen wurde in
Gallien eine Warensteuer
von zweieinhalb Prozent er-
hoben. Auf dieser Inschrift ist
Zürich zum erstenmal ge-
nannt.

Dieser Silberbecher aus
Avenches ist mit zwei hübschen Szenen aus dem
Leben der Fischer ge-
schmückt, die sich von griechischen Darstellungen inspi-
rieren ließen. Unsere Ansicht
zeigt ein kleines Boot, wie sie
ähnlich auch auf unseren Ge-
wässern zirkulierten. Soeben
legt es an Land an; der hin-
tere, bärtige Mann hat das
Segel eingerollt. Am Ufer
steht eine alte Frau, eine Priesterin. Sie ist bereit, dem
schützenden Gott Priapus
auf dem kleinen Altar ein
Opfer darzubringen. Das Bild
des Gottes erscheint auf
einem Felsen im Hintergrund.
Der knapp 8 cm große Becher
ist um 50 n. Chr. gefertigt worden und sicher aus dem Süden
nach Aventicum gelangt.

Bronzestatuette des Merkur mit Flügelhut und Mantel, aus Augst. In der rechten Hand hält der Gott des Handels den Geldbeutel (marsupium), in der linken hielt er den Heroldstab (caduceus). Zu seinen Füßen liegt der ihm heilige Ziegenbock, der allerdings nach seiner Größe ursprünglich eine andere Merkurstatuette begleitete. Bei der nur 9,5cm großen Figur kommt der provinzialrömische Kunststil in den einfachen Linien gut zum Ausdruck.

Zwei seltene, scheibenförmige Gesichtsperlen aus farbigem Glas. Sie kamen im vicus Vitudurum (Oberwinterthur) zutage und gehören in die frühe Römerzeit. Durchmesser etwa 1 cm.

103

Die römischen Münzen wurden mit eisernen Stempeln geprägt, in deren Prägefläche ein Stempelschneider die Vorder- und Rückseite der betreffenden Münze einschnitt. Mit kräftigem Hammerschlag entstanden aus runden, nach Gewicht genormten Metallscheibchen, die zwischen die Prägestempel gelegt wurden, Münzen aus Gold, Silber, Bronze, Messing und Kupfer. Die Vorderseite der Münze zeigt jeweils das Porträt des Kaisers oder eines Angehörigen der kaiserlichen Familie. Die Rückseite erinnert nicht selten an ein bestimmtes Ereignis, beispielsweise an einen Sieg des Kaisers, an die Geburt eines Thronfolgers, an Jubiläen und Einweihungen, oder sie zeigen eine symbolische Figur. Die Legende kommentiert das Dargestellte in aller Kürze. Die römischen Münzen tragen keine Jahreszahlen, obwohl die Römer eine Jahreszählung seit der Gründung Roms im Jahre 753 v. Chr. kannten. Trotzdem können die meisten Geldstücke auf wenige Jahre oder aufs Jahr genau datiert werden, denn nebst Namen und Titel des Kaisers sind auch Ämter wie das Konsulat aufgeführt, das nach den genau geführten Listen der Konsuln zeitlich bestimmt werden kann.

Das Geld — Preise und Löhne

Zur Römerzeit war es möglich, von England bis Mesopotamien und von Holland bis Nordafrika, im ganzen Imperium Romanum mit einer einzigen Währung zu kaufen. Keine lästigen Geldwechslereien, keine Umrechnungen waren nötig. Das Recht der Münzprägung war Sache des Staates und des Kaisers. In den verschiedenen Hauptstädten des Reiches gab es staatliche Münzstätten, die das nötige Geld herstellten. Kaiser Augustus hatte das römische Geldsystem der neuen Zeit des Imperiums angepaßt und den Wert der Münzen neu abgestuft. Sein System behielt für dreihundert Jahre Gültigkeit, auch wenn natürlich im Laufe der Zeit Anpassungen wegen des sich verändernden Metallwertes oder wegen der Verringerung der Kaufkraft nötig waren.

Das Geld diente nicht nur als Zahlungsmittel, mit dem vom teuren Luxusartikel bis zum einfachen Brotlaib alles gekauft werden konnte, sondern zugleich als erstklassige Propaganda für den Kaiser und seine Politik. Deshalb galt auch einer der ersten Aufträge des neuen Kaisers jeweils dem Prägen neuer Münzen. Im 2. Jahrhundert hatten die Leute trotzdem noch zahlreiche Geldstücke des 1. Jahrhunderts im Portemonnaie. Im 3. Jahrhundert, der Zeit der beginnenden Krisen und Geldentwertung, verschlechterte sich das Geld immer mehr. Allein in den fünfzig Jahren nach 215 sank der Silbergehalt der Denare von fünfzig Prozent auf vier Prozent! Die Kaiser Diokletian und Konstantin erneuerten in spätrömischer Zeit im Rahmen der Reichsreformen auch das arg zerrüttete Münzsystem. Danach behielten die Silber- und Kupfermünzen noch mehrere Generationen lang ihre Funktion; das Goldstück, der Solidus, hat bis ins Mittelalter weitergelebt.

Wieviel konnte man zur Römerzeit mit einem Denar, Sesterz oder As kaufen? Wie hoch waren die Löhne? Leider gibt es dazu vergleichsweise wenig Angaben und erst noch aus ganz verschiedenen Zeiten und aus verschiedenen Teilen des Reiches. Die Zahlen sind deshalb nicht ohne weiteres vergleichbar.

Der Taglohn für einen Hilfsarbeiter oder Taglöhner betrug 2 bis 3 Sesterze (der Sesterz war vom 1. bis ins 3. Jahrhundert n. Chr. die wichtigste Recheneinheit). Ein gelernter Arbeiter erhielt bis zu 4 Sesterze pro Tag. Zur Zeit des Kaisers Augustus verdienten die Legionäre 2½ Sesterze (10 Asse) Sold pro Tag, zweihundert Jahre später infolge der Geldentwertung und Teuerung 4 Sesterze (16 Asse = 1 Denar) pro Tag.

Acht Kilogramm Getreide, aus dem man fast doppelt soviel Brot backen konnte, kosteten zur Zeit des Kaisers Nero normalerweise 3, in schlechten Jahren, wenn Mißernten alles verteuerten, bis zu 8 Sesterze. In Tagesabrechnungen, die ein Römer an einer Hauswand in Pompeji während acht Tagen fein säuberlich notiert hat, sind die Ausgaben für einen einfachen Haushalt mit mehreren Personen enthalten: Für Lebensmittel – Brot, Gemüse, Öl, Wein, Käse, etwas Fleisch – und zweimal allerdings auch Ersatz für zerbrochenes oder unbrauchbar gewordenes Küchengeschirr hat der unbekannte Einwohner Pompejis pro Tag im Durchschnitt etwa 4 Sesterze verbraucht. Obwohl diese Abrechnung weit südlich unseres Landes aufgeschrieben wurde, dürfen wir Ausgaben in ähnlicher Höhe für eine einfachere Familie auch in unseren Römerstädten annehmen. In der Provinz Noricum (im heutigen Österreich) hat eine Frau namens Verecunda den Kaufpreis für eine Bilderschüssel aus Terra sigillata voll Besitzerstolz vermerkt: Sie hatte die Schüssel bei einem Händler erstanden, der gallisches Tafelgeschirr feilbot, und 20 Asse (5 Sesterze) dafür bezahlt, mehr als ein Arbeiter pro Tag verdiente.

Ein höherer Offizier der Armee erhielt bereits 30 000 Sesterze im Jahr und hohe Beamte und Offiziere im Ritterstand sogar 100 000 und mehr Sesterze. Angehörige der senatorischen Familien mußten über ein Mindestvermögen von einer Million Sesterze verfügen. Ein Teil dieses Reichtums bestand aus Grund und Boden. Wiederum zeigt sich, wie stark sich damals die sozialen Unterschiede abzeichneten.

Aus unserem Gebiet besitzen wir noch einige weitere Preisangaben aus der Römerzeit, zwar nicht zu den Kosten des täglichen Lebens, sondern für außerordentliche Aufwendungen: Im Wallis hat eine vornehme Familie 12 000 Sesterze für ein Grabmal bezahlt, und Alpinia Alpinula und ihre Tochter Peregrina stifteten an die Ausstattung eines Tempels, den ihr Mann Lucius Annusius Magianus aus eigenen Mitteln erbauen ließ, 100 Denare (400 Sesterze) (Bild Seite 137). Lucius Silanius Candidus hat dem Mercurius Augustus bei Yverdon ein Denkmal gestiftet und dafür in seinem Testament 4000 Sesterze reserviert; weil das Geld schließlich doch nicht ganz ausreichte, haben seine Erben noch 1400 Sesterze aus ihrem Vermögen dazugetan. Titus Tertius Severus schließlich ließ der Stadtgöttin von Aventicum, der Dea Aventia, eine Statue aufstellen; auf dem protzigen Sockel ließ er verewigen, daß die Figur ihn 5200 Sesterze gekostet habe.

1 Aureus (7,8 g) = 25 Denare
(Gold)

1 Denar (3,8 g) = 4 Sesterze
(Silber)

1 Sesterz (25 g) = 2 Dupondien
(Bronze)

1 Dupondius (12 g) = 2 Asse

1 As (11 g) = 4 Quadranten

1 Quadrans (3 g)

Der Alltag

Keltische und römische Namen

Mit der römischen Herrschaft mußten die einheimischen Kelten die lateinische Sprache übernehmen, und entsprechend erhielten die keltischen Namen eine lateinische Form.

Die zugezogenen römischen Bürger und die Kelten mit dem römischen Bürgerrecht führten einen Vornamen, den Geschlechtsnamen und einen Beinamen, das cognomen, als unerläßlichen Zusatz. Denn schon zur Zeit des Kaisers Augustus war bei den Männern nur noch ein knappes Dutzend Vornamen gebräuchlich, die im schriftlichen Verkehr erst noch abgekürzt wurden. Der Beiname kennzeichnet oft seinen Träger näher, etwa Primus: der Erstgeborene; Hibernus: der im Winter Geborene; Brocchus: der mit den vorstehenden Zähnen.

PVBLIVS DECIVS ESVNERTVS
(Vorname) (Familienname) (Beiname)

Die römischen Frauennamen waren vielfältiger und wurden auch nicht abgekürzt geschrieben. Die Tochter führte den Geschlechtsnamen des Vaters, die verheiratete Frau meist den ihres Mannes.

Zuweilen gaben die Eltern ihren Kindern Vornamen oder Beinamen, die sich auf die Zeit, auf den Ort oder auf die Landschaft der Geburt bezogen: Rhenicus und sein Sohn Rhenicius lebten in Augst am Rhein, Acaunensia war die kleine Tochter des Zolleinnehmers von Acaunum (St-Maurice im Wallis), Vindelicus hieß der Sohn des helvetischen Reitersoldaten Cattaus, der zuletzt im Gebiet der Vindeliker in der Provinz Rätien Dienst tat und nach seiner Entlassung aus der Armee dort blieb (Bild Seite 37). Die Namen auf den Inschriften geben einen gewissen Eindruck, wie die einheimischen Gallorömer hießen; neben vielen römischen Namen, die in erster Linie die Kelten mit dem römischen Bürgerrecht trugen, stehen zahlreiche keltische. In der Westschweiz und im Helvetiergebiet finden sich Frauennamen wie *Atismaria, Belatulla, Litullina, Matugenia, Secca* und Männernamen wie *Ambitoutus, Belatullus, Catuso, Craxsius, Esunertus,* Sohn des *Trouceteius Vepus, Marcunus, Samno, Tocca; Togirix* war der Sohn des *Metia.* Im Gebiet der Rauriker hießen Frauen beispielsweise *Araurica, Joincatia*

Nundina, Maria. Adianto, Sohn des *Toutio* war der Ehemann der *Marulina,* Schwiegersohn des *Marulus* und Vater der Söhne *Adledus* und *Adnamtus.* Der Bruder des *Carassounius Panturo* hieß *Attonius Apronianus* und *Giltius Cossus* war der Sohn des *Celtillus. Memusus* hieß der Bruder der *Prittusa,* und *Sanucus* war der Vater zweier Söhne, nämlich des *Sanucius Messor* und des *Sanucius Maelo. Visurix,* die Witwe des *Omullus,* beklagte den Tod ihres Sohnes *Tetto,* der auf dem Berg Vocrullus erschlagen wurde.

Die Sklaven hatten ihre eigenen Namen, mußten aber den ihres Meisters nennen. Wurden sie freigelassen, durften sie den Geschlechtsnamen ihres früheren Herrn – oft leicht verändert – weiterführen.

Mit der Zeit und je stärker die Kelten die römische Kultur aufnahmen, wurde es Mode, sich zum keltischen Namen mit weiteren nach römischer Art zu schmücken.

Ganz selten sind geschriebene Liebeserklärungen auf uns gekommen: Auf einer nur 3 cm langen Gewandfibel aus Augst steht in fein gepunkteten Buchstaben «AMO TE SVCVRE», was soviel heißt wie «ich liebe dich, Hilfe!»

Die Familie

Von der Familie und den wichtigsten Stationen im menschlichen Leben – Geburt, Hochzeit, Tod – wissen wir dank der Fürsorge für die Verstorbenen vom Tod am meisten. Von den Feiern bei der Geburt, bei der Namengebung, bei der Mündigkeit und bei der Hochzeit fehlen eben Spuren im Boden. Vielleicht trug die Braut wie in Italien einen purpurroten Brautschleier – aber im Boden blieb keiner erhalten. Vieles von dem, was die Schriftsteller aus Rom berichten, wird zwar auch für unser Gebiet gegolten haben, aber der Boden gibt nur kleine Details preis.

Über die gallorömische Familie ist am meisten aus den Grabinschriften und Grabdenkmälern zu erfahren, die in den gallischen Provinzen und im Rheinland in recht großer Zahl zutage gekommen sind. Flavia Pusinna, die Frau des Otacilius Thesaeus aus Aventicum, war mit achtzehn Jahren bereits verheiratet, und Cinnenius Secundus aus Olten hatte mit einundzwanzig Jahren oder früher einen Sohn. Daß Gesellschaftsschranken nicht immer eine Rolle spielten, beweist Titus Nigrius Saturninus aus Aventicum, der sich mit seiner ehemaligen Sklavin Gannica verheiratete.

Das Oberhaupt der Familie war der Mann, der pater familias, wie die Römer sagten. Ihm zur Seite stand seine Frau, die mit ihm die Verantwortung über die Kinder und die im Haushalt mitlebenden Verwandten trug. Zur familia gehörten auch die Sklaven, die Diener und Mägde, die in vielen Haushaltungen ihre Dienste verrichteten. Nach den römischen Gesetzen waren die Sklaven gänzlich in der Gewalt ihrer Herrn, und viele mußten hart arbeiten. Die Sklaven erhielten aber einen kleinen Lohn. Waren sie besonders tüchtig oder beliebt, so stand es in der Macht ihrer Herrin oder ihres Herrn, diese Sklaven freizulassen. Viele Freigelassene (liberti) blieben nach wie vor im Dienst des früheren Herrn, andere tätigten Geschäfte für ihn. Nicht selten gelangten ehemalige Sklaven als Kaufleute und Händler zu beträchtlichem Reichtum. Damit stand ihnen, wie wir Seite 53 gesehen haben, das Ehrenamt im kaiserlichen Sechsmännerkollegium offen.

Kindheit und Kinderspiele

Auch über Kindheit und Kinderspiele berichten schriftliche Quellen und bildliche Darstellungen, während die Funde nur noch kleine Ausschnitte aus der damaligen Kinderwelt vermitteln.

Die Säuglinge wurden bis zum Hals in Tücher gehüllt und mit Bändern gewickelt – sicher mit roten, denn Rot ist die Farbe des Lebens. Genau gleich wickelten die Mütter übrigens noch bis vor wenigen Generationen auch bei uns ihre kleinen Kinder. Wenn das Kind gehen konnte, erhielt es Kleider nach dem Abbild der Erwachsenentracht. Im ganzen Römerreich trugen die Kinder verschiedenartige Amulette, die sie vor Krankheit und dem damals so gefürchteten Bösen Blick zu schützen hatten. Die Knaben erhielten deshalb eine kleine Amulettkapsel (bulla) aus Metall oder Leder um den Hals gebunden. Kleine Glöckchen, Phallus- und Mondanhängerchen behüteten die Mädchen vor gefährlichen Einflüssen und brachten Glück.

Wie heute liebten die Kinder Spielzeug und Spiel: Ganz Kleine ließen Rasseln mit eingeschlossenen Steinchen ertönen, Größere spielten mit Wägelchen, Soldaten und mit Tierchen aus Holz, Ton, Teig und anderem Material. Sie ließen Kreisel tanzen, Reifen springen oder ritten auf dem Steckenpferd. Ganz beliebt waren Geschicklichkeitsspiele mit Bällen, mit Nüssen und Bohnen oder auch Schaukeln und verschiedene Hüpfspiele, Verstecken und Blindekuh. Von all diesen und noch vielen anderen Spielen und Spielzeugen blieb im Boden nichts oder nur wenig übrig, aber sie gehörten zur täglichen Welt des Kindes. Bis zum Tag der Mündigkeit, an dem die jungen Mädchen ihre Puppen und die Knaben ihre Wägelchen den Göttern weihten. «Die Nüsse zurücklassen» hieß bei den Römern soviel wie «erwachsen werden», das heißt, die Nüsse, die es zum Spielen braucht, ablegen. Einige dieser Spiele sehen wir auf dem Bild Seite 110.

Lesen und Schreiben, Ausbildung und Karriere

Neben Sport und Spiel gehörte, natürlich mit ganz unterschiedlichen Ansprüchen, die Bildung zur Erziehung der Kinder. Etliche Bewohner unseres Landes haben zur Römerzeit lesen und schreiben können. Dies zeigen Wandkritzeleien, Besitzvermerke und Trinksprüche an Geschirr sowie die Schreibgeräte selbst, die in den Siedlungen immer wieder zutage kommen. Grundbegriffe des Rechnens waren für jeden, der kaufen oder verkaufen wollte, notwendig.

Staatliche Primarschulen gab es zur Römerzeit keine. In den vermögenden Familien erteilten eigens angestellte Hauslehrer – oft gebildete Sklaven – den Unterricht. Wer sich keinen Hauslehrer leisten konnte, lernte schreiben, lesen und etwas rechnen bei einem der Lehrer in der Stadt. Diese gaben auf eigene, bescheidene Rechnung Schule, werden nebenbei aber auch Schreibarbeiten wie Kaufverträge, Briefe und Testamente auf Bestellung ausgeführt haben. Die sorgfältig ausgewählten Hauslehrer unterrichteten ihre Zöglinge – Mädchen und Knaben – in verschiedenen Fächern. Auch Literatur und klassische Musik durften nicht zu kurz kommen. Eine Wandkritzelei in einer Villa bei Lausanne zeigt, daß auch bei uns Griechisch, die zweite wichtige Sprache, insbesondere die Sprache der Gebildeten in der Antike, gelehrt wurde.

Ausgewählte griechische und römische Sagen gehörten zum Lese- und vor allem auch zum Erzählstoff. In Aventicum prangte ein Relief mit der Wölfin, die die Zwillinge Romulus und Remus aufzieht, an einem öffentlichen Gebäude oder Ehrenbogen. Sicher wußte jedermann, daß die Geschichte von der Kindheit des sagenhaften Stadtgründers von Rom dargestellt war.

Nach der Grundschule hatten die Söhne der besseren Familien die Möglichkeit, sich in der Kunst des Redens, der Rhetorik, und im Recht ausbilden zu lassen und anschließend an eigentlichen Universitäten im Ausland, vielleicht sogar in Griechenland zu studieren. Im Wallis bestand eine Hochschule, an der wahrscheinlich Rhetorik und Recht gelehrt wurden. Lucius Exomnius Macrinus Rusticus starb dort, sechzehnjährig, während seiner

Schreibtäfelchen aus Holz mit dem etwa 15 cm langen Schreibstift (stilus). Die leicht vertieften Flächen des Täfelchens wurden mit einer Wachsschicht ausgestrichen. In diese schrieb man mit dem spitzen Ende des stilus; mit dem flachen Ende konnte «radiert» werden. War der Brief geschrieben, so wurde das Täfelchen zusammengeklappt, mit einer Schnur umwickelt und mit dem Siegelring versiegelt. Eine kleine Bronzekapsel (unten rechts) schützte das Siegel. Die Schreibutensilien stammen aus Vindonissa.

Tintenfaß, Feder und Pinsel waren neben Wachstäfelchen und stilus die Schreibgeräte der Römerzeit.

Griechisches Graffito auf der Wand einer Villa in der Nähe von Lousonna (Lausanne-Vidy). Der eilige Schreiber – vielleicht ein Schüler von damals? – hatte eines der beliebten Wortspiele an die Wand gekritzelt. Es ist ein Vers, der von hinten und von vorne gleich gelesen werden kann. (Verkleinert.)

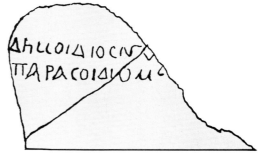

(Auf deutsch: «Sieh' da neben dir die Falle des Zeus, Diomedes.»)

Graffito auf einer bemalten Wand der Villa im Salet bei Wagen im Kanton St. Gallen. Der Schreiber versuchte sich selbst im Dichten. Leider ist das Gedicht unvollständig; so werden wir nie erfahren, was Masclus seinem Sohn übergeben oder erlaubt hat *(Masclus permisit nato tran . . .).*

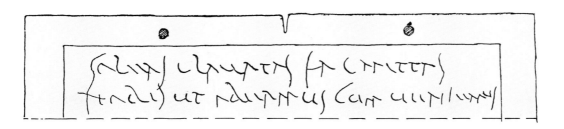

Auf diesem (zerbrochenen) Schreibtäfelchen aus Vindonissa ist ein Teil des letzten Briefes bis ins Holz eingekratzt zu lesen: *Soleas clavatas fac mittas nobis ut abeamus cum veniemus . . .* (Schick uns schleunigst die Nagelschuhe, damit wir aufbrechen können. Sobald wir kommen . . .).

A	B	C	D	E	F	G	H	I	K	L	M	N	O	P	Q	R	S	T	V	X	I			

Die obere Reihe zeigt ein Alphabet in der Schönschrift, die untere ein Alphabet in der Kursivschrift, in der auch der oben gezeigte Brief aus Vindonissa geschrieben ist.

Eine Schulstunde etwa aus dem Jahr 200 n. Chr.: In der Mitte thront, leicht erhöht, der bärtige Lehrer. Zwei Schüler sitzen artig in hohen Stühlen und lesen aus einer Buchrolle vor. Der Schüler rechts trägt in der linken Hand die hölzernen Schreibtäfelchen; offensichtlich entschuldigt er sich mit einer beredten Handbewegung für sein Zuspätkommen, aber der Lehrer schaut ihn gleichwohl mit strafendem Blick an. Von einem Grabrelief aus Neumagen im Trierer Land.

Nächste Doppelseite:

Im frühsommerlichen Maimorgen erwacht die Stadt Augusta Rauracorum, die Kolonie- und Handelsstadt am Hochrhein. Auf der Straße vor dem Haus, in dem sich unsere Geschichte abspielt, hört man das Knarren und Klopfen, wenn die hölzernen Läden vor den Eingängen der Verkaufslokale und Handwerksbetriebe aufgemacht werden, und einen Bäckerjungen, der mit dünner Stimme seine Brote anbietet. Dazwischen ertönen Pickelschläge der städtischen Bauarbeiter, die eine defekte Wasserleitung freigraben. Das stattliche Haus, dem wir uns nun zuwenden, gehört dem jungen Quintus Sanucius Melo. Zur Zeit bekleidet er das Amt eines Aedils; ihm ist unter anderem die Organisation der verschiedenen Theaterspiele in der Koloniestadt anvertraut. In einigen Jahren möchte der aus einer alten Augster Bürgerfamilie gebürtige Sanucier einer der beiden Bürgermeister der Stadt werden.

«Juhui, heute haben wir Geburtstag!» Mit diesem Freudenjauchzer stürmen an diesem 25. Mai des Jahres 210 die Zwillinge Araurica und Marcus in das Büro ihres Vaters, der zunächst etwas erstaunt, ja sogar ungehalten über die unerwartete Störung das Diktat des Briefes an die Gladiatorenschule von Argentorate (Straßburg) unterbricht. Doch rasch hellt sich seine Miene auf: «Ihr habt mich ja wie eine Horde Germanen überfallen, ihr Geburtstagskinder! - Jetzt seit ihr schon sechs Jahre alt.» Aufs herzlichste beglückwünscht Quintus seine Kinder. «Komm mit, Papa!» bestürmen ihn die Zwillinge, «bald ist Zeit für das Segensgebet zum Geburtstag.»

Der Vater gibt dem Schreibsklaven noch einige Anweisungen und begleitet dann seine Kinder in die behaglichen Wohnräume zurück. Dort weist die Mutter eben die Dienerinnen an, wie die Gastzimmer für ihren Schwager und seine drei Kinder zurechtgemacht werden müssen. Der Bruder des Quintus lebt im Jura auf dem Landgut seines Schwiegervaters. Geschäfte in der Koloniestadt und der Geburtstag der Zwillinge boten die willkommene Gelegenheit für einen Besuch in seiner Vaterstadt Augusta.

Die ungeduldigen Zwillinge bestürmen ihre Eltern, sich für die Feier bereitzumachen. Endlich sind alle Bewohner, vom Hausherrn bis zum Küchensklaven, vor dem Hausaltar versammelt. Kleine darin aufgestellte Bronzefigürchen verkörpern die besonders verehrten Schutzgötter des Hauses: Dort steht neben den Laren das Bild des Handelsgottes Merkur, auch Minerva, die Göttin der Kunstfertigkeit, fehlt nicht. Fortuna, die Göttin des Glücks, ist seit der Geburt der Zwillinge dabei, denn Zwillinge sind ein ganz besonderes Geschenk des Glücks. Feierlich spricht der Vater die Segensgebete und -wünsche. Zu diesem Anlaß hat er sogar die Toga angezogen, den Bürgermantel, den er als römischer Bürger tragen darf. Die Kinder sind mit ihren neuen weißen Tuniken mit den roten Streifchen bekleidet. Sie nehmen an der Hand ihrer Mutter andächtig am kurzen Gottesdienst teil. «Ein langes, glückliches Leben», wünschen danach alle Versammelten den Kindern, und jedermann wartet mit einem kleinen Geschenk auf: ein Körbchen frische Kirschen, ein mit Pinien-

kernen bestreuter Honigkuchen, ein geschnitztes Tierlein. Araurica zeigt freudig das neue Kettchen mit dem kleinen silbernen Mondanhänger. Mit dem schwarzglänzenden Puppengeschirr wird sie am Nachmittag mit ihrer Freundin den Puppen eine Einladung geben.

Dort kommt Fortis, der treue Haussklave; er ist als geschickter Handwerker geschätzt und gerühmt. Jetzt winkt er den Kindern mit geheimnisvoller Miene. «Kommt, ich habe etwas für euch, aber seid leise, sonst erschrickt es und läuft davon.» «Ist es lebendig? Ein Hund, ein Vogel? Ist es klein, groß - oder etwa gefährlich?» Fast wird ihnen etwas ängstlich zumute, aber Fortis legt schweigend den Zeigefinger an die fast ganz unter seinem dichten grauen Bart versteckten Lippen und führt die Kinder zu den Säulenlauben im Garten. Da steht im Halbschatten eines kleinen Pfirsichbäumchens ein hölzernes Pferd! Es ist auf Räder montiert und fast zwei Fuß hoch. Die Zwillinge knien nieder und betrachten das prächtige Geschenk voll Freude. Liebevoll streichelt Marcus den kunstvoll geschnitzten Kopf, den Rücken des Pferdes. Wie schön es ist! Das Fell ist dunkelbraun bemalt, die Hufe sind hellbraun und die Zähne blinken weiß. Eingesetzte Glasknöpfe bilden die Augen, Mähne und Schweif sind aus echtem Roßhaar. Araurica entdeckt am Bauch ein kleines Türchen - der Bauch tönt hohl, wenn man leicht dagegenklopft. «Das ist ja das Trojanische Pferd», rufen die Kinder wie aus einem Mund. Hat nicht die Mutter schon mehrmals erzählt, wie sich Griechenkrieger in der spannenden Geschichte um die Eroberung von Troja schließlich in einem hölzernen Pferd versteckten, um die vergeblich umkämpfte Stadt endlich zu erobern? Vorsichtig öffnet Araurica das Türchen. Tatsächlich, da stehen kleine, bunt bemalte Soldaten mit Schild und Lanze und scheinen darauf zu warten, endlich aus dem dunklen Bauch des Pferdes ans Tageslicht geholt zu werden. Über ein kleines Leiterchen können die Griechen «trojanischen Boden» betreten.

«Danke, danke tausendmal, lieber Fortis», und schon sind die Zwillinge eifrig im Spiel vertieft. Neugierig holen sie Griechen um Griechen aus dem Pferdebauch - zehn, elf, zwölf, ein volles Dutzend! Am Nachmittag werden sie ihr Pferd vorführen, aber bis dahin wird es angebunden, damit es nicht etwa wegläuft, und die armen Krieger werden wieder im dunklen Pferdebauch eingeschlossen.

Bald ist Mittagszeit; der Besuch aus dem Jura wird jeden Moment erwartet. Da es so schön warm ist, öffnen die Diener das große Tor zum Sommerspeisesaal, dessen Boden ein buntes Mosaik mit der Darstellung eines Fischteiches und spannenden Gladiatorenkämpfen ziert. Jetzt sieht man vom Eßplatz aus den schönen, gepflegten und von Säulenlauben umgebenen Garten. Im Hauseingang der schnelle Zweiradwagen des Hausherrn, und die Bronzebüste einer Schutzgöttin an der Wand soll jedem, der ein und aus geht, Glück und Segen bringen.

Soeben ist der Besuch aus dem Jura mit lautem Hallo eingetroffen. Der kleine Cousin Titus ist vor lauter Eifer vom Wagen

gepurzelt; jetzt weint er, weil er ein wundgeschürftes Knie und einen Dreiangel in der neuen Tunika hat. Wie aber die Tante ihn liebevoll tröstet und ihm den Dreiangel flickt, vergißt er seinen Kummer schnell. Nach einer kurzen Erfrischung versammelt sich die ganze Familie im Speisesaal. - Es muß ein fröhliches Geburtstagsessen gewesen sein. Der mit Sesamkörnchen bestreute Geburtstagskuchen hat sicher fantastisch geschmeckt.

Am Nachmittag füllt sich der Garten allmählich mit Kindern. Der Aedil und sein Bruder lagern bequem auf dem Speisesofa, trinken ein Glas Wein und plaudern mit Mária, die im hohen Korbstuhl Platz genommen hat. Getränke und Sesamküchlein stehen auf dem Gartentisch bereit, und Fortis achtet auf die jüngsten Gäste. Natürlich führt Marcus das Trojanische Pferd vor und läßt seinen begeisterten gleichnamigen Cousin Griechenkrieger um Griechenkrieger aus dem Pferdebauch nehmen. Der kleine Quintus aus dem Nachbarhaus steht staunend daneben; er hat völlig vergessen, daß er eigentlich in seinem Wägelchen Nachschub für die Nüssewerfer bringen sollte. Araurica lädt mit ihrer Freundin Matugenia die Puppen zum Gastmahl mit dem neuen Geschirr ein. Die fein geschreinerten Möbel - Stühlchen, Bank und Tischchen - sind ebenfalls ein Geschenk des Fortis. «Sei so lieb», sagt die Puppe zu ihrer Kollegin, «gib mir noch etwas von der delikaten Eiercreme mit Pfeffer und Honig.»

Dort treibt Celtillus, der Bäckerssohn, mit der Peitsche einen Kreisel; kunstvoll läßt er ihn von Zeit zu Zeit hüpfen. Und Lucius, der jüngste Sohn des Bürgermeisters, läßt einen mit goldglänzenden Bronzeschellen besetzten Reifen rollen. Draußen im Garten spielen einige Kinder Blindekuh und locken den Kameraden mit lauten Rufen ins Ungewisse, und die Huckepackkämpfer, die einander wie in einem Turnier abzuwerfen versuchen, feuern sich mit lautem Rufen an. Titus, der bald einmal die Kinderkleider und die bulla, die Amulettkapsel, ablegen wird, spielt mit zwei Jojo aufs mal. Er ist aber bei seinem Spiel nicht sehr aufmerksam, denn viel mehr interessiert ihn, was die Erwachsenen berichten. Gerne würde er sich an den Rätseln beteiligen, die sie sich gerade stellen. Das Nesthäkchen der Familie, die erst zweieinhalbjährige Mária Pusinna, lehnt eng an die Mutter und schüttelt die neue Rassel, die der Vater vom Töpfer mitgebracht hat. Erst am späten Nachmittag, nachdem der letzte Sonnenstrahl aus dem Garten entschwunden ist, verabschieden sich die jungen Gäste.

Wollt ihr auf echt römische Art das damals so beliebte Nüssewerfen spielen? Auf dem Boden markiert ihr ein großes Dreieck und teilt es mit waagrechten Strichen in neun Felder (I-IX) ein. Jeder Spieler hat fünf Nüsse und wirft bei jeder Runde eine Nuß. Es zählen die Punkte des Feldes, in dem die Nuß liegenbleibt. Wer nach den fünf Runden am meisten Punkte hat, ist Sieger. Natürlich ist es am schwierigsten, ins Feld IX zu treffen.

Detail der Achillesplatte aus dem spätrömischen Silberschatz von Kaiseraugst (siehe Bild Seite 147), auf der die Jugend des griechischen Helden dargestellt ist. Der Ausschnitt zeigt den Knaben Achilles, wie er als Abc-Schütze in der strengen Schule des weisen Kentauren Chiron lesen lernt. Auf den Wachstafeln, die er vor sich hält, sind in griechischer Schrift die ersten Buchstaben des Alphabets eingeritzt.

Bronzescheibe mit (teilweise abgelösten) Silberauflagen aus Lousonna (Lausanne-Vidy), auf der die griechische Sage von Daedalus und Ikarus dargestellt ist: Dem Erfinder Daedalus gelang dank künstlichen Flügeln mit seinem Sohn Ikarus die Flucht aus Kreta. Aber Ikarus stürzte tödlich ins Meer ab, weil er entgegen den Warnungen seines Vaters zu nahe an die Sonne geflogen war, so daß das Wachs, mit dem die Federn der Flügel zusammenhielten, schmolz. Wir erkennen Daedalus, über ihm die Büste des Sonnengottes und unter ihm den unglücklichen Ikarus, der am Wassergott Neptun vorbei ins Meer stürzt. Das knapp 12 cm große Medaillon war ursprünglich Bestandteil eines Gefäßes und ist aus dem Süden nach Lousonna gelangt.
Daedalus und Ikarus treffen wir in Lousonna auf einer Weihinschrift nochmals an: Banira, Doninda, Daedalus und Tato, die Kinder des Icarus, und Cappo, der freigelassene Sklave des Icarus, haben den Schutzgöttinnen, den Sulevien, einen Weihestein gesetzt. In dieser Familie muß demnach die Sage ebenfalls bekannt gewesen sein, nur hieß der Vater Icarus und der Sohn Daedalus.

Das 59 cm hohe Kalksteinrelief mit der Wölfin und den Zwillingen Romulus und Remus aus Aventicum hat wohl einst ein öffentliches Gebäude oder einen Ehrenbogen geschmückt.

Studienzeit. Mit Lucius Aurelius Repertus lernen wir einen Redner und Rechtsanwalt kennen, der trotz seiner erst neunzehn Jahre schon zweimal die Interessen von Equestris (Nyon) und Octodurus (Martigny) gegen den kaiserlichen Steuerverwalter vertreten hatte.

Nach den Studien konnten die jungen Männer mit dem römischen Bürgerrecht in der Stadt- und Kolonieverwaltung die Ämterlaufbahn beginnen und schließlich bis zum Bürgermeister aufsteigen, wie etwa Quintus Cluvius Macer aus Aventicum, der «alle Ämter bei seinen Landsleuten bekleidet hat», wie es auf dem Sockel einer ihm zu Ehren errichteten Statue heißt (Bild Seite 45). Oder sie machten wie Gaius Julius Camillus aus der in den römischen Ritterstand erhobenen keltischen Familie der Camilli von Aventicum im Militär Karriere. Dieser Camillus kämpfte als General unter Kaiser Claudius bei der Eroberung von England mit. Nachdem er mit Auszeichnungen dekoriert zurückgekehrt war, erfüllte er mehrere Ehrenämter in seiner Vaterstadt.

Die Ausbildungswege der Mädchen und Knaben trennten sich schon bald, denn dem weiblichen Geschlecht waren die Hochschulen und die öffentlichen Ämter verschlossen. Das hinderte interessierte Frauen keineswegs, sich weiterzubilden, jedoch im privaten Kreis und Bereich. Als Priesterin im Kaiserkult konnten die Damen aus guter Familie zu einem hohen Ehrenamt aufsteigen, so beispielsweise Julia Festilla, die Tochter des oben genannten Gaius Julius Camillus. Die Einwohner des vicus von Eburodunum (Yverdon) setzten ihr ein Denkmal, «der vortrefflichen Nachbarin wegen ihrer hervorragenden Verdienste».

Wenn wir mit der heutigen Zeit vergleichen, sehen wir, daß die Jugendlichen Schule und Ausbildung früher als heute abgeschlossen hatten. Sehr viele mußten bereits als Kinder im Laden, in der Herberge oder in der Werkstatt des Vaters oder Meisters, aber auch auf dem Bauernhof und zu Hause wacker mithelfen. Die Studenten schlossen ihre Studien mit siebzehn oder achtzehn Jahren ab und traten spätestens mit zwanzig in die öffentlichen Ämter oder ins Militär ein. In Rom waren die Konsuln, die das höchste städtische Amt bekleideten, etwa dreißig Jahre alt!

Die Leute wurden aber auch weniger alt als heute. Kleine Kinder starben häufiger, denn noch gab es keine Impfungen und kaum die Möglichkeit einer Operation. In Lucius Camillius Faustus aus Aventicum lernen wir den ältesten bekannten Helvetier kennen: Mit siebzig Jahren ließ er seinen Grabstein vorbereiten, starb aber erst hochbetagt im Alter von zweiundneunzig Jahren.

Tod und Jenseitsglaube

Dank der Fürsorge für das Dasein der Verstorbenen im Jenseits, die sich in den Grabdenkmälern, den Grabanlagen und Totenbeigaben spiegelt, wissen wir über das Totenbrauchtum recht viel. Nach den römischen Vorstellungen reiste die Seele nach dem Tod als Schatten in die Unterwelt, wo sich die Seelen der zahllosen früher Verstorbenen aufhielten. Durch immer wiederkehrende Totenfeiern und Opfer am Grab galt es, die verstorbenen Angehörigen vor dem Vergessen zu bewahren. Deshalb bestimmten viele im Testament, wie ihr Grabstein auszusehen hatte, oder sie ließen Grabstein oder Grabanlage für sich und die ganze Familie schon zu Lebzeiten herrichten. Wer Gräber beschädigte, wurde verflucht und bestraft. Spezielle Bestattungsvereine, aber auch die Berufsvereinigungen achteten darauf, daß ihre Mitglieder in Ehren bestattet und Gedenkfeiern abgehalten wurden.

Das einheimische keltische Totenbrauchtum verschmolz mit diesen römischen Vorstellungen. Der Brauch beispielsweise, den Verstorbenen Werkzeuge und ganze Mahlzeiten mit ins Grab zu geben, den wir bei uns in der Römerzeit nicht selten finden, deutet nämlich auf den Glauben an ein weniger schattenhaftes Dasein im Jenseits. Die Kelten übernahmen von den Römern die Sitte der Feuerbestattung; während etwa dreihundert Jahren ließen sich die meisten Gallorömer kremieren, nur in den Alpentälern und im Tessin blieb die unverbrannte Beisetzung der Toten vorherrschend. Seit etwa 300 n. Chr. setzte sich aus ganz verschiedenen Gründen allgemein die unverbrannte Bestattung durch und blieb bis zum heutigen Tag.

Zu jeder Siedlung, auch zu den Gutshöfen auf dem Land, gehörte ein Friedhof; längs der Ausfallstraßen der Städte und vici war ein Streifen für die Gräber reserviert. Die besten Plätze befanden sich nahe an der Straße, wo jedermann die Namen der Verstorbenen sehen konnte. Die zahlreichen, vielleicht nur mit einem Hügelchen ge-

Der reiche Quintus Capellius Venustus ist tot! Ertrunken im stürmischen See, als er auf der Rückreise von Mediolanum mit dem Schiff nach Locarno fuhr. Schon vor der Abfahrt hatte der Schiffer mit besorgter Miene gesagt: «Hoffentlich erreichen wir Locarno noch vor dem Gewitter, das sich über den Bergen zusammenbraut. Nach der großen Sommerhitze ist ein Unwetter zu befürchten. Schau, wie die Wolkenmassen sich türmen und wie tief die Vögel fliegen. Wir wollen uns mit der Abfahrt beeilen und, solange wir können, mit gesetzten Segeln fahren.»

Der Sturm erreichte die Reisenden aber noch vor dem rettenden Hafen. Kurz vor Locarno kenterte das Schiff, ein hilfloses Spielzeug der Winde. Der Schiffer und zwei Passagiere versuchten, den betagten Venustus zu retten, aber vergeblich; als sie ihn an Land brachten, schlug sein Herz nicht mehr.

Unter lauten Klagen brachten die Angehörigen den Verunglückten in sein schönes Haus. Zwei Dienerinnen kleideten ihn in die besten Gewänder. Zum Siegelring an der rechten Hand steckten sie einen zweiten Ring aus Silber, und in dieselbe Hand drückten sie eine Silbermünze für die Reise ins Jenseits.

Vor zwei Jahren hatte Venustus zu seiner Tochter gesagt: «Jetzt bin ich bereits siebzig Jahre alt. Jupiter und die Schicksalsgöttinnen allein wissen, wie lange ich noch unter den Lebenden weile. Deshalb will ich den Baumeister Crescens beauftragen, mein Grabmal zu bauen. Es soll größer werden als das meines Onkels Titus und seiner Frau Sabina und ebensoschön wie das Grab meiner verstorbenen Alpinula, deiner Mutter. Wenn ich gestorben bin, will ich auf meinem Liegebett beerdigt werden und genügend Speise und Trank für das Jenseits bei mir haben. Außerdem sollt ihr Kinder und Erben euch jedes Jahr an meinem Grab zu einer Gedächtnisfeier versammeln, ein Trankopfer ausgießen und Blumen über mein Grab streuen.» Aber niemand hatte gedacht, daß der rüstige Mann so bald in seine letzte Ruhestätte gebettet werden müßte.

Beim Begräbnis folgten viele Bewohner des vicus Locarno dem feierlichen Leichenzug, war der Verstorbene doch ein geachteter Mitbürger gewesen und durch sein Transportgeschäft mit vielen Leuten nördlich und südlich der Alpen in Kontakt gekommen. In jungen Jahren hatte er mehrmals den Behörden des vicus angehört.

Jetzt liegt er still in seinem Grab. Zwei schwere Steinplatten unter dem Boden des Grabmals schützen die unterirdische Grabkammer mit ihrem sorgfältig gefügten Steinplattenboden und den getünchten, bemalten Wänden. Auf dem Boden liegt ein Wollteppich, und wie er es gewünscht hat, ist er auf weichen Kissen und Decken auf seinem Ruhebett aufgebahrt, mit Blumen und Haselzweigen bedeckt. Zwei geöffnete Parfumfläschchen verströmen ihre Düfte. Auf einem kleinen Holztischchen befindet sich ein Körbchen mit Früchten. In einer Nebenkammer stehen auf vier Gestellen, die der Baumeister aus exakt behauenen Granitplatten aufgebaut hat, mehrere Dutzend Gefäße aus Ton und Glas mit Speise und Trank und weiteren Vorräten. So ist Quintus Capellius Venustus für das Jenseits wohlversorgt.

Vor vierzig Jahren gruben die Archäologen in Locarno mehrere römische Gräbergruppen aus. Das hier beschriebene, aufwendig gebaute Grab stand in Locarno-Cadra (Grab 31). Vom Toten selbst und von allen Gegenständen aus vergänglichem Material war nur wenig oder gar nichts übriggeblieben. Aber die gut erhaltene Grabkammer selbst, das Geschirr, die Fingerringe, die Parfumfläschchen und die Münze geben zusammen mit Grabfunden aus anderen Gebieten und Darstellungen auf Grabreliefs gleichwohl einen Eindruck von den damaligen Totenbräuchen.

Dieser knapp 6 cm hohe, grün und gelb glasierte, mit einem feinen Blattkranz verzierte Skyphos (ein gehenkeltes Trinkgefäß) gehörte zur Ausstattung wohl eines reichen Grabes in Locarno.
Die Technik der Glasur war in Kleinasien entwickelt worden; in der Mitte des 1. Jahrhunderts n. Chr. gelangten glasierte Gefäße bereits aus verschiedenen südlichen Töpfereizentren in unser Gebiet. Die Form ist frührömischem Silbergeschirr entlehnt.

Caio Valerio Cai filio Fabia tribu Camillo quoi publice funus Haeduorum civitas et Helvetiorum civitas decreverunt et civitas Helvetiorum qua pagatim qua publice statuas decrevit Iulia Cai Iuli Camilli filia Festilla ex testamento.
Dem Gaius Valerius Camillus, Sohn des Gaius, aus der Bürgertribus Fabia, dem die Volksgemeinden der Haeduer und der Helvetier ein Begräbnis von Staats wegen beschlossen haben und der

Staat der Helvetier sowohl nach Gauen als von Staats wegen Statuen errichtet hat. Julia Festilla, Tochter des Gaius Julius Camillus, auf Grund seines Testamentes.

Gaius Valerius Camillus aus der vornehmen, in den römischen Ritterstand erhobenen Keltenfamilie der Camilli von Aventicum besaß Verbindungen zum benachbarten Gebiet der Haeduer in Ostfrankreich (Bibrakte war zur Keltenzeit Hauptort der Hae-

duer), in denen sich in vorrömische Zeit zurückreichende Beziehungen spiegeln könnten. Als große Ehre erhielt er von den Volksgemeinden der Haeduer und Helvetier ein Staatsbegräbnis. Gaius starb in der Mitte des 1. Jahrhunderts n. Chr., noch bevor Aventicum eine Kolonie geworden war. Die 75 × 72 cm große Inschrift wurde beim Cigognier-Tempel gefunden und war vermutlich im Sockel einer Ehrenstatue eingelassen.

Tonfiguren aus einem Brandgrab des Friedhofs von Bern-Roßfeld, auf dem die Bewohner des vicus Bern-Engehalbinsel ihre Verstorbenen begruben. Ein gesatteltes Pferdchen und eine Muttergottheit schützen den Verstorbenen im Grab. Ob die stark von der einheimisch-keltischen Kunst beeinflußte 24 cm große Büste eines jungen Mannes mit Halsring ein Bildnis des zu früh Verstorbenen oder einer beschützenden Gottheit ist?

deckten oder mit einem Holzhag eingefaßten Bestattungsplätze der einfachen Bevölkerung lagen dagegen in den hinteren Rängen. Der reiche Petronius Gemellus von Como, der einen Sommersitz im Südtessin besaß, ließ dort zu Lebzeiten ein Familiengrab für sich, seine Frau, seinen Bruder und alle übrigen Verwandten errichten. Derartig große Anlagen waren vielleicht auch bei uns wie in Gallien oder Italien von einem regelrechten Garten mit Obst- und Zierbäumen, Blumen und Wasserspielen umgeben. Aber im allgemeinen bestand selbst ein reicheres Grab nur aus einem kleinen, ummauerten Bezirk mit Grabaltar oder Grabstein.
Aus den verbrannten und unverbrannten Grabbeigaben und aus den Überresten des Scheiterhaufens können die Archäologen das Begräbnis rekonstruieren: Der Verstorbene wurde in einem Sarg oder auf einem Totenbett ruhend dem reinigenden Feuer überge-

ben. Auf den Scheiterhaufen stellten oder warfen die Hinterbliebenen oft eine reichliche Mahlzeit mit Brei und Fleisch, zuweilen auch weitere Vorräte für die Reise und das Dasein im Jenseits. Nach gut römischem Brauch fehlten Parfumfläschchen mit wohlriechenden Ölen und Salben nicht, und zuweilen diente ein Öllämpchen als Lichtspender (Bild Seite 79). Tier- und Götterfigürchen aus Ton schützten Frauen und Kinder im Grab. In der Regel trugen die Verstorbenen ihre Kleider; für die Reise ins Jenseits zog man ihnen manchmal genagelte Schuhe an oder legte ihnen eine Münze in die Hand. Kleine Kinder erhielten ihr Lieblingstier oder ein Spielzeug mit. – Wie immer kennen wir natürlich nur, was im Boden erhalten blieb, und bei der Brandbestattung überdies nur, was aus dem Scheiterhaufen ausgelesen beziehungsweise was nicht vom Feuer gänzlich verzehrt oder deformiert wurde. Kleider, Kopfkissen,

Decken, Blumen, Körbchen und Holzgegenstände sind in Gräbern sehr selten zu finden, müssen aber sehr oft zur Ausstattung der Toten gehört haben.
Alljährlich versammelten sich Angehörige und Freunde am Grab zu einer Totenfeier. Gaius Romatius, einer der Bürgermeister von Comum (Como), der in der Gegend von Riva San Vitale eine villa besaß, hat verschiedenen Nachbarn eine leider nicht bekannte Geldsumme gestiftet und dafür verlangt, «daß sie in einer Zusammenkunft jedes Jahr sein Andenken ehrten und dabei Amaranten und Rosen streuten und ein Trankopfer darbrächten. Wenn sie das vernachlässigten, was er verlangt hatte, sollten sie die Erbschaft den Erben zurückgeben.» «Lebe wohl, Gaius Romatius», heißt der Schluß dieser Inschrift.

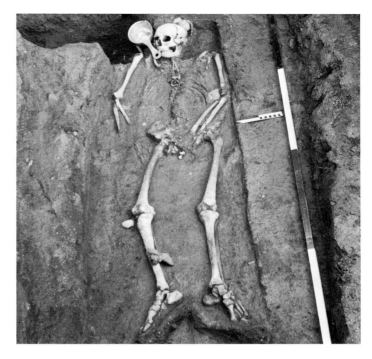

Auch Tonfigürchen von Vögeln begleiteten - nach sehr alten Vorstellungen - Kinder und Frauen ins Grab. Diese Vögelchen stammen aus dem Gräberfeld des vicus von Lenzburg; einige sind vom Feuer der Kremation geschwärzt.

Dieser Mann lebte im Oberwallis zu Beginn der Römerzeit. Um 50 n. Chr. starb er und wurde in Binn-Schmidigenhäusern begraben. Man bettete ihn in seiner Kleidung zur letzten Ruhe: Tunika, wohl Wadenbinden, genagelte Bergschuhe und ein dicker mit einer großen Fibel verschlossener Mantel. Zur Rechten erhielt er seine Axt beigelegt. An der linken Hand trug er seinen eisernen Siegelring mit dem Bild eines Ebers. In der aus Italien importierten bronzenen Kasserolle lag etwas zu Essen, und eine Silbermünze in der rechten Hand war für die Reise ins Jenseits bestimmt. Die Ausstattung ist vergleichbar mit Gräbern im Tessin und zeigt, daß die Alpentäler nicht etwa von der Umwelt abgeschlossen blieben, sondern auch über kleinere Pässe vielfältige Beziehungen nach Süden besaßen.

Schmuck und Tracht

Kleider machen Leute. Dieses Sprichwort gilt auch für die Römerzeit, wie wir gleich sehen werden. Die Kleidung spiegelte oft die Herkunft und die gesellschaftliche Stellung ihrer Träger wider. Im Prinzip blieb zwar die Kleidung für alle Schichten der Bevölkerung recht ähnlich, sie unterschied sich aber in der Qualität der Stoffe und im Aufwand der Ausführung. Die seidene Tunika aus einem spätrömischen Grab von Conthey im Wallis gehörte vermutlich einem Herrn senatorischen Standes. Bodenlange Röcke waren stets den Damen aus guter Familie vorbehalten, während bei Dienerinnen und Sklavinnen der Rock nie weiter als bis zu den Waden reichte. Der römische Männermantel, die toga, durfte nur von einem römischen Bürger getragen werden. Dazu hatte er hohe schwarze Schuhe anzuziehen; Sandalen oder gar bloße Füße hätte man als unschicklich empfunden. Die lange, geschlungene und im Faltenwurf genau vorgeschriebene toga muß allerdings zum Tragen recht unbequem gewesen sein. Dafür schätzten die Gallorömer ihren wollenen Vielzweck-Kapuzenmantel, den in unterschiedlicher Länge getragenen cucullus, über alles: Vorne bald offen, bald zugenäht, gewährte er, auf die Schultern hochgekrempelt, volle Bewegungsfreiheit. Im Mantelbausch des linken Armes ließen sich dagegen bequem vielerlei Dinge tragen. Bei regnerischem oder kaltem Wetter bot die über den Kopf gezogene Kapuze Schutz. Dieser praktische Mantel blieb durch die ganze Römerzeit ein Kleidungsstück, ohne das ein rechter Gallorömer kaum ausging. Seit dem späteren 2. Jahrhundert kam, besonders bei den Beamten, ein einfacher kurzer Mantel auf, den auf der rechten Schulter eine Fibel verschloß. Dieser Mantel war eigentlich ein Bestandteil der militärischen Uniform.

Die Frauen hüllten sich zu Beginn der Römerzeit noch in einen Mantel keltischer Art, den sie auf der einen Schulter mit einer Fibel zusammenhefteten. Durch die südliche Mode inspiriert, übernahmen sie aber bald einen lediglich geschlungenen Mantel.

Die Mäntel zog man zum Ausgehen an; im Haus dagegen waren Rock und Tunika das normale Tenu. Über einem feinen, wohl oft aus Leinenstoff genähten Unterhemd trugen die Männer und Knaben eine Tunika (tunica), ein wollenes, bis etwa zu den Knien reichendes genähtes Hemd mit langen Ärmeln. Mit Beginn der Römerzeit legten die Kelten nach römischer Art die Hosen ab; im Winter trugen sie wie die Frauen genähte wollene Strümpfe oder Wadenbinden.

Über das am Halsausschnitt mit mindestens einer zierlichen Fibel verschlossene Unterhemd zogend die gallorömischen Damen einen an den Schultern mit je einer Gewandhafte zusammengesteckten Rock an. Damit

117

Oben:
Die Frisuren paßten die Gallorömer jeweils der gerade am Kaiserhof üblichen Mode an. Dank den Münzen und Kaiserbildnissen, die überall im ganzen Reich zu sehen waren, wußte man auch hier, welche Haar- und Barttracht Mode war. Dieser stete Wechsel hilft übrigens mit, provinzialrömische Kunst, besonders Porträts und Grabsteine, zeitlich einzuordnen.

Frauenfrisuren vom 1. bis 4. Jahrhundert (Männerfrisuren zeigen die Münzenbilder Seite 24 und Seite 144):
1 Agrippina d. Ältere, Mutter des Kaisers Caligula (gestorben 33) – 2 Plotina, die Frau des Kaisers Trajan (Münzbild von 117) – 3 Sabina, die Frau des Kaisers Hadrian, der von 117–138 regierte – 4 Faustina, die Frau des Kaisers Antoninus Pius (gestorben 141) –

5 Crispina, die Frau des Kaisers Commodus (Münzbild von 175/176) – 6 Julia Mamaea, Mutter des Kaisers Severus Alexander (gestorben 235) – 7 Galeria Valeria, Tochter des Kaisers Diokletian (gestorben 315) – 8 Helena, Mutter des Kaisers Konstantin des Großen (Münzbild von 324/325).

Unten:
Mit Email verzierte Schmuckformen von Gewandfibeln des 2. und 3. Jahrhunderts aus Augst. Länge des Pferdchens 4,8 cm.

Im Kastell Ad fines (Pfyn)
kamen diese hübschen Bein-
nadeln aus geschnitzten und
gedrechselten Tierknochen
zutage. Beim zweiten, etwa
10 cm langen Nädelchen von
links erkennt man eine
Frauenbüste mit der Frisur
des späten 4. Jahrhunderts.

Die sogenannten Zwiebel-
knopffibeln gehörten zur
Amtskleidung der spätrömischen Beamten und ver-
schlossen auf der rechten
Schulter einen Mantel (siehe
Bild Seite 153). Diese im Kastellfriedhof Basel-Aeschenvor-
stadt gefundene, knapp 8 cm
lange Fibel aus dem späteren
4. Jahrhundert zeigt noch
Spuren von Vergoldung; den
Bügel zieren feine Medaillons
und zuoberst das Christus-
Monogramm.

Römische Mode, wie sie bei uns getragen wurde:

1 Ein «echtes» Wickelkind, in Windeln und ein Tuch gehüllt und mit kreuzweise verschlungenen Bändern gewickelt.

2 Dieser mit einer ungegürteten Tunika bekleidete Knabe lebte einst in Pontallier in Ostfrankreich.

3 Das junge Mädchen mit Schmuckkästchen und Spiegel trägt eine vor allem in den Donauprovinzen Noricum und Pannonien (etwa Österreich und Ungarn) übliche Tracht, die im 1. Jahrhundert ähnlich auch in Rätien (zu dieser Provinz gehörte die heutige Ostschweiz) Mode war. Charakteristisch sind die großen Fibeln, die den Rock an den Schultern zusammenheften und der mit feinen Bronzebeschlägen belegte Gürtel. (Relief aus Klagenfurt, Österreich.)

4 Familienbild aus der Mitte des 1. Jahrhunderts. Es zeigt den Schiffer Blussus, seine Ehefrau Menimane und den Sohn Satto aus Mainz. Menimane trägt über einem feinen, langen Unterkleid den auf Seite 120 beschriebenen, mit mehreren Fibeln verschlossenen Rock keltischer Mode und einen Mantel. In der linken Hand hält sie die Kunkel

mit der ungesponnenen Wolle und die Spindel, auf der der gesponnene Wollfaden aufgewickelt ist. Das wohlgenährte Schoßhündchen auf ihren Knien trägt ein Glöcklein um den Hals. Vater und Sohn sind mit einer Tunika bekleidet, und Blussus trägt darüber den auf Seite 117 beschriebenen Kapuzenmantel (cucullus) mit einem Halstuch.

5 Das namenlose Ehepaar auf einem kleinen Sandsteinrelief aus Augst zeigt, welche Kleider bei uns im Verlaufe des 2. Jahrhunderts in Mode kamen. Die Frau trägt einen genähten, nicht mehr mit Fibeln verschlossenen Rock. Der lange Mantel entspricht südlicher Mode. Ihr Mann, wohl ein Staatsbeamter, hat keinen cucullus an, sondern einen auf der rechten Schulter mit einer Fibel verschlossenen Mantel; daneben blieb aber der Kapuzenmantel noch lange üblich. Ein Gürtelring schließt den tiefsitzenden, breiten Gurt. Wahrscheinlich trägt der Mann genähte Strümpfe oder eine Art «Strumpfhosen».

Wie man - in vornehmen Kreisen - in spätrömischer Zeit gekleidet war, illustriert das Bild Seite 153.

er nicht über die Schultern herabrutschte, wurde er vorne an der Brust mit einer weiteren Fibel am Unterhemd fixiert. Dieser aus einem einzigen Stück Stoff drapierte Rock gehörte ganz ähnlich schon zur Keltenzeit zur Tracht der Frauen; sogar der griechische Peplos ist mit ihm verwandt. Während dieses Kleid in den weiter im Osten gelegenen Provinzen des Römerreiches - mit Variationen selbstverständlich - noch lange Zeit in Mode blieb, begann sich bei uns nach zwei, drei Generationen ein ausschließlich genähter, tunikaartiger Rock römischer Fasson durchzusetzen.

Außer für die Säuglingszeit gab es nach der Form keine eigentliche Kinderkleidung. Die Knaben rannten am liebsten mit offener, ungegürteter Tunika herum, die Mädchen trugen einen etwas längeren Rock. Den Mantel ersparten sich die Kinder für den Winter oder für feierliche Gelegenheiten, etwa eine Wallfahrt mit den Eltern (Bild Seite 140).

Über die Farben der bei uns getragenen Kleider zur Römerzeit wissen wir

nur soviel, wie der Boden preisgibt. Während noch vor der römischen Eroberung bei den Kelten bunt karierte Mäntel hoch in Mode standen, scheinen nachher Farben hauptsächlich als Unistoffe oder in Form von eingewobenen, andersfarbigen Borten beliebt gewesen zu sein. Weitere Farbnuancen ergaben sich durch eingewobene Muster im unifarbenen Stoff. Zuweilen waren die Kleider bestickt oder die Mäntel mit Fransen gesäumt. Gewisse Verzierungen wie purpurrote Streifen und Borten galten zugleich als Standesabzeichen und durften, jedenfalls in der früheren Römerzeit, nicht von jedermann verwendet werden.

In der Spätzeit waren Tunika und Rock mit aufgenähten, bunten gewobten und gewirkten Bändern und Medaillons verziert. Die Beamten und Funktionäre des Staates erhielten spezielle Mäntel mitsamt der Fibel, die ihn auf der Schulter verschloß, und einen Gürtel mit oft reich dekorierten Beschlägen (Bilder Seite 119 und Seite 153). Damals begannen sich in der Herrenmode die vorher verschmähten

und als barbarisch verachteten Hosen unter dem Einfluß eben dieser Barbaren, vor allem der Germanen, wieder einzubürgern.

Schmuck gehört untrennbar zu Kleidung und Tracht. Gerade Gewandspangen und Gürtel, die oft wie Schmuck behandelt und reich verziert wurden, können in bestimmten Gebieten übliche Trachten kennzeichnen. Der übrige Schmuck zierte fast ausschließlich Mädchen und Frauen, mit Ausnahme der Fingerringe, welche die Männer zum Siegeln brauchten. Unter den Funden herrscht die einst goldglänzende Bronze vor; nur wenig Schmuck aus Gold und Silber hat die Jahrhunderte überdauert. Begreiflicherweise, sucht man doch verlorenes Edelmetall viel gründlicher als ein einfaches Bronzeringlein. Zerbrochene oder veraltete Schmuckstücke brachten die Damen zum Gold- und Silberschmied, um daraus neue fertigen zu lassen.

Im Laufe der Römerzeit lassen sich neben stets bleibenden Schmuckmoden

Küche und Kochen, Essen und Trinken

natürlich auch Veränderungen feststellen. Halsketten und Anhänger, Arm- und Fingerringe blieben in verschiedener Form während der ganzen Römerzeit beliebt. Mit Ohrringen dagegen schmückten sich die Frauen und Mädchen vor der spätrömischen Zeit selten. Dafür verschwanden damals mit Gewandfibeln zusammengehaltene oder geschmückte Kleider völlig aus der römischen Damenmode.

Wie noch heute erfüllte der Schmuck oft zugleich eine Bedeutung als Amulett: Die glücksbringenden Mondanhängerchen der Mädchen und Frauen, das dem keltischen Himmelsgott Taranis heilige Rädchen auf dem Armband oder auch die unheilabwehrende blaue Farbe der Glasperlen sind gute Beispiele dafür.

Über die Grundspeisen haben wir Seite 68–72 schon einiges erfahren. Jetzt geht es um das Kochen und die Tischsitten. Das bisher beste Beispiel für eine richtige Küche bieten bei uns die Ausgrabungen in Augst. Dort kam unmittelbar neben dem prächtig ausgeschmückten Speisesaal eines herrschaftlichen Stadthauses eine Küche zutage. Glücklicherweise putzten die Sklaven den gestampften Lehmboden nicht immer sorgfältig, so sind zahlreiche Tierknochen, die Reste des verspeisten Fleisches, im Boden geblieben: Speziell geschätzt waren in diesem Hause Schweinefleisch, Hasenbraten und Poulets, dann Rindfleisch, Rebhühner, Gänse, Amseln, Mistdrosseln und weitere Vögel. Auch Fische, Hühnereier, Schnecken und Froschschenkel wurden nicht verachtet (Bild vorne beim Inhaltsverzeichnis).

Seit Beginn der Römerzeit übernahmen die Kelten vieles aus der römischen Küche. Dies zeigen nicht nur die neu angepflanzten und importierten Früchte und Gemüse, sondern auch

neue, den Kelten vorher unbekannte Gefäße, allen voran ein Mörser aus Ton. Diese häufig gefundenen mortaria haben die Form einer weiten Schüssel mit Ausguß und sind innen mit rauhen Sandkörnchen ausgestrichen. In diesen Schüsseln wurden Gewürze zerrieben und die verschiedenen, für die römische Küche typischen Saucen zubereitet. Dank den Transportbehältern, den Amphoren, ist bekannt, daß nicht nur Wein aus Griechenland, Italien, Spanien und Südfrankreich und später auch aus Nordafrika zu uns kam, sondern in größeren Mengen stark salzige Fischsauce aus Spanien und Nordafrika und Olivenöl aus Südspanien. Für viele Saucen und Gerichte verwendete die römische Küche Fischsauce (garum, liquamen) anstelle von Salz. Etliche Speisen müssen mit Olivenöl gekocht oder angerichtet worden sein, doch wurde es trotz der beträchtlichen eingeführten Mengen nie im selben Umfang verwendet wie im Süden.

Auch bei uns werden da und dort Gerichte aus dem in der Antike mehrfach

Ein im früheren 3. Jahrhundert n. Chr. verstorbener Bewohner des vicus von Bern-Engehalbinsel erhielt für das Dasein im Jenseits ein Geschirrservice mit Wein- und Wasserkanne, zwei Trinkbechern, Tellern, Schüssel und Platte mit ins Grab. Die vier kleinen Glasfläschchen links im Bild enthielten Parfüm und wohlriechende Öle.

abgeschriebenen Kochbuch des Apicius, eines Feinschmeckers aus der Zeit der Kaiser Augustus und Tiberius, auf den Tisch gekommen sein. Darunter gibt es Rezepte, die wirklich sehr empfehlenswert und einfach sind, wie beispielsweise das folgende:

Poulet nach der Art des Fronto (pullum Frontinianum):
Brate das Poulet an, würze es mit einer Mischung von Liquamen und Olivenöl sowie mit einem Bündel von Dill, Lauch, Bohnenkraut und frischem Koriander und lasse es darin schmoren. Wenn das Poulet gar ist, nimm es heraus, lege es auf eine Platte, gieße defrutum (auf einen Drittel des Volumens eingekochter, eingedickter Traubensaft oder Sauser) darüber, bestreue es mit gestampftem Pfeffer und serviere.

Daneben figurieren andere Rezepte, denen wir heute eher skeptisch gegenüberstehen:

Falsche Sardellen-Patina (patina de apua sine apua):
Nimm grätenlose Stücke von gegrill- *tem oder gekochtem Fisch und hacke sie. Fülle damit eine Pfanne der gewünschten Größe. Dann zerstampfe im Mörser Pfeffer und etwas Raute, füge genügend liquamen hinzu, auch Eier und etwas Öl, und vermenge das alles mit dem Fisch in der Pfanne zu einem glatten Brei. Darüber lege Quallen, und zwar so, daß sie sich nicht mit den Eiern vermischen. Koche das Ganze im Dampf; wenn die Quallen trocken sind, bestreue das Gericht mit gemahlenem Pfeffer und serviere: Niemand bei Tisch wird wissen, was er ißt.*

An den riesigen Schlemmereien, von denen die Skandalgeschichten Roms berichten, nahm nur eine kleine Schicht teil. Daß in den Provinzen – außer vielleicht in den Palästen der Provinzstatthalter – je derartiger Tafelluxus betrieben wurde, ist sogar eher unwahrscheinlich. Die Mehrzahl der Galloömer wird sich nach römischen und nach einheimischen Rezepten von Hirsebrei, Brot, Käse und anderen Milchprodukten, von Gemüse, Früchten, Eiern und etwas Fleisch er- nährt haben und kannte die importierten Delikatessen höchstens vom Hörensagen oder von besonderen Festtagen. Sehr verbreitet waren im Tontopf gekochte Breispeisen oder auch Eintopfgerichte, die zuweilen in weiten feuerfesten Schalen im Backofen überbacken wurden.

Zur Römerzeit saßen die meisten Leute wie heute bei Tisch auf Stühlen und Bänken. In den kleinen Wohnungen war weder genügend Platz für ein Speisesofa noch stand das entsprechende Dienstpersonal für das Service zur Verfügung (Bild Seite 52). Hingegen dürften die großen Stadthäuser und jedes gut eingerichtete Herrenhaus eines Gutshofes über ein triclinium verfügt haben, ein dreiteiliges Speisesofa, auf dem man liegend, auf den linken Ellbogen aufgestützt speiste. Normalerweise aßen nur die Männer auf dem triclinium liegend; einer sittsamen Frau ziemte es sich nicht: Sie saß beim Essen in einem hohen geflochtenen Korbstuhl neben den Sofas. Im Süden waren diese triclinia oft gemauert und verputzt; bei uns werden sie hauptsächlich aus Holz bestanden

Ein römisches Menu – rekonstruiert: Zur Vorspeise ein weiches Ei, mit dem Silberlöffel zu essen. Als Hauptspeisen zunächst Austern aus der Nordsee oder aus dem Mittelmeer, dann gekochten Schweinsfuß (Gnagi) mit importierten Oliven in Weinessig. Zum Fleisch vielleicht Datteln an süßsaurer Sauce und Brot. Als Dessert gibt es frische Feigen, Trauben, Pfirsiche und Äpfel aus eigener Anpflanzung. Aus der Bronzekanne wird Wein in die Tonbecher geschenkt.

haben. Über diese Gestelle legten die Diener des Hauses weiche Decken und Kissen. Kamen Gäste, setzten sie sich aufs triclinium, dann wurden ihnen die Schuhe ausgezogen und die Füße gewaschen, bevor sie es sich bequem machten.

Im Hause des reichen Augsters, der sich zu Beginn des 3. Jahrhunderts eine komfortable Wohnung mit großer Küche, einem eigenen Bad und einem von Säulenlauben umgebenen Garten ausbauen ließ, befand sich der Speisesaal genau in der Achse des Gartens und des Hauseingangs, wie dies unser Bild auf Seite 110 zeigt. Nach einer damals verbreiteten Vorliebe ließ dieser Herr sich als «Teppich» im Speisezimmer ein Mosaik mit den Bildern von Gladiatorenkämpfen (Bild Seite 126) legen. Das Mittelbild schmückt die Darstellung eines rechteckigen Fischteiches mit einem großen Weinmischgefäß als Springbrunnen, wie solche andernorts wirklich existierten. Kratzer auf dem Mosaik zeigen übrigens die Stelle, wo einst das triclinium an der Rückwand des Raumes stand; sie entstanden, wenn das

Gesinde nach dem Mahl zum Wischen des Bodens die schweren Holzgestelle verrutschen mußte.

In der Küche nebenan, die wir bereits kennengelernt haben, standen auf Gestellen und Tischen große Platten, Schüsseln, Schalen, Eßteller und Trinkgeschirr aus Bronze, Glas und Ton zum Anrichten der Gänge bereit, welche die Diener den Speisenden auf einem oder mehreren kleinen, meist runden Tischen servierten. In einfachen Haushaltungen mußte man sich mit einigen Gefäßen aus Holz und Ton begnügen, und die einfache Mahlzeit wird im Topf oder in einer Schüssel auf den Tisch gekommen sein.

Man aß zur Römerzeit nicht mit Messer und Gabel, sondern ausschließlich mit dem Löffel aus Holz, Bein, Bronze oder in reichen Häusern aus Silber sowie mit den Fingern. Viele Löffel haben ein spitzes Ende, mit dem Fleischstücke aus dem Teller gefischt oder auch – nach abergläubischem Brauch – nach dem Essen die Eierschalen durchlocht wurden. In einem wohlhabenden Haushalt wie dem oben ge-

schilderten trat ein Vorschneider in Aktion, der das Fleisch und die Zutaten soweit nötig in mundgerechte Stücke zerschnitt. Zwischen den Gängen reichten die Diener feuchte Tücher oder übergossen die Hände der Speisenden mit warmem Wasser. Für das Getränk war ein Mundschenk oder eine Mundschenkin verantwortlich. Aus den Kochbüchern und aus den Trinksprüchen, die besonders in der späteren Zeit Trinkbecher aus Ton und Glas recht oft zierten, ist zu erfahren, daß der Wein entweder wie heute pur oder dann mit Wasser verdünnt getrunken wurde. Auch verschiedene warme und kalte Gewürzweine schätzten die Römer, aber nicht zum Essen selbst, sondern als Aperitif (beispielsweise Honigwein, das mulsum) und nach dem Essen, beim Umtrunk.

Ein römisches Menu ging vom Ei als überaus beliebter Vorspeise mit Gemüse und Fleisch als Hauptspeisen bis zu den Früchten als Dessert. Bei den Römern sagte man deshalb auch «ex ovo usque ad malum», «vom Ei bis zum Apfel», was gleich viel bedeuten konnte wie «von A bis Z».

Ehemals bunt bemaltes, 15 cm großes Tonfigürchen eines Schauspielers, aus Augst. Der kleine Mann spielt in einem Schwank den komischen Alten; er ist in seinen weiten Kapuzenmantel (cucullus) gehüllt, so daß man nur das groteske Gesicht mit der krummen Nase und dem halb zahnlosen Maul sieht – trägt er eine Maske oder ist es das Gesicht eines Mimen, wie sie unmaskiert in Schwänken auftraten? So oder so, für ihn gilt der römische Spruch: «Der Kapuzenmantel ist dir nützlicher als Weisheit.»

Spiel und Unterhaltung

Beim Thema Spiel und Unterhaltung denken wir zuerst an Theateraufführungen und Gladiatorenkämpfe, zweifellos wichtige Ereignisse im städtischen Leben. Aber daneben gab es eine ganze Palette von Spiel und Unterhaltung, auch für die Erwachsenen. Verschiedenartige Brett- und Würfelspiele erfreuten sich bei groß und klein ausgesprochener Beliebtheit. In den Schenken und Wirtschaften frönten die einfachen Stadtbewohner dieser Leidenschaft (Bild Seite 90), und nicht selten kam es zwischen den beiden Spielern zu handfesten Auseinandersetzungen, so daß der Wirt die Streithähne trennen mußte. Weil aber die Spielregeln jedermann so geläufig waren, sind sie nirgends aufgeschrieben worden und uns folglich heute nur ungenau bekannt.

Sehr verbreitet war in der Erwachsenenwelt das Ballspiel, sowohl als Gesellschaftsspiel als auch zur sportlichen Ertüchtigung vor dem Bade. Der Aedil Tiberius Claudius Maternus von Aventicum hat aus eigenen Mitteln bei den Bädern eine Ballspielhalle, ein sphaeristerium, erbauen lassen, wie eine Inschrift verkündet. Aus den römischen Schriften ist übrigens bekannt,

daß Gaius Julius Caesar sehr gerne Ball spielte. Das waren damals noch keine Fußballspiele, sondern verschiedene Fang- und Wurfspiele mit genähten Bällen aus Stoff und Leder oder mit leichten Bällen aus Schweinsblasen. Bereits in die Kategorie der Wettspiele mit Zuschauern dürfte das dreitägige Sportfest gehört haben, welches der sevir augustalis Quintus Aelius Aunus von Aventicum für die Einwohner des vicus Minnodunum (Moudon) zu Ehren des Kaiserhauses und des obersten Götterpaares Jupiter und Juno gestiftet hat (Bild Seite 25).

Über Musikhören und Tanzen, eine beliebte Unterhaltung unserer Zeit, wissen wir wenig. Tänze werden außer zum Theaterspiel hauptsächlich zu bestimmten religiösen Riten gehört haben; der Paartanz als Freizeitvergnügen war damals nicht üblich. Musik spielten die Straßenmusikanten, die mit Pantomimen und Gauklern von Ort zu Ort zogen, und Musik ertönte bei den Spielen im Theater und Amphitheater. Aus verschiedenen Gebieten des Reiches sind durch bildliche Darstellungen Wasserorgeln bekannt, die wegen ihres lauten Klanges offenbar vor allem im Amphitheater ge-

spielt wurden. Auch die feierlichen religiösen Prozessionen waren von Musik begleitet. Von der Kunst des Musizierens im privaten Bereich ist kaum etwas bekannt, doch gehörte der Unterricht im Leierspiel – vielleicht auch zu Gesang – zur klassischen Bildung. An archäologischen Funden aus unserem Gebiet kennen wir kleine, wahrscheinlich mit der linken Hand zu spielende Flöten aus Knochen, wie sie ähnlich noch heute in Südfrankreich zu einer mit der rechten Hand geschlagenen Trommel gespielt werden. Kleine Schallbecken, Rasseln und Tamburine werden zur rhythmischen Begleitung von Tänzen verwendet worden sein. Panflöten sowie Stege und Spielstäbe von Leiern ergänzen das Bild. Aber wie die Musik tönte, ist nicht bekannt.

Die offiziellen Vergnügen und Spektakel waren und blieben Theateraufführungen, Tierhetzen und Gladiatorenkämpfe. Die Organisation dieser Spiele, der ludi, wie die Römer sagten, war in der Regel Sache der Behörden. Oft griffen die Magistraten tief in die eigene Tasche, um derartige Aufführungen zu finanzieren.

Das Marmorrelief aus Italien zeigt eine Szene aus einer Komödie. Sie spielt vor den Kulissen des Theaters, und alle Schauspieler tragen Masken: Links stürmt mit dem Stock in der Hand ein wutentbrannter Vater aus der Türe seines vornehmen Hauses; nur mit Mühe hält ihn ein Freund zurück, denn jener sieht seinen weinseligen Sohn nach durchzechter Nacht, von einem Sklaven gestützt und einer Flötenspielerin begleitet, heimtorkeln.

Wie heute im Zirkus waren die spannenden Geschehnisse in der Arena des Amphitheaters von Musik begleitet. Hier das Orchester im Amphitheater auf einem Mosaik von Zliten in Nordafrika. In der Bildmitte wird eine Orgel gespielt.

Alle öffentlich organisierten Spiele wurden zu einem bestimmten Ereignis gegeben. Bis jetzt ist bei uns zwar noch kein «Plakat», eine an Hauswände gemalte Anzeige, gefunden worden, doch konnten, wie Beispiele aus dem Süden und unsere Inschriften von vergleichbaren Stiftungen veranschaulichen, der Geburtstag des Kaisers, der Feiertag eines besonders verehrten Gottes oder auch das Dienstjubiläum eines Bürgermeisters Anlaß bieten. Nicht selten dauerten die Spiele mehrere Tage und waren mit Märkten verbunden. Aus nah und fern strömten an diesen Festen die Leute in die Stadt. Wir brauchen uns deshalb gar nicht zu wundern, wenn die Theater von Augst und Avenches gut 8000 Personen Platz boten.
Alle Hauptstädte unseres Landes besaßen ein Theater für Schauspiele und ein Amphitheater für Tierhetzen und Gladiatorenkämpfe, auch wenn in Nyon wegen der geringen erforschten Fläche der Stadt bisher weder das eine noch das andere gefunden worden ist. In mehreren vici standen kleine Theater; eines wurde in Lenzburg entdeckt und ein weiteres, kombiniertes Theater/Amphitheater stand in Bern. Die

Nähe eines oder mehrerer Tempel wie in Avenches, Augst und Bern hängt damit zusammen, daß beide Arten von Spielen oft an religiösen Feiertagen gegeben wurden, also ihren Ursprung im kultischen Bereich haben.
Im klassischen antiken Theater traten nur Männer auf, und jeder Schauspieler trug eine Maske, die ihn mit dem zugehörigen Kostüm von weitem als bestimmte Figur kennzeichnete (Bild Seite 58): als Herrn, als Sklaven, als junges Mädchen, als alten Mann usw. Daneben erfreuten sich gerade zur Römerzeit komische und satirische Stücke großer Beliebtheit, in denen Männer und Frauen ohne Masken spielten. Leider ist keines der Stücke bekannt, die auf unseren szenischen Bühnen aufgeführt wurden. Wir vermuten aber eher Komödien, Satyrspiele, Pantomimen und Schwänke als griechische Klassiker. In dieser Vermutung bestärken Fragmente von echten Theatermasken aus Ton, die an mehreren Orten zutage gekommen sind. Viele entsprechen einem Typ, der in Burlesken und Schwänken auftrat und wegen seines häßlichen Aussehens und der spitzen Zähne auch als Kinderschreck herhalten mußte.

In der Arena des Amphitheaters ging es wilder zu. Die ersten Nummern des Programms boten dem Publikum vielleicht auch bei uns wie im Süden schon am Morgen eine Tierjagd. Während in Rom anläßlich der kaiserlichen Spiele Jäger mit Löwen, Giraffen, Krokodilen, Elefanten, Tigern und anderen seltenen und nur unter größten Kosten zu beschaffenden Tieren im Sand der Arena kämpften, wurden bei uns Bären, Hirsche und Wildschweine auf die Jäger losgelassen. Vielleicht war auch bei uns wie im Süden eine Art Stierkampf üblich. Bären lebten damals noch in den ausgedehnten Wäldern vor allem der Ost- und Zentralschweiz. In Zürich haben die Bärenjäger den Göttern des Waldes, Diana und Silvanus, einen Altar geweiht, denn ungefährlich war ihre Arbeit keineswegs. Bestimmt haben sie ihr Wild für Tierhetzen im Amphitheater gefangen.
Den Hauptreiz, die Gladiatorenkämpfe, sparten sich die Organisatoren offenbar für den Nachmittag auf, wenn die Ungeduld des Publikums und die Lust auf Kämpfe angestachelt waren. Nach den Schilderungen der Gladiatorenkämpfe in Rom

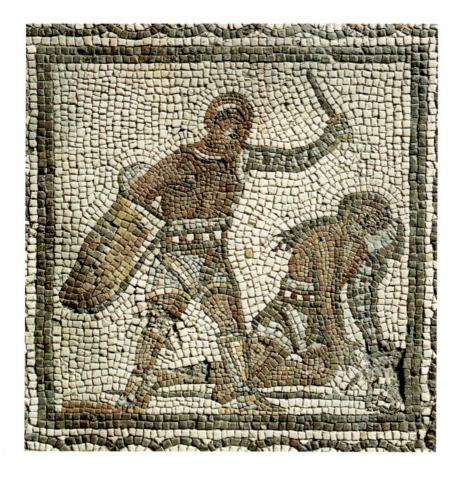

muß man den Eindruck einer blutrünstigen Schlächterei zwischen den ganz unterschiedlich bewaffneten Kampfgegnern gewinnen, wobei der Unterlegene nur durch die Gnade des Publikums überleben konnte, bei Ungnade aber sterben mußte. Ausgebildete Gladiatoren – so wie heutige Fußballstars meist ausgesprochene Publikumslieblinge – waren aber sehr teuer. Bereits in Pompeji, in der italischen Provinz, ließ man die unterlegenen Gladiatoren am Leben. Dasselbe wird erst recht bei uns gegolten haben. Aber natürlich kam es immer wieder vor, daß ein Gladiator an den Verletzungen starb; Blut floß auf jeden Fall. Anders mag es mit zum Tode verurteilten Verbrechern gegangen sein, die vielleicht an Tierjagden wirklich auf Leben und Tod kämpfen mußten.

Die Gladiatorenspiele beschäftigten unsere Städter. Auf dem Mosaikboden mit den Gladiatorenbildern in der Augster Stadtvilla, die wir oben kennengelernt haben, lag ein Stilett, das nach der Ansicht des Ausgräbers eine Gladiatoren- oder Tierkämpferwaffe gewesen sein könnte. In einer kleinen Bäckerei und Schenke nahe beim Theater pinselte eine ungelenke Hand einen Gladiatorenkampf an die Wand und darunter den Namen Tauricus. Dieser Tauricus muß in Augst im 3. Jahrhundert ein sehr beliebter Gladiator gewesen sein.

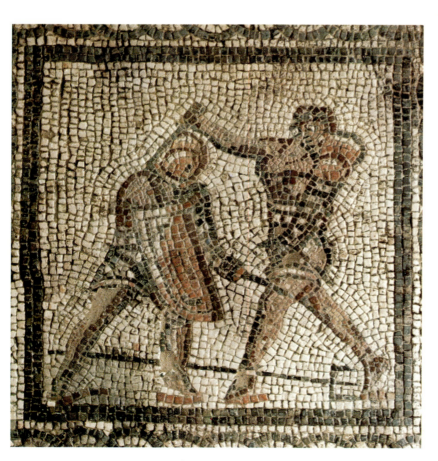

Links:
Ausschnitte aus dem Gladiatorenmosaik von Augst:
Oben ein mit Helm, Schild, Beinschiene und Kurzschwert bewaffneter myrmillo, der einen retiarius (Netzkämpfer) überwunden hat. Dieser kniet hilflos am Boden; sein Dreizack ist ihm entfallen.
Unten kämpft ein myrmillo mit großem Schild, Helm, einer Beinschiene und mit Schwert bewaffnet gegen einen hünenhaften Netzkämpfer (retiarius). Sein großer Dreizack liegt zwar am Boden, aber er dringt mit zwei Dolchen auf den Schwertkämpfer ein.

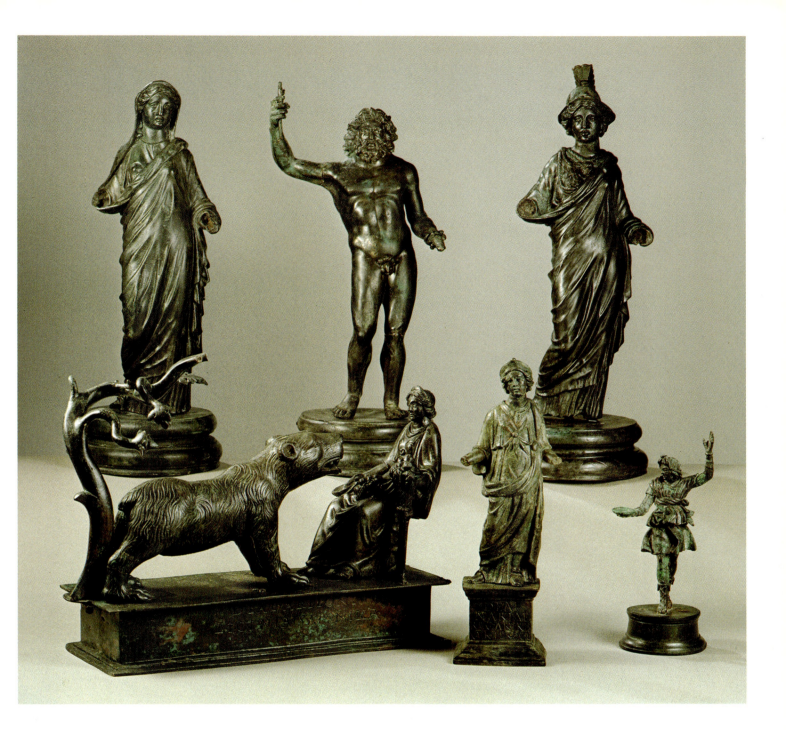

Oben:
1832 kamen im Garten des Pfarrers von Muri bei Bern fünf Statuetten ans Tageslicht: Jupiter, Juno und Minerva, die Dreiheit der obersten römischen Götter, sowie zwei einheimisch-keltische Göttinnen, die beschützende Naria und die (ursprünglich auf einem Sessel thronende) Bärengöttin Artio. Die im späteren 2. Jahrhundert vielleicht in der gleichen helvetischen Bronzewerkstätte geschaffenen Figuren (Jupiter mißt 31,5 cm) standen zuerst als Votivgaben in einem Heiligtum, wie die Stifterinschrif-

ten bei der Dea Naria und der Dea Artio nahelegen: *Deae Nariae regio arurensis curante Feroce liberto* (der Göttin Naria, im Auftrag der Kultgemeinschaft der Aareregion aufgestellt durch den Freigelassenen Ferox); die Dea Artio dagegen wurde von einer gewissen Licinia Sabinilla gestiftet. Später zierten diese fünf Statuetten, zusammen mit einem kleinen Lar (rechts), wahrscheinlich ein Hausheiligtum (lararium).

127

Religion und Glaube

Römische und gallorömische Götterwelt

Für die Menschen der Antike hingen Leben, Natur und Götterwelt eng zusammen. Alltag, Feste und Lebenslauf richteten sich ganz selbstverständlich nach diesen Verbindungen. Nachdem unser Land Teil des Römerreiches geworden war, legten sich über die einheimischen Glaubensvorstellungen die römischen Anschauungen. Die römische Religion selbst war aber in sich keineswegs einheitlich, denn schon vor der Zeit des Kaisers Augustus fanden verschiedene fremde Anschauungen darin Eingang, vor allem Kulte der Etrusker und aus dem großen Kulturbereich im Osten – Griechenland, Ägypten und Kleinasien. So entstand eine provinzialrömische Religion, in der sich keltische Vorstellungen mit den römischen und den in die römische Religion aufgenommenen fremden Kulten vereinigten.

In den neuen Provinzen förderten die Römer den Kult ihrer obersten Staatsgötter Jupiter, Juno und Minerva. Besonders Jupiter erhielt einen zentralen Platz, ist ihm doch in den Städten – so in Augusta Rauracorum – der Tempel auf dem Hauptmarkt geweiht. In Aventicum befand sich in der Nähe des forums sogar, wie in Rom auf dem Kapitol, ein Tempel der drei obersten römischen Götter. Von mehreren anderen Orten ist der Jupitertempel zwar nicht mehr aus Baudesten, aber dank Inschriften bekannt. Der Staat übte aber der Religion der provinzialrömischen Bevölkerung gegenüber große Toleranz. Die Kelten

verehrten zu den neuen römischen nach wie vor ihre althergebrachten Gottheiten, wennauch in einer romanisierten Gestalt.

Der einzige Kult, auf dem die neuen Herren mit allem Nachdruck bestanden und dessen Verweigerung sogar mit dem Tod bestraft werden konnte, war die Verehrung des bald als göttlich betrachteten Kaisers und seiner Familie, zugleich Anerkennung der römischen Oberherrschaft. Seit Augustus nannten sich die Kaiser «Augustus», was seither soviel wie «erhabener Kaiser» hieß; der Name des ersten Kaisers wurde also für die ganze Römerzeit zum offiziellen Titel. Bemerkenswerterweise ist aber unser Wort «Kaiser» von Caesar, dem Vorgänger des Augustus abzuleiten, während im heutigen Sprachgebrauch ein «August» alles andere als eine erhabene Persönlichkeit ist – doch dies nur nebenbei.

In den Städten amteten Priesterkollegien im Kaiserkult, als wichtigstes die flamines augustales, denen nur die vornehmsten Galloömer angehörten. Auch Frauen aus jenen Familien erfüllten dieses hohe Ehrenamt, wie die Dame Vinia Fusca aus Sedunum (Sitten) und Julia Festilla aus Aventicum. Auch die seviri augustales standen im Dienst des Kaiserkultes. Dem aus sechs Männern bestehenden Kollegium gehörten in der Regel reiche freigelassene Sklaven an.

In verschiedenen Göttern wurden mit dem Zunamen «Augustus» der Gott

und der Kaiser in einem verehrt. Merkur beispielsweise, der am meisten angerufene Gott der Galloömer, erscheint mehrmals als Mercurius Augustus. Und die berühmte goldene Porträtbüste des Kaisers Marc Aurel (Bild Seite 27) muß ein heiliges Bild des Kaisers im Kaiserkult gewesen sein. Wahrscheinlich wurde es stellvertretend unter anderem bei Gerichtsverhandlungen in die Basilika getragen, denn der Kaiser war ja nicht nur oberster Feldherr und Priester, sondern auch oberster Richter des Reiches.

Nach dem Zeugnis, das Gaius Julius Caesar im sechsten Buch seines Kommentars zum Gallischen Krieg gibt, waren die Kelten ein sehr religiöses Volk. Caesar und die anderen Römer, die mit der keltischen Religion in Kontakt kamen, versuchten die Götter der Kelten in ihre eigene Götterwelt einzuordnen; er schreibt deshalb über die Hauptgötter der Gallier folgendes:
Der Gott, den sie am meisten verehren, ist Merkur; von ihm sind am meisten Abbilder aufgestellt. Sie glauben, er sei der Erfinder aller Kunstfertigkeit, er ist für sie der Gott, der den richtigen Weg zeigt und den Reisenden führt, er ist derjenige, der am allerbesten hilft, Geld zu verdienen und Geschäfte zu machen. Nach Merkur verehren sie Apollo, Mars, Jupiter und Minerva. Sie haben von diesen Göttern etwa die gleichen Vorstellungen wie die übrigen Völker: Apollo vertreibt Krankheiten, Minerva lehrt

Bronzestatuette der auf dem Himmelsglobus schwebenden Siegesgöttin Victoria. Sie hält in den Händen einen großen Schild mit der Büste des obersten Himmelsgottes Jupiter. In kunstvoller Arbeit sind auf dem Globus in hellem Silber die Mondsichel und in rötlichem Kupfer Sterne eingelegt. Die insgesamt 63 cm hohe Figur kam in Augst im Zerstörungsschutt des 3. Jahrhunderts zutage.

die Grundsätze des Handwerks und der Künste, Jupiter ist der Herr des himmlischen Reiches und Mars der Kriegsgott.»

Die Kelten verglichen ihrerseits die römischen Götter mit den ihrigen und fanden gerade bei den obersten Gottheiten viele Gemeinsamkeiten. Entweder übernahmen sie nun die römischen Götternamen ganz, oder sie fügten hinter den römischen den keltischen Namen hinzu, quasi als Übersetzung und Vergleich, manchmal aber auch, um bestimmte Eigenschaften des Gottes anzusprechen, von denen man sich eine Wirkung erhoffte. Mercurius Cissonius beispielsweise, dessen keltischer Name mit dem Wort für «Wagen» zusammenhängen muß, war der Gott der Fuhrleute. Der besonders bei den Helvetiern verehrte Mars Caturix dagegen ist der Kriegsgott schlechthin, denn Caturix heißt auf keltisch «Kampfkönig».

Im Glauben der Kelten offenbaren sich teilweise alte Vorstellungen. Diese zeigen sich etwa darin, daß die Dea Artio (Bild Seite 127) aus Muri bei Bern eine Bärin bei sich hat. Artos heißt auf keltisch «Bär»; diese Göttin wurde also ursprünglich in Gestalt einer Bärin verehrt. Wie weit aber diese Zeit zurückliegt, ist gänzlich unbekannt. Eine von den Galliern auch in Verbindung mit Merkur verehrte Gottheit in Gestalt eines dreihörnigen Stieres tritt uns in den Resten einer überlebensgroßen Bronzestatue aus Martigny und in kleinen Bronze- und Tonfigürchen

129

entgegen. Auch die Römer kannten ursprünglich tiergestaltige Gottheiten, und verschiedenen Göttern waren bestimmte Tiere heilig, die manchmal zusammen mit diesen abgebildet werden, denken wir nur an den Adler des Jupiter, an Ziegenbock und Hahn des Merkur.

Die Gallorömer verehrten eine große Zahl verschiedenster Götter, Götterpaare und Götterdreiheiten:

– Gottheiten der Vegetation, des Wachstums und der Fruchtbarkeit, darunter viele Frauengestalten wie die Matres und Matronae, ehrwürdige Muttergottheiten. In diesen Kreis gehören unter anderen Naria Nousantia, Maia und die römische Diana, die mit einer keltischen Herrin der Tiere und Göttin des Waldes gleichgesetzt wurde.

– Gottheiten der Naturerscheinungen und der Landschaft wie der Blitz und die Alpengötter, die Alpes. Der alte Berggott Poeninus gab dem Mons Poeninus, dem Großen St. Bernhard, den Namen und wurde dort in römischer Zeit als Jupiter Poeninus verehrt.

Auch den Biviae, Triviae und Quadruviae, den Zweiweg-, Dreiweg- und Wegkreuzungsgöttinnen wurden Altäre aufgestellt.

– Gottheiten des Wassers, darunter die Quellgöttinnen, die Nymphen, und die Göttin Sirona, die man beide öfters zusammen mit dem Heilgott Apollo anrief. Den römischen Neptun setzten die Kelten mit einem Wassergott gleich, der zugleich Patron der Schiffer war. Von den Flußgottheiten kennen wir beispielsweise Rhenus, den Gott des Rheines.

Links:
Bronzestatuetten zweier Stiere aus Augst. Das größere, kräftig geformte Tier hat drei Hörner und ist ein Abbild des gallischen dreigehörnten Stiergottes.

Oben:
Dieser 1,5 kg schwere und fast 20 cm lange Eisenschlüssel mit dem mächtigen springenden Bronzelöwen als Griff kam in Augst beim Tempel auf Schönbühl (Nr. 20 auf dem Bild Seite 39) zutage und wird das monumentale Tempeltor verschlossen haben.

– Wieder andere Götter fanden Verehrung als besondere Schutzpatrone der Handwerker und Berufsleute. Von Neptun als Gott der Schiffer ist eben die Rede gewesen. Vulcanus wurde von den Metallhandwerkern verehrt, Aesculap, den sagenhaften Sohn Apolls, rief man bei Krankheiten an, und noch heute ist er der Schutzpatron der Ärzte. Merkur war der Gott der Kaufleute, die Pastores verkörperten Hirtengottheiten.

Jeder Ort und jeder Mensch besaß einen Schutzgott als Vermittler zwischen den Menschen und den allerhöchsten Gottheiten. Die Römer nannten ihn Genius; die Kelten übernahmen die Genien, verehrten aber dazu noch die althergebrachten Sulevien als Schutzgöttinnen. In diesen Bereich gehören auch die nach antiker Sitte verbreiteten Stadtgöttinnen. In unserem Gebiet kennen wir bezeichnenderweise aus dem stärker romanisierten Westen Genava und Aventia, die Verkörperung und Schutzgottheit von Genf und Avenches. Auch Victoria, die Göttin des Sieges, und Fortuna, die Göttin des Glücks, gehören zu den beschützenden Gottheiten. Die Laren (Bild Seite 78) amteten als ausgesprochene Schutzgötter des Hauses und wurden nebst den keltischen Sulevien und anderen, persönlichen Schutzgöttern in jedem Haushalt verehrt.

Die Manen waren die Götter der Toten. Jeder Grabstein trägt zuerst die Weihung an die Manen (Dis Manibus) und dann den Namen des Verstorbenen.

Besonders in späterer Zeit gelangten verschiedene Kulte aus dem Orient nach Westen. Letztlich gehört dazu

Der auf einem Felsen sitzende Merkur von Hohenrain-Ottenhusen im Kanton Luzern trägt die Züge des Kaisers Trajan (98–117) und ist demnach ein Mercurius Augustus. Höhe 30,5 cm.

Bronzestatuette des Sucellus aus Visp im Wallis. Der keltische Fruchtbarkeits- und Vegetationsgott Sucellus war auch Beschützer des Weinbaus. Er hält in der rechten Hand einen kleinen Napf und in der linken sein wichtigstes (heute verlorenes) Attribut, einen Hammer. Die 27 cm hohe Figur könnte als Stütze eines Gerätes oder Möbels gedient haben.

auch das Christentum, dessen früheste Spuren wir hier aber erst im 4. Jahrhundert finden. Zu diesen orientalischen Religionen, die ihren Anhängern Erlösung und ein glückliches Dasein im Jenseits verhießen, gehörten geheimnisvolle Mysterien, an denen nur die eingeweihte Kultgemeinschaft teilnehmen durfte. Die Verehrung der kleinasiatischen Muttergöttin Kybele und ihres Geliebten Attis ist im westlichen Teil unseres Landes bezeugt, während der persische Lichtgott Mithras, der auch als Deus oder Sol invictus (unbesiegbarer Sonnengott) verehrt wurde, als Männerkult vor allem Anhänger beim Militär fand. Wie bei der Kybeleverehrung gipfelten die Riten in einem Stieropfer.

Auch die Verehrung der Planeten- und Wochengötter erhielt in der späteren Zeit Bedeutung. Schönste Beispiele dafür sind das Wochengöttermosaik aus Orbe (Bild Seite 70) und das reich ausgestattete Wochengötterheiligtum in der Grienmatt in Augst, das zu Ende des 2. Jahrhunderts eingeweiht wurde. Die Schicksale der griechischen Helden und Mysteriengestalten Achilles, Herakles, Dionysos/Bacchus und Orpheus fanden bei der gebildeten Oberschicht Anteilnahme und Verehrung.

Von diesen keltischen und römischen Glaubensvorstellungen und von der keltischen Religion in römischem Kleid berichten nicht nur zahlreiche Inschriften von Tempeln, Altären, Statuen und anderen, nicht näher umschriebenen Weihegaben; in den Statuen und Statuetten aus Stein, Bronze und Ton erscheinen die Abbilder der Gottheiten selbst, wenn auch nur eine kleine Zahl bis zum heutigen Tag erhalten blieb. Besonders die Zeugen der

Bronzestatuette der Fortuna, aus Augst. Die Göttin des Glücks und des Erfolgs trägt ein Diadem und im linken Arm ein Füllhorn; in der rechten Hand hielt sie vermutlich eine Opferschale. Die 16 cm große Statuette stand einst in einem Hausaltar und dürfte im 3. Jahrhundert von einem geschickten Handwerker geschaffen worden sein.

Das nur 26 cm große Kalksteinrelief aus Vindonissa zeigt den Handelsgott Merkur mit Geldbeutel und Heroldstab. Das Relief ist ein gutes Beispiel für die gallorömische Volkskunst.

Bronzestatuette der Jagdgöttin Diana. In der linken Hand hielt sie den (verlorenen) Bogen, mit der rechten nimmt sie eben einen Pfeil aus dem Köcher. Halbe natürliche Größe.

Staatsreligion, die in den Tempeln verehrten Götterbilder und die anderen lebensgroßen und überlebensgroßen Statuen und Reiterstandbilder aus Stein und Bronze, sind nach den Zerstörungen des 3. Jahrhunderts nicht nur von Altmetall- und Baustoffhändlern und später von frühen Christen, sondern auch von Staates wegen zerschlagen, die Bronze größtenteils eingeschmolzen und wiederverwendet worden. Einige große Schrottfunde von in der Antike zerschlagenen Bronzen aus Augst, Avenches und Martigny lassen nur ahnen, wie viele Statuen aus

Bronze und vergoldeter Bronze einst Tempel, Haine und öffentliche Plätze schmückten. Am zahlreichsten sind die kleinen Götterfigürchen aus Bronze und Ton erhalten geblieben – oft verkleinerte Abbilder der großen Statuen –, die einst in den Hausaltären verehrt, als Weihegaben in Heiligtümern aufgestellt oder, in Ton geformt, auch als Beigaben den Verstorbenen ins Grab gegeben wurden (Bild Seite 116). Neben größeren und kleineren, teilweise im komplizierten Hohlguß gefertigten wirklichen Kunstwerken aus Bronze stehen mehrheitlich kleine,

anspruchslose Figürchen, die wohl an jedem größeren Ort nachgegossen wurden.

Drei, wenn nicht vier Weih-
altäre hat Tertius, der Freigelassene eines gewissen
Valerius gestiftet. Tertius ließ
die 40 cm hohen Altärchen
aus Lavez (Speckstein)
schneiden, doch sind sie nie
in das Heiligtum gelangt, in
dem sie aufgestellt werden

sollten. Denn das Schiff, das
die Steine über den Silsersee
transportierte, kenterte, und
die Altäre versanken im
schlammigen Grund.
Die angesprochenen Gott-
heiten (Silvanus, Diana, die
Pastores und Merkur) spiegeln die Umgebung – viel-

leicht das Engadin selbst –
wider, in der Tertius gelebt
hat: Wälder mit Jagdwild
und ausgedehnte Viehwei-
den. Merkur, der Gott des
Handels, erinnert an die
wichtigen Straßenverbindun-
gen durch die Alpentäler.

Rechts:
Bronzestatuette der Liebesgöttin Venus mit Diadem,
aus Augst. Zum mitgegosse-
nen Schmuck an den Ober-
armen hat ihr ein Bewohner
von Augusta aus Golddraht
gedrehte Armbändchen und
ein Halsband umgelegt. Etwa
natürliche Größe.

Tempel und Tempelbezirke

Den Tempeln, den Gotteshäusern der Antike sind wir auf unserem Rundgang durch die Römerzeit schon mehrfach begegnet: Als zentrales Heiligtum auf dem Marktplatz, als Kultbau gegenüber oder bei Theater und Amphitheater und in heiligen Bezirken innerhalb und außerhalb von Siedlungen. Vereinzelt wurden dem Jupiter nach einer besonders im Rheinland verbreiteten Sitte hohe Säulen aufgestellt, so in Aventicum und in einem kleinen ländlichen Heiligtum bei Bubendorf im Kanton Baselland. Aber auch Ehrenbögen konnten den

Göttern zu Ehren erbaut werden, wie dies Inschriften aus Genf und Vindonissa mitteilen.
Kultbauten waren für die Kelten nichts Neues. Schon Jahrhunderte vor der Römerzeit hatten sie einigen Gottheiten kleine Tempel aus Holz mit einfachem quadratischem Grundriß errichtet und mit einem heiligen Bezirk umschlossen. In der Römerzeit blieb bei uns die quadratische Grundform, doch kam dazu nach römischer Art ein Säulenumgang. Im Innern des Tempels, in der cella, befand sich das nicht selten überlebensgroße Bild der

verehrten römischen oder gallorömischen Gottheit, auf einem Sockel stehend oder sitzend. Neben den zahlreichen Vierecktempeln gab es auch Tempel nach römischem Vorbild und römischer Architektur. Mit der Zeit wurden gerade in den Städten gewisse Vierecktempel abgerissen und an ihrer Stelle große, repräsentative klassische Bauten mit hohen Säulenhallen und Vorhof errichtet. Die besten Beispiele aus unserem Gebiet sind der Tempel gegenüber dem Theater von Aventicum und der monumentale Bau gegenüber dem Theater von Augusta Rauracorum.

Diese prächtigen, reich geschmückten und teilweise mit Marmor verkleideten Gebäude gehörten in unserem Gebiet mit den Theatern und Markthallen zu den eindrucksvollsten Zeugen der römischen Baukunst.

Kein Tempel stand, wie unsere heutigen Kirchen, für sich allein; stets gehörte eine Abgrenzung von der profanen Umwelt dazu. Selbst auf dem forum heißt der Teil mit dem Tempel «heiliger Bezirk». Manchmal standen diese Tempel einzeln in einem mehr oder weniger symmetrischen Hof wie in Martigny oder Avenches, doch gab

es etliche von Mauern umschlossene Tempelbezirke mit mehreren Tempeln. Zu diesen auch als Wallfahrtsort besuchten Heiligtümern gehörte meistens ein Haus für die Priester und das Hilfspersonal und manchmal eine Pilgerherberge. Denn der Schlaf in der Nähe der Gottheit konnte nach verbreiteten Glaubensvorstellungen Heilung von einer Krankheit oder Erhörung der Bitten bewirken. Die heiligen Stätten außerhalb der Ortschaften lagen nach alter Tradition oft auf Höhen oder Hügelrücken, nicht selten in ausgesprochener Aussichtslage oder

bei Quellen. Beispiele dafür sind das Höhenheiligtum hoch oben auf der Schauenburgerflue im Baselbieter Jura sowie die Tempelbezirke von Thun-Allmendingen und Petinesca bei Studen im Berner Seeland, wie unser Bild auf Seite 138 veranschaulicht.

Nicht nur Gemeinden und Kultgemeinschaften erbauten Tempel. Lucius Camillius Aetolus, ein zu Reichtum gelangter freigelassener Sklave aus der mächtigen Familie der Camilli von Aventicum, ließ dem Mars Caturix bei Yverdon einen Tempel errichten. Titus Crassicius Pattusius aus der in Salodu-

Die 66,5 cm große, fein über-
arbeitete Bronzefigur des
Weingottes Bacchus diente
zur Römerzeit wahrscheinlich
als Tischstütze. Das weiche
Gesicht des jugendlichen
Gottes ist mit Lorbeer und
Weintrauben bekränzt, die
Augen sind mit Silber ein-
gelegt. Aus Avenches.

Die mit eigenartigen Symbo-
len und Zeichen besetzten
Bronzehände wurden als hilf-
reiche Hand des östlichen
Gottes Sabazios aufgestellt.
Denselben Schutz- und
Segensgestus kennt übrigens
die christliche Kirche.
Die 11,5 cm große, sorgfältig
gearbeitete Sabazioshand
kam in Avenches zutage.

rum (Solothurn) sehr angesehenen Familie der Crassicii baute aus eigenen
Mitteln zu Ehren des Kaiserhauses
dem Apollo Augustus einen Tempel.
Die Stiftung eines Isistempels überliefert die Inschrift oben rechts.
Gerade aus dem 3. Jahrhundert berichten einige Inschriften von Renovationen. So ließ Montanus, kaiserlicher
Sklave und Vizedirektor der Zollstation Acaunum (St-Maurice) dem göttlichen Walten der Kaiser und dem
Merkur ein vor Alter verfallenes Heiligtum wiederherstellen. Bemerkenswert ist auch eine Inschrift aus Minnodunum (Moudon). Sie besagt, daß ein
gewisser Tiberius Pomponius tausend
Denare gestiftet hat, um aus deren
Zinsen einen Tempel des Jupiter Optimus Maximus wiederherzustellen und

den Einwohnern des vicus eine dreitägige Speisung anzubieten.
In den großen und kleinen Tempel-
höfen und Tempelbezirken standen
aber nicht nur Gotteshäuser, sondern
zahlreiche Kapellen, Bildstöcke, Altäre und Statuen sowie die ungezähl-
ten kleinen Weihegaben der Pilger und
Besucher der heiligen Stätten. Je nach
den finanziellen Mitteln und der
Größe und Wichtigkeit der Bitte oder
des Gelübdes waren diese Weihegaben
unterschiedlich aufwendig. Genauso-
gut wie heute in der Kirche, suchten
damals Gemeinden und Private bei
den Göttern Schutz, Hilfe, Heilung von
Krankheit und Erfüllung von privaten
und öffentlichen Wünschen. Es galt
aber auch, die Götter an den festgesetzten Feiertagen durch stete Opfer

gnädig zu stimmen und nach erhalte-
ner Hilfe den Dank abzustatten. Die
Inschriften sagen uns, wie die Wei-
hungen zustande kamen: Durch Gelübde (ex voto), aufgrund einer
Sammlung (ex stipe), aufgrund eines
Testamentes (ex testamento) oder
auch aufgrund eines Traumes (ex
visu). Während die teuren Monu-
mente, die Tempel, Altäre und großen
Statuen, mehr der offiziellen gallorömischen und römischen Religion
entsprachen, spiegeln sich in den
Votivgaben der einfachen Leute, die
leider nur zum allerkleinsten Teil
erhalten sind, verschiedenartigste,
schwer erklärbare Vorstellungen wider.
Die in und bei Heiligtümern gemach-
ten Funde geben davon nur eine ge-
ringe Vorstellung: Von den vielen Blu-

Rechts:

Deae Isidi templum a solo Lucius Annusius Magianus de suo posuit vikanis Aquensibus ad cuius templi ornamenta Alpinia Alpinula coniux et Peregrina filia ✳ C dederunt. Locus datus decreto vicanorum.

Der Göttin Isis hat Lucius Annusius Magianus diesen Tempel von Grund auf aus eigenen Mitteln für die Bewohner von Baden errichtet. Für die Ausschmückung dieses Tempels haben Alpinia Alpinula, seine Gattin, und Peregrina, ihre Tochter, 100 Denare gegeben. Der Platz (für die Inschrift) wurde durch Beschluß der Bewohner des vicus gegeben.

Die ägyptische Göttin Isis wurde in Rom schon früh verehrt. Der lediglich durch diese Stifterinschrift bekannte Isistempel dürfte in einem noch auszugrabenden Tempelbezirk in Wettingen gestanden haben, der zum Verwaltungsbereich des nahen vicus Aquae Helveticae (Baden) gehörte. Vom gleichen Ort stammt auch der auf Seite 9 erwähnte Tempelschatz von acht Silbergefäßen.

Die seit dem Mittelalter in der St.-Sebastians-Kirche in Wettingen eingemauerte, 127 × 77 cm große Inschrift regte übrigens frühere Forscher zur Suche nach weiteren Zeugnissen der Isisreligion in der Ostschweiz an, die sich allerdings als gelehrte Spekulationen erwiesen. Aber ein sistrum, eine im Isiskult verwendete Bronzerassel, zeigt, daß dieser Göttin auch in Lousonna (Lausanne-Vidy) Verehrung bezeugt wurde.

Unten:

Das reich verzierte Bronzebecken mit seinen zipfelartigen Fortsätzen trägt auf der silbrigglänzenden, verzinnten Wand die Bilder der sieben Planetengötter. Das nur 11 cm weite Gefäß stand einst auf kleinen Füßen und diente im Kult als Räucherbecken zum Verbrennen von Weihrauch. Es wurde im Wochengötterheiligtum von Augst gefunden (siehe Bild Seite 39, Nr. 22).

Nach den sieben Planetengöttern heißen bis heute unsere Wochentage.

SATURNUS	SOL	LUNA		MARS	MERCURIUS	IUPPITER	VENUS
Saturni dies	Solis dies	(Mondgöttin) Lunae dies		Martis dies	Mercurii dies	Iovis dies	Veneris dies
Samedi	(Dimanche)	Lundi		Mardi	Mercredi	Jeudi	Vendredi
Samstag	Sonntag	Montag		Dienstag	(Mittwoch)	Donnerstag	Freitag
Saturday	Sunday	Monday		Tuesday	Wednesday (german. Wodan)	Thursday	Friday

men, den Kränzen und heiligen Bändern sind im Boden natürlich keine Spuren mehr zu finden. Geschirr und Tierknochen dürften teilweise von Götterspeisungen herrühren. Auch Gewandspangen und Münzen wurden als Opfergaben dargebracht. Gerade die Münzen zeigen, daß gewisse Heiligtümer seit frührömischer, ja wie in Martigny schon seit keltischer Zeit bestanden, und daß den althergebrachten Gottheiten bis weit ins 4. Jahrhundert hinein oder noch später geopfert wurde, als das Christentum längst auch bei uns Fuß gefaßt hatte.

Die in den heiligen Bezirken aufgestellten Statuen stellten vielfach die angerufene Gottheit dar, doch entsprach es antikem Brauchtum, auch das Bild des Stifters zu weihen. Die kleine Holzstatue aus Tasgetium (Eschenz), das Porträt eines Gallorömers aus der allerersten Römerzeit, muß einst in einem nahe beim Rhein gelegenen Heiligtum aufgestellt gewesen sein. Das Bild blieb erhalten, weil es aus unbekanntem Grund noch in frührömischer Zeit in einem Abwasserkanal versteckt worden war. Zahlreiche hölzerne Pilgerbildnisse sind übrigens auch in den Heiligtümern bei den Quellen der Seine im Wasser erhalten geblieben. Wer keine Statue zu zahlen vermochte, brachte den Göttern kleine Figürchen aus Ton und aus vergänglichem Material wie Teig, Holz oder Stoff dar. Die Holzvotive aus den Seinequellen und andere Votive aus Stein und Bronze zeigen, daß die Pil-

ger auch Abbilder der kranken Körperteile weihten. Auf dem Großen St. Bernhard kamen kleine beschuhte Fußvotive zutage, die hier zweifellos niedergelegt worden sind, um eine glückliche, beschwerdefreie Reise zu erbitten.

An den im Festkalender genau vorgeschriebenen Feiertagen der Götter zogen die Gläubigen zu den Klängen von Hörnern, Flöten und anderen Musikinstrumenten in langen Prozessionen zur Gottheit. In den Städten fanden an diesen Feiertagen meistens große Märkte und Spiele in den Theatern statt. Wir dürfen uns vorstellen, daß zu diesen Festen die Bevölkerung von nah und fern in die Städte strömte und daß Straßen und Plätze, Tempelbezirke und Märkte von buntem Leben erfüllt waren.

Einer der Tempel von Thun-Allmendingen war den Alpengöttern, den Alpes geweiht. An einer Außenwand werden unter anderen Gaben zwei nur 4,2 cm weite, verzierte Miniaturschälchen aus Zinn gehangen haben. Auf dem einen ist die griechische Sage von Diana (DIANA) dargestellt, die der Jäger Aktaion (ACTHVS) verbotenerweise beim Bad überraschte. Die Göttin verwandelte den Jäger in einen Hirsch, den seine eigenen Hunde zerrissen.
Zweifellos sind diese seltenen Weihegaben aus der Fremde mitgebracht worden.

Eine andere Form von kleinen Weihegaben bestand in hauchdünnen Silber- oder sogar Goldplättchen, hier in Form eines stilisierten Palmblattes. Dieses 21,5 cm lange Silberplättchen vom Großen St. Bernhard trägt eine Weihung an Jupiter Poeninus.
Im Gegensatz zu den teuren Statuen und Monumenten erscheinen diese Gaben gering. Ein gewisser Gaius Julius Rufus, der dem Jupiter Poeninus am selben Ort ein Gelübde erfüllte, bat deshalb den Gott in einem kleinen Gedicht:
«Bei deinem Tempel habe ich gern die getanen Gelübde erfüllt,
Daß sie dir genehm sein mögen, flehe ich deine Gottheit an,
An Kosten zwar nicht hoch, dich, Heiliger, bitten wir,
Du mögest unsere Gesinnung höher achten als unseren Geldbeutel.»

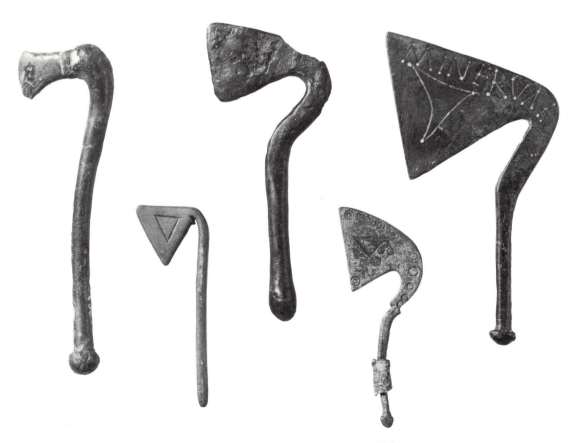

Gerade im Gebiet der Helvetier war es üblich, verschiedenen Göttern kleine Miniaturbeile aus Bronze und Eisen als ex voto darzubringen. Manchmal tragen sie den Namen der angerufenen Gottheit eingeritzt, wie das 8 cm lange Beilchen rechts mit der Inschrift MINERVAE (der Minerva) aus dem Tempelbezirk von Thun-Allmendingen; die übrigen stammen aus dem vicus Bern-Engehalbinsel.

Vorhergehende Doppelseite:
So könnte der auf der Flur Gumpboden entdeckte ummauerte Tempelbezirk von Petinesca auf dem Jäißberg (oberhalb Studen im Berner Seeland) zur Blütezeit des Römerreiches ausgesehen haben. Das Heiligtum wurde im 1. und 2. Jahrhundert in Stein gebaut, reicht aber mit seinen Anfängen vielleicht bis in keltische Zeit zurück. Nach den Funden wurde es noch weit in spätrömische Zeit hinein aufgesucht.

Im etwa 190×70 m großen, durch mehrere Tore zugänglichen Areal standen mindestens sechs Tempel, alle in der Art der gallorömischen Vierecktempel gebaut. Ringsum gruppierten sich größere und kleinere Kapellen, Altäre, Statuen von Göttern und Pilgern und viele andere Weihegaben. An den Bäumen und Sträuchern hingen heilige Bänder und Kränze. Auf den Altären brachten die Priester auch Tieropfer und Weinspenden dar.

Alle Tempel sind nach Osten ausgerichtet. Im Innern der cella befand sich das Bild der verehrten Gottheit; allerdings sind ihre Namen in Petinesca nicht bekannt. Sicher hatte Merkur, der am meisten verehrte Gott der Gallorömer, einen eigenen Tempel. Neben anderen Göttern und Genien dürften hier auch römische Staatsgötter wie Jupiter und Minerva oder gallische Gottheiten wie Sucellus, der Kriegsgott Mars Caturix und Wassergottheiten wie Neptun oder die Nymphen verehrt worden sein.

An einem Priesterhaus am Ostende des Areals waren vermutlich Verkaufsläden für Votivartikel angebaut. Dort konnten die Pilger kleine Tonfigürchen, Metallblättchen oder Bronzetäfelchen kaufen, auf die die Handwerker mit Punzen oder mit einem Meißel die gewünschten Inschriften anbrachten. Auch Blumen und Kränze werden hier verkauft worden sein, soweit diese Weihegaben nicht mitgebracht wurden.

Zu einem der Tempel zieht eben eine Prozession: Von Tubabläsern begleitet, nähern sich die Gläubigen gemessenen Schrittes; in einem Schrein tragen sie ein Kultbild der Gottheit mit. Am Altar, der vor dem Tempel steht, wird der Priester einen festlichen Gottesdienst abhalten.

Rechts:
Die 62 cm große Statue aus Eichenholz kam vor wenigen Jahren im vicus Tasgetium (Eschenz) zutage. Dieses Bildnis eines Gallorömers aus der allerfrühesten Römerzeit war einst, auf einem Sockel stehend, als Weihegabe in einem Heiligtum aufgestellt. Der Mann ist in den langen Kapuzenmantel gehüllt und trägt die Haare noch nicht nach römischer Mode kurzgeschnitten.

140

Die nur 12,6 cm hohe Gruppe aus hellem Ton stellt eine gallorömische Pilgerfamilie dar und wurde im Tempelbezirk von Thun-Allmendingen entdeckt. Es sind zwei oder drei Erwachsene mit ihren Kindern, alle in lange Mäntel gehüllt. Solche und viele andere Weihegaben konnten die Pilger in den Läden der Wallfahrtsorte kaufen.

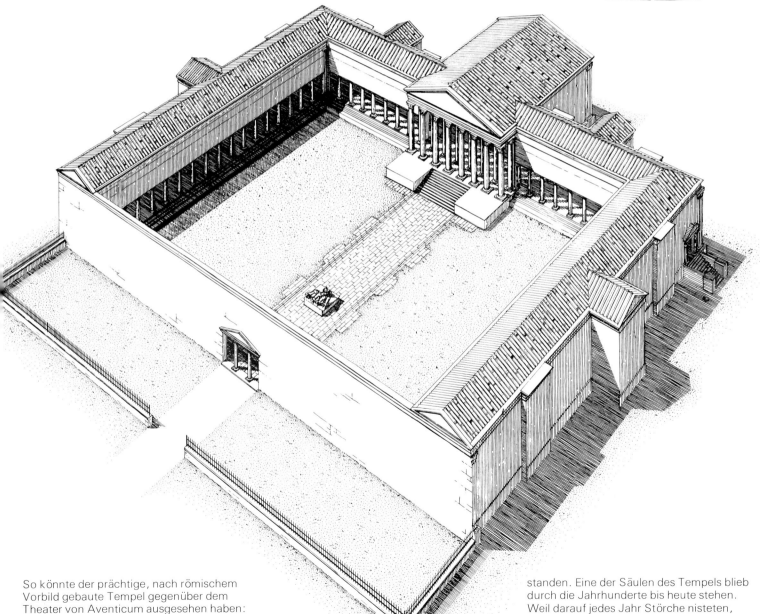

So könnte der prächtige, nach römischem Vorbild gebaute Tempel gegenüber dem Theater von Aventicum ausgesehen haben: Ein von Säulenreihen getragener Umgang umschloß den Tempelhof, in welchem außer einem großen Altar vor der Freitreppe zahlreiche große und kleine Weihegaben - Statuen, Altäre und viel anderes mehr - standen. Eine der Säulen des Tempels blieb durch die Jahrhunderte bis heute stehen. Weil darauf jedes Jahr Störche nisteten, heißen diese Reste aus der Römerzeit in Avenches bis heute «Le Cigognier» (cigogne = Storch). Welcher Gottheit dieser monumentale Bau geweiht war, ist nicht bekannt.

Frühes Christentum

Auf dem Rand einer Platte ist mit einem Stempel das Christusmonogramm - allerdings seitenverkehrt - als Dekor eingedrückt. Das Gefäß wurde im Bereich der Kathedrale St-Pierre in Genf gefunden und stammt aus Töpfereien des Rhonetals, die im 5. Jahrhundert sehr gutes Geschirr bis in die Westschweiz lieferten.

Während in Rom schon zu Lebzeiten des Apostels Petrus die ersten Christengemeinschaften entstanden und in Gallien in mehreren größeren Städten seit dem späten 2. und 3. Jahrhundert Bischöfe ihre Gemeinden führten, zeigen sich bei uns die ersten Spuren der neuen Religion erst im 4. Jahrhundert.

Der Siegeszug des Christentums ist aus einer Zeit heraus zu verstehen, in der die Bevölkerung durch Krieg, innere Wirren und Umbruch der Zeiten viel zu leiden hatte. Nun kam eine Religion, die anstelle der zahlreichen verschiedenen Gottheiten und Genien einen einzigen Gott und seinen göttlichen Sohn und Sendboten Jesus kannte, der den Menschen ohne Rücksicht auf Stand und Herkunft Frieden auf Erden und ein glückliches Dasein im Jenseits verhieß, die diesseitigen Güter aber gering einschätzte. Nicht der Mensch stand im Mittelpunkt, sondern Gott, nicht das Diesseits, sondern das Jenseits. Die Botschaft des Christentums enthielt auch völlig Neues: Liebe nicht nur deinen Freund, sondern auch deinen Feind.

Im Jahre 313 hatte Kaiser Konstantin nach einem Sieg, den er dem Gott der Christen zu verdanken glaubte, diese Religion offiziell anerkannt und seither auch gefördert; er selbst ließ sich aber erst auf dem Totenbett taufen. Konstantin der Große war es übrigens auch, der den Tag des Sonnengottes (dies solis, Sonntag) als Ruhetag einführte und den Geburtstag Christi auf den 25. Dezember – den Geburtstag des Lichtgottes Mithras – festlegte.

In der zweiten Hälfte des 4. Jahrhunderts erlebte die alte Religion zwar nochmals einen Aufschwung unter Kaiser Julian (357–363), der deshalb von den Christen als abtrünnig beschimpft wurde. Bereits 391 verbot aber Kaiser Theodosius unter Androhung der Todesstrafe das Betreten der Tempel, die Anbetung von Kultbildern und die Teilnahme an Opferhandlungen und erhob das Christentum zur Staatsreligion. Viele Tempel und heilige Bezirke wurden damals zerstört, aber eine systematische Verfolgung der Nichtchristen fand nicht statt.

Seit dieser Zeit begann sich das Christentum rasch von Zentrum zu Zentrum und von dort weiter in die Landschaften zu verbreiten. Aber noch bis ins 5. Jahrhundert blieben da und dort alte Kultorte verehrt, bis sie schließlich vergessen oder aber in die christlichen Glaubensvorstellungen einbezogen wurden, wie beispielsweise der Tempel von Ursins im Kanton Waadt, der später in eine Kirche umgewandelt wurde.

Das älteste christliche Zeugnis aus der heutigen Schweiz stammt aus dem Grab eines Mädchens, das zu Beginn des 4. Jahrhunderts in Aventicum bestattet worden ist. Nach alter Sitte hatte es Speise und Trank ins Grab mitbekommen. Auf einem der beiden Glasbecher lesen wir den geläufigen frühchristlichen Segenswunsch «Lebe in Gott». Aufs Jahr 377 ist die Inschrift aus Sitten datiert, welche der Provinzstatthalter Pontius Asclepiodotus, ein Zeitgenosse des ersten Walliser Bischofs, Theodul, im Zeichen Christi meißeln ließ. In etwas holprigen Versen preist er die Renovation eines großen öffentlichen Gebäudes: «*In Ergebenheit und voll Eifer hat Pontius, der Praetor, die erhabenen Gebäulichkeiten wiederhergestellt, viel schöner als jene uralten von früher. Solche Stifter suche dir, Öffentlichkeit!*»

Um 400 bestand in Gallien und in unserem Gebiet bereits eine feste kirchliche Verwaltung. Bischöfe residierten in Genf, Martigny (später Sitten), Chur, Kaiseraugst (später Basel) und vermutlich in Vindonissa (später Avenches, dann Lausanne). In der Bischofsstadt Genf, die dank ihrer Lage seit jeher enge Kontakte mit dem Rhonetal und mit Südgallien pflegte, entstand ein ganz besonders prächtiges kirchliches Zentrum. Hier entdeckten die Archäologen unter und neben der heutigen Kathedrale St-Pierre im Herzen der Altstadt einen ausgedehnten frühchristlichen Baukomplex mit mehreren Kirchen, mit marmorverkleidetem Taufbecken und mosaikgeschmücktem Audienzsaal, die mit dem Bischofspalast zusammenhängen müssen. Diese Bauten waren im späten 4. Jahrhundert errichtet worden und erfuhren durch die ganze Spätantike bis ins frühe Mittelalter immer wieder Umbauten, Erneuerungen und Erweiterungen. Frühchristliche Kirchen und Taufbecken wurden aber auch in den meisten anderen Ka-

Rekonstruktion des Taufgebäudes (Baptisterium) der bischöflichen Kirchengruppe von Genf aus der Zeit um 400. Das Taufbecken war mit Marmorplatten ausgekleidet und von einer Art Baldachin (Ciborium) überwölbt. Das zierliche, von Säulen getragene Ciborium war mit Stuck dekoriert. Das Wasser wurde in einer Holzwasserleitung zugeführt.

Das den Priestern reservierte Presbyterium schmückte ein Mosaikboden. In einem Nebenraum, den man durch ein hohes Tor erreichte, befand sich ein zweites Wasserbecken, das vielleicht bei den Vorbereitungen für die Taufe benützt wurde.

stellen, den befestigten Städten unseres Landes gebaut. Im Gegensatz zu den früheren Tempeln beherbergten die Kirchen nicht nur das Bild der Gottheit, sondern schlossen zugleich den Versammlungsraum der Gläubigen mit ein. Auf etlichen spätrömischen Friedhöfen wurden über den Gräbern von besonders verdienstreichen Verstorbenen kleine Kapellen errichtet. In diesen aus Holz und Stein gebauten Memorien hielten die Hinterbliebenen oder die christliche Gemeinde nach gut antikem Brauch Gedenkfeiern ab. Nicht selten entstanden später aus den kleinen Gedenkstätten der Kastellfriedhöfe richtige Friedhofskirchen, so in Solothurn die heutige Kathedrale St. Urs und Viktor, in Biel-Mett (Bild Seite 154) und in Chur die Kirchen St. Stephan und in Genf die Kirche Maria Magdalena (Madeleine). Diese Memorien und Friedhofskirchen liegen alle außerhalb der spätantiken Kastelle, auf den Gräberfeldern, die nach römischer Sitte weiterhin außerhalb der Siedlungen lagen.

In die Zeit der Kaiser Diokletian und

Maximian (um 300 n. Chr.) plaziert die Überlieferung die Legende vom Martyrium der aus Ägypten stammenden Thebäischen Legion in Acaunum (St-Maurice), der alten römischen Zollstation beim wichtigen Rhoneübergang von Tarnaiae (Massongex). Nach dieser im späten 4. Jahrhundert vom Walliser Bischof Theodul verbreiteten oströmischen Legende erlitten hier die Offiziere Mauritius, Exuperius und Candidus und nach einer späteren Überlieferung auch die beiden Stadtheiligen von Solothurn, Urs und Viktor, das Martyrium. Theodul ließ den Heiligen am Ort ihrer von ihm «aufgefundenen» Bestattung eine kleine Kirche bauen, aus der im 5. Jahrhundert das noch heute bestehende Kloster St-Maurice seinen Anfang nahm. Auch die Zurzacher Heilige, Verena, und die Zürcher Heiligen, Felix und Regula, sind nach späteren Legenden mit dem Martyrium des

Mauritius verbunden worden. Diese Verknüpfung illustriert aufs beste, wie die erste Christianisierung unseres Landes von wenigen städtischen Zentren ausging. Mit der Verpflanzung der Mauritius-Legende aus dem Osten des römischen Reiches ins Wallis hat Bischof Theodul ein wichtiges Kultzentrum für das noch junge Christentum geschaffen.

Im Laufe der Spätantike übernahm die Kirche nicht nur die Sorge für die Armen und Schwachen, sondern nahm neben den weltlichen Herren teil an Regierung und Macht. Viele Bischöfe entstammten alten, vornehmen Familien und waren hochgebildet. Manches Wissen aus der Römerzeit wäre unrettbar verloren gewesen, hätte es nicht die Kirche bewahrt, aufgeschrieben und so an die späteren Generationen weitergegeben.

Diokletian (links; 284-305)
und Maximian (286-305)

Konstantin der Große (306-337)

Constantius II. (337-361)

Magnentius (350-353)

Julian (361-363)

Von Diokletian bis zu Romulus Augustus – 200 Jahre spätrömische Geschichte

Große Aufgaben kamen auf Diokletian zu, nachdem er 284 zum Kaiser erklärt worden war. Er erkannte, daß das Imperium unmöglich mehr in der bisherigen Form zu regieren war; seine Reform sah deshalb eine Verteilung der Aufgaben und eine strenge Trennung zwischen ziviler und militärischer Verwaltung vor, die aber der absoluten Entscheidungsgewalt des Kaisers unterstanden. Als erstes teilte er das Römische Reich in eine östliche und eine westliche Hälfte, deren Grenze schließlich durch das heutige Jugoslawien verlief. Den Westen übergab er an den ihm treu ergebenen Maximian, den Osten übernahm er selbst. Unser Gebiet kam damit unter die Herrschaft des Kaisers Maximian, der zunächst Bauernaufstände in Gallien und verschiedene Alamanneneinfälle niederzuwerfen hatte. Konsequent führte Diokletian schon vorher sich anbahnende Abtrennungen weiter: Im Jahre 293 ließ er die Reichshälften nochmals teilen und neben den beiden Kaisern zwei Caesares als Unterkaiser einsetzen. Schließlich wurden diese Viertel in fünfzehn Diözesen zu insgesamt über hundert Provinzen aufgegliedert. Über den Westteil des Westreiches von England bis Marokko gebot nun der General und Caesar Constantius Chlorus, der Vater des späteren Kaisers Konstantin des Großen. Als Hauptstadt wählte er Augusta Treverorum (Trier). Trier blieb für über hundert Jahre Kaiserresidenz und erlebte in jener Zeit eine große Blüte.

Unter Diokletian begann der Aufbau eines starren Beamtenapparates. Mit eisernem Zwang und Gesetzen versuchte er, das tägliche Leben zu regeln; ein Preisedikt aus dem Jahre 301 schrieb sämtliche Höchstpreise vor, vom Schiffstransport bis zum Kinderschuh, in der Absicht, die Wirtschaft zu kontrollieren und vor allem die Versorgung des Heeres zu geregelten Preisen garantieren zu können. Die Zivilbevölkerung wurde von Gesetzes wegen an die Scholle und an den Beruf gebunden. Sogar das Amt des Stadtrates wurde erblich, und die zivilen Gemeindevorsteher hafteten mit ihrem eigenen Vermögen für die einzutreibenden Steuern. Kein Wunder, daß sich niemand mehr um diese Ämter riß, denn Mißernte oder Krieg bedeuteten für viele den sicheren Ruin. Da im Laufe des 3. Jahrhunderts die Ausgaben für Militär und Verteidigung ins Unermeßliche angewachsen waren, mußten die ausgelaugten Provinzen eine Erhöhung der Steuern und Abgaben in Kauf nehmen. Mit einer Münzreform versuchte Diokletian zwar, das zerrüttete Geldsystem zu festigen, aber erst Kaiser Konstantin hatte mit weiteren Anpassungen den gewünschten Erfolg.

Die Umwälzungen des 3. und die Reformen des 4. Jahrhunderts hatten zur Folge, daß der Mittelstand der Bevölkerung verarmte und sich auflöste. Statt dessen herrschte eine kleine, sehr mächtige Oberschicht von Beamten und Militärs über eine immer stärker abhängige und von Gesetzes wegen an Beruf und Ort gebundene Zivilbevölkerung. Eine bevorzugte Bürgerschaft gab es ja auch nicht mehr, denn seit 212 besaßen alle freien Bewohner des Reiches das römische Bürgerrecht. Die Gemeindeversammlungen waren abgeschafft, die Selbstverwaltung gehörte der Vergangenheit an. Die Regierungsgeschäfte besorgten ausnahmslos die zivilen und militärischen Beamten des Staates, die in den nunmehr mit dicken Mauern befestigten, verkleinerten Städten – den castella und castra – residierten. Mit der neuen Verwaltung verschliffen sich auch die Unterschiede zwischen den verschiedenen städtischen Siedlungen, wie wir sie im Kapitel über die Städte und Kleinstädte kennengelernt haben.

er römischen Herrschaft

Valentinian I.
(364–375)

Theodosius der Große
(379–395)

Romulus Augustus
(475–476)

Das spätrömische Reich.

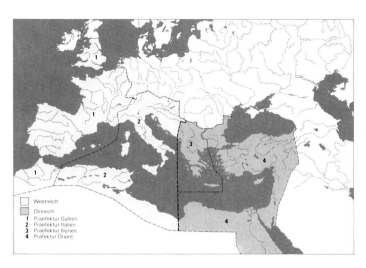

Westreich
Ostreich
1 Praefektur Gallien
2 Praefektur Italien
3 Praefektur Illyrien
4 Präfektur Orient

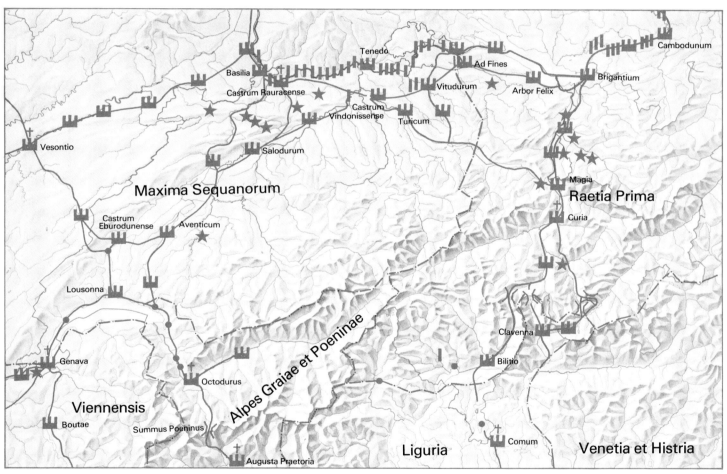

Die Schweiz in spätrömischer Zeit. Erneut zeigt sich, daß unser Gebiet alles andere als eine Einheit bildete. Zwar gehörte das Gebiet mit Ausnahme der beiden rechtsrheinischen, damals bereits außerhalb des Imperiums liegenden Zipfeln in den heutigen Kantonen Basel-Stadt und Schaffhausen ganz zum Westreich, aber etwa der alten rätischen Grenze entlang verlief die Unterteilung zwischen den beiden westlichen Reichsvierteln, jene zur Diözese Gallien, diese zur Diözese Italien gehörig. Nicht weniger als fünf Provinzen reichten in unser Land: Im Westen die *Maxima Sequanorum* mit der Hauptstadt Vesontio (Besançon), deren Ostteil etwa das ehemalige Helvetier- und Raurikergebiet umfaßte, dann die Provinz *Viennensis* mit der Hauptstadt Vienna (Vienne) bis ins Gebiet um Genf sowie die *Alpes Graiae et Poeninae* mit dem Wallis. Der Osthälfte des Westreichs gehörte die etwas veränderte Provinz *Raetia* mit Graubünden und Ostschweiz an. Nach 350 wurde Rätien nochmals aufgeteilt; von da an war Curia (Chur) Vorort der *Raetia Prima*. Schließlich reichte die Provinz *Liguria* mit Mediolanum (Mailand) als Hauptstadt ins Tessin und Bergell.

Auf der Karte eingetragen sind die Kastelle mit Bischofssitz (1), die übrigen wichtigen Kastelle (2), einige noch nicht näher erforschte Siedlungen (3), Wachttürme (4) sowie Refugien des späten 3., teilweise auch des 4. Jahrhunderts (5), die Hauptstraßen (6) und Provinzgrenzen (7).

Zeichenerklärung:
1 ⛪ Kastell mit Bischofssitz
2 ⛫ Kastell
3 • Nicht näher bekannte Siedlung
4 ⌐ Wachtturm
5 ☆ Refugium des 3. (und 4.) Jahrhunderts
6 — Hauptstraße
7 -- Provinzgrenze

Ab 291 begann Diokletian eine planmäßige Grenzverteidigung einzurichten, die von seinen Nachfolgern ausgebaut wurde. An den großen Grenzflüssen Rhein, Donau und Euphrat und in deren Hinterland schirmten hundert Jahre später viele befestigte Städte und eine dichte Kette von Befestigungen – Warten und Türme – das Imperium gegen außen ab. Wie Bauinschriften besagen, sind die Kastelle Oberwinterthur und Burg bei Stein am Rhein, die «Nachfolger» der zerstörten vici Vitudurum (Oberwinterthur) und Tasgetium (Eschenz), im Jahre 294 fertig geworden. Von anderen Kastellen ist mangels Bauurkunden noch unklar, ob sie bereits unter Diokletian oder erst unter seinem Nachfolger Konstantin gebaut beziehungsweise vollendet worden sind.

Während der Regierungszeit des Diokletian stürmten die Alamannen trotzdem noch mehrmals über den Rhein, doch wurden sie stets zurückgeschlagen. Nach einer im Jahre 298 von Constantius Chlorus bei Vindonissa siegreich geschlagenen Schlacht sollen die Gebeine der erschlagenen Germanen noch nach zwei Jahren das

Schlachtfeld bedeckt haben, so schildert jedenfalls – wohl etwas übertrieben – ein zeitgenössisches Loblied den makabren Schauplatz.

Konstantin, der Sohn des Caesars Constantius, herrschte als letzter Kaiser nochmals längere Zeit über ein vereinigtes Römerreich (312–337). Unter seiner Regierung war das Christentum erstmals vom Staat anerkannt, ja gefördert worden. Nach dem Sieg über seinen Mitregenten Licinius erbaute Konstantin eine neue Residenz: Konstantinopolis («Konstantinsstadt»; heute Istanbul). Unter seinen Nachfolgern wurde Konstantinopel glanzvolle Hauptstadt des Ostreiches und blieb dies bis zum Fall des Oströmischen Reiches im Jahre 1453 – also für über eintausendeinhundert Jahre! Aber nach wie vor galt Rom als ehrwürdige Hauptstadt des gesamten Imperiums. Wenn auch die Politik des Reiches nicht mehr von dort ausging, so blieb doch Rom die heilige Ewige Stadt, das caput mundi, das Haupt der Welt und Symbol des römischen Weltreiches.

Bereits Diokletian und seine Vorgänger, besonders aber Konstantin modernisierten und veränderten das Heer; damals standen immerhin bis zu 400 000 Soldaten im Dienst. Die Anzahl der Legionen und Hilfstruppen wurde erhöht; in einer Legion dienten aber nun nicht mehr wie früher sechstausend Mann, sondern nur noch etwa tausend in leicht manövrierbare Gruppen zusammengefaßte Soldaten. Nach Bedarf konnten diese Einheiten rasch in den Gefahrenzonen zusammengezogen werden. Konstantin richtete neben den – gegenüber früher stark reduzierten – fest stationierten Grenztruppen in den Kastellen und Befestigungen ein starkes, bewegliches Feldheer ein. In das Feldheer, das mit dem Kaiser und seinen Generälen mitzog und die eigentlichen Schlachten und Kämpfe ausfocht, wurden immer mehr Germanen und andere Ausländer aufgenommen. Gerade die Elitetruppen setzten sich hauptsächlich aus Germanen zusammen, und ihre Befehlshaber waren germanische Adelige, die im Dienste des Römerreiches nicht selten gegen andere Germanen zu kämpfen hatten. Germanische Offi-

ziere bildeten auch die Leibwache des Kaisers (Bild Seite 159).

Verschiedene spätrömische Truppen und Truppenteile standen im 4. und 5. Jahrhundert in unserem Gebiet. Im Kastell Kaiseraugst muß die in der Nordwestschweiz und im Elsaß eingesetzte Legio Prima Martia (die erste Legion, unter dem Zeichen des Kriegsgottes Mars) ihr Standquartier gehabt haben, und am Hauenstein bauten Truppenabteilungen aus Nordgallien. Für die Jahrzehnte um 400 nennt ein Staats- und Militärhandbuch, die notitia dignitatum, kleinere Kriegsflotten auf dem Boden- und auf dem Genfersee sowie eine Reiterabteilung

im rätischen Kastell Arbor Felix (Arbon). In den Rheinwarten der Ostschweiz standen auch germanische Söldner im Dienst, wie wir dank zerbrochenem, weggeworfenem Tongeschirr germanischer Machart wissen. Zweifellos war Militär am Werk, wenn uns mehrere Meilensteine an der wichtigen Fernstraße von Gallien über den Großen St. Bernhard nach Italien von Bauarbeiten unter Konstantin dem Großen berichten. Weitere Bauurkunden aus der Zeit Konstantins des Großen und seiner Söhne sind aus der Schweiz zwar nicht bekannt, doch wurden ganz sicher unter Diokletian begonnene Werke beendet und andere neu angefangen.

Bei seinem Tod vermachte Konstantin das Imperium an seine Söhne: Constans erhielt den Westen und Constantius II. den Osten. Die von Diokletian begründete Viererherrschaft wurde allerdings nicht mehr weitergeführt.

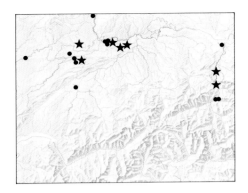

Die bei den Alamanneneinfällen der Jahre nach 350 vergrabenen Münzdepots im Gebiet der Schweiz. Allein in Kaiseraugst sind bis jetzt zwei Münzschätze und der berühmte Silberschatz zutage gekommen. In Auswahl miteingetragen und mit einem Stern (★) markiert sind nach 350 zerstörte oder verlassene Siedlungen.

Ein verhängnisvolles Gastmahl und der Silberschatz von Kaiseraugst

Am 18. Januar des Jahres 350 feierten in Augustodunum (Autun in Ostfrankreich) hohe Offiziere und ihre senatorischen Freunde im Hause des Marcellinus, eines der höchsten Zivilbeamten des Kaisers Constans, den Geburtstag seines Sohnes. Anwesend war unter anderen auch der General Flavius Magnentius. Der Geschichtsschreiber Zosimus schildert diese Einladung gute hundert Jahre später mit folgenden Worten: «*Marcellinus gab vor, er habe das Geburtstagsfest seines Sohnes zu feiern, und lud zum Gastmahle, außer dem Magnentius, noch andere Vornehme aus dem Kriegsvolk. Das Gastmahl dauerte bis Mitternacht; indessen begab sich Magnentius, als fordere es eine Notwendigkeit, von demselben hinweg, kam aber nach einer kurzen Zwischenzeit wieder und zeigte sich den Gästen, wie in einem Schauspiele, in kaiserlichem Gewande. Als ihn nun alle, welche bei dem Gastmahle zugegen waren, als Kaiser begrüßt hatten, so taten die Einwohner von Augustodunum, wo dies geschah, dasselbe.*»

Nach dem geglückten Staatsstreich ließ Magnentius den verhaßten Constans beseitigen und übernahm, gestützt auf die einflußreiche Oberschicht Galliens, die Herrschaft über die Westhälfte des Reiches. Dem wollte und konnte Constantius II. nicht tatenlos zusehen, und wie immer bei den internen römischen Machtkämpfen profitierten davon die Germanen, die sich Beute und Sklaven holten. Diesmal wurden sie sogar von Constantius aufgestachelt und ermutigt, dem Magnentius in den Rücken zu fallen, nachdem dieser im Osten die Entscheidungskämpfe gegen Constantius verloren hatte. So stürmten die Alamannen in den Jahren 352/353 ins Elsaß und über den Hochrhein bis weit nach Süden. Wie schlimm die Einfälle waren, läßt sich unter anderem an mehreren in der kurzen Regierungszeit des Magnentius vergrabenen Münzdepots aus dem Gebiet zwischen Kaiseraugst, der Nordwestschweiz und Graubünden ablesen (Bild oben). Damals muß das Kastell Kaiseraugst schwer heimgesucht, gebrandschatzt und wahrscheinlich für kurze Zeit von den Alamannen erobert worden sein. Der glücklose Magnentius aber gab sich 353 den Tod.

Weshalb ist diese Episode der römischen Geschichte so ausführlich erzählt? Ihr verdanken wir den Fund eines sozusagen kompletten spätrömischen Tafelservices und zahlreicher Münzen aus reinem Silber, die ein Bagger bei Bauarbeiten in der Südwestecke des Kastells Kaiseraugst im kalten Winter 1961/62 dem jahrhundertelangen Versteck entriß. Auf einem gefrorenen Kieshaufen blieben die schwarz angelaufenen Kostbarkeiten (Bild Seite 147) sogar einige Wochen unbeachtet liegen! Heute prangt der Schatz im Römermuseum Augst; er umfaßt über zwanzig Gefäße, fünfunddreißig Löffel und Bestecke, eine Statuette und mehr als hundertachtzig Münzen, Medaillen und drei Barren. Der insgesamt etwa dreißig Kilogramm schwere Silberschatz bildete das bewegliche Gut und Vermögen eines hohen Offiziers unter Kaiser Magnentius, denn die Barren tragen den Stempel des Kaisers aus dem Jahre 350. Wer weiß, vielleicht hatte der vornehme Besitzer im Januar dieses Jahres sogar am folgenschweren Gastmahl von Autun teilgenommen?

Zu Neujahr, vor allem aber bei Antritt der Regierung war es üblich, daß der Kaiser seinen Beamten, Offizieren und auch den Soldaten Geschenke machte, besonders Gefäße und Geldstücke aus Edelmetall – Gold und Silber. Die je drei römische Pfund (etwa ein Kilogramm) schweren Barren und die zusammen zweieinhalb Pfund schweren Münzen und Medaillen waren zweifellos derartige Ehrengeschenke des Magnentius bei seinem Amtsantritt. Vielleicht gehörte dazu auch ein Teil der großen Platten, hatte doch Magnentius in der Residenz Trier den gesamten Thronschatz des Constans

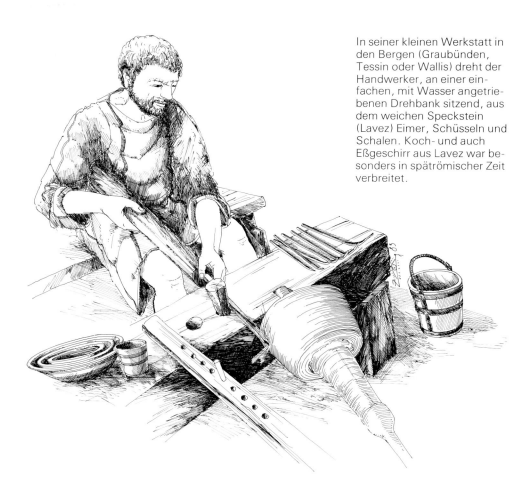

In seiner kleinen Werkstatt in
den Bergen (Graubünden,
Tessin oder Wallis) dreht der
Handwerker, an einer ein-
fachen, mit Wasser angetrie-
benen Drehbank sitzend, aus
dem weichen Speckstein
(Lavez) Eimer, Schüsseln und
Schalen. Koch- und auch
Eßgeschirr aus Lavez war besonders in spätrömischer Zeit
verbreitet.

vorgefunden und daraus etliches verteilt. Wer allerdings der Offizier war,
der einst im vornehmsten Haus des
Castrum Rauracense – so hieß Kaiseraugst damals – mit seinen Gästen aus
dem Silbergeschirr aß und trank, wie
dies unser Bild oben vorstellt, ist nicht
bekannt. Das Silber mußte er bei dro-
hender Gefahr, höchstwahrscheinlich
vor einem der verheerenden Alamanneneinfälle von 352 oder 353, in Kisten wohlverpackt, dem Boden anver-
trauen; es war ihm nicht mehr ver-
gönnt, sein Eigentum wieder zu be-
händigen. Damals wird also ein hoher
Offizier des beweglichen Feldheeres
mit seinen Truppen in Kaiseraugst stationiert gewesen sein, um von diesem
gefährdeten Ort aus gegen die Germanen zu kämpfen.
Nach dem Untergang des Magnentius
hatte Constantius alle Mühe, die von
ihm selbst gerufenen Germanen wieder zu vertreiben. 354 mußte er im
Kampf gegen die Alamannen den
Rhein oberhalb Kaiseraugst an einer
Furt überqueren, offenbar weil die
bei den schweren Kämpfen zerstörte
Brücke über den Rhein noch nicht re-
pariert war. Ein Jahr später ernannte
er seinen hochgebildeten und tüchti-
gen Cousin Julian zum Caesar für
Gallien, wohl in erster Linie, damit
sich ein anderer mit der Germanenpla-
ge abmühen durfte. Zwar konnten we-

gen eines ungetreuen Heerführers die
Alamannen im Jahre 357 ein weiteres
Mal bei Kaiseraugst über den Rhein
einfallen, aber noch im selben Jahr gelang Julian bei Straßburg der entschei-
dende Sieg, so daß für einige Zeit in
diesem Grenzabschnitt Ruhe einkehr-
te. 359 weilte Julian im Castrum Rauracense (Kaiseraugst), vielleicht auch,
um Renovationen und Wiederaufbau
zu beaufsichtigen. Kurze Zeit später
wurde auch er – wie seinerzeit Magnentius in Autun – in Paris zum Kaiser ausgerufen. Von dort zog er mit
dem Heer nach Osten; er wollte den
mittlerweile ganz mit ihm verfeindeten
Constantius besiegen. Der drohende
Bruderkrieg brach aber glücklicherweise nicht aus, weil Constantius
plötzlich starb. Bereits 363 aber fiel
Julian, der von den Christen wegen
seiner Ablehnung des Christentums
«der Abtrünnige» genannt wurde, im
Osten des Reiches im Kampf gegen die
Perser.
Mit Valentinian I., der von 364 bis 375
regierte, erhielt das Westreich wieder
einen tatkräftigen Strategen. Unter
ihm und seinen Söhnen Gratian und
Valentinian II. und unter Kaiser Theodosius dem Großen (379–395) – dieser
erklärte 391 das Christentum zur
Staatsreligion – folgten nach den Stürmen der Jahrhundertmitte, trotz weiterer Thronstreitigkeiten und Germa-

neneinfälle, auch bei uns eine stabilere
Zeit, und ein bescheidener Aufbau
setzte sich fort. Aus den Schriftquellen jener Zeit hören wir sogar von Be-
völkerungszuwachs und einem gewissen Wohlstand. Valentinian brachte
das von Diokletian und Konstantin
begonnene Werk der Grenzverteidigung zum Abschluß. Drei Inschriften
der valentinianischen Kaiserfamilie
berichten von Bauten und Renovationen am Hochrhein zwischen Basel und
Bodensee; zudem wissen wir, daß
Valentinian 374 in Basel weilte, wo gerade eine Befestigung im Bau war. Der
Aktivität dieses Kaisers werden auch
die hinter der eigentlichen Grenze liegenden Kastelle und Befestigungen an
der Aare – etwa die castra Solothurn
und Olten –, das Kastell Zürich und in
der Westschweiz der Bau des Kastells
Yverdon zugeschrieben.
Aber bereits die Zeit um 400 brachte
neue Bedrohungen. Diesmal waren zunächst nicht eigentlich die Grenzpro-
vinzen betroffen, sondern das Mutter-
land selbst: Alarich, König der West-
goten und bis vor kurzem noch als General in römischen Diensten, stand mit
seinen Goten in Italien! 410 sollte sogar Rom in die Hände der Goten fallen, zum Entsetzen der Zeitgenossen,
die verzweifelt ausriefen: «Quid salvum
est, si Roma perit», «Was ist noch un-
versehrt, wenn Rom untergeht!»

Im Jahre 401 hielt es der Germane Sti- licho, Feldherr und engster Berater des noch im Knabenalter stehenden Kaisers Honorius (395–423), für bes- ser, den größten Teil der Truppen von Rhein und Britannien (England) zum Schutze Italiens abzuziehen. Lange Zeit hat man geglaubt, daß mit diesem denkwürdigen Jahr die Römerzeit bei uns zu Ende ging. Die archäologischen Funde schienen diese Annahme gera- dezu zu stützen: Nach 400 kommen keine neuen Bronzemünzen mehr zu uns, die doch für die vorhergehenden Jahrhunderte so vorzügliche Fixpunk- te für die Zeitbestimmung gebildet hatten. Dazu kommt, daß die Provin- zialrömer, die sich selbst «Romani» (Römer) nannten, im Verlaufe des 4. Jahrhunderts nach südlichem Brauch dazu übergingen, ihre Verstor- benen ohne Grabbeigaben und ohne Grabausstattung zu beerdigen. Das Fehlen der Münzen erwies sich übri- gens als Scheinargument: Um 400 hört nämlich die Prägung von Kupfer- und Bronzemünzen in Gallien sozusagen

ganz auf, sehr wahrscheinlich, weil die Soldaten als «Hauptbezüger» von Bargeld nach 400 nicht mehr mit Kup- fergeld, sondern mit Silber- und vor allem mit den wertbeständigen Gold- münzen bezahlt wurden. Diese gingen natürlich viel seltener im Boden verlo- ren als das tonnenweise geprägte Kleingeld. Für die mit Kleingeld zu be- zahlenden Waren blieben in den Städten noch lange die Bronzemünzen des 4. Jahrhunderts in Gebrauch.
Zweifellos ging mit dem Abzug der Truppen nach Italien bei uns ein Ab- schnitt der römischen Geschichte zu Ende, aber keineswegs die Römerzeit als solche. Zwar ist nicht bekannt, ob jemals ein Teil des Militärs wieder zu- rückkehrte, aber der Kaiser ließ als Er- satz zahlreiche, ganz aus Barbaren (vor allem Germanen) zusammenge- setzte Truppeneinheiten aufstellen, die den Schutz der Grenze übernahmen. Seit dieser Zeit finden wir eine schon im 4. Jahrhundert erprobte Taktik der Römer in etwas veränderter Form: Die Germanen wurden nicht mehr auf Bie-

gen und Brechen aus dem Reich ver- trieben; mehrere Stämme und kleinere Gruppen konnten im nördlichen Gal- lien und am Rhein aufgrund eines 395 erlassenen Gesetzes Wohnsitz neh- men, mit der Auflage, die Städte und die entsprechenden Grenzabschnitte zu verteidigen. Zu diesen im 4. und 5. Jahrhundert im Römischen Reich angesiedelten Verbündeten (foederati) gehörten am Niederrhein die Franken, deren Könige hundert Jahre später das Fränkische Reich begründen sollten, und die Burgunden in der Gegend um Worms, wo sich übrigens das Nibelun- genlied der deutschen Heldensage ab- spielte.

Im Gegensatz zur provinzialrömischen Bevölkerung bestatteten diese Ger- manen ihre Verstorbenen auch im 5. Jahrhundert mit Beigaben und Trachtausstattung. Außer der germa- nischen Kleidung und Bewaffnung sind die Gefäße für Speise und Trank fast immer dem römischen Angebot entnommen und geben so Auskunft

Der Silberschatz von Kaiseraugst in Gebrauch.

über einen Teil der römischen Alltagsgegenstände des 5. Jahrhunderts. Viele dieser im römischen Dienst angesiedelten Germanen waren innert kurzer Zeit beträchtlich romanisiert. Der 482 in Tournai in Nordgallien verstorbene Frankenkönig Childerich war wie andere Germanenfürsten gleichzeitig Offizier des römischen Heeres und ließ sich in seiner römischen Uniform begraben.

Aëtius, der «letzte Römer» nördlich der Alpen, sicherte als Feldherr des Kaisers Valentinian III. zwischen 425 und 455 die Rheingrenze. Noch war und blieb die römische Macht gegenwärtig und wurde auch von den Germanen anerkannt. Für das Jahr 443 überliefert eine gallische Chronik, daß Aëtius nach einem blutig niedergeworfenen Aufstand die Reste der besiegten Burgunden in der Landschaft Sapaudia (etwa die heutige Westschweiz und Savoyen) ansiedelte. Die Burgunden waren der erste germanische Stamm, der – auf Geheiß der Römer! – im Gebiet der heutigen

Schweiz südlich des Rheins Wohnsitz nahm. Daß die bereits christianisierten Burgunden die immer noch überlegene römische Kultur rasch annahmen und ihre nach dem römischen Vorbild orientierte und dem Kaiser unterstellte Herrschaft ausbreiten konnten, ist bezeichnend. Diese Themen gehören aber nicht mehr in unser Buch. Für die Spätzeit unserer römischen Geschichte wichtig ist die Mitteilung, daß die romanischen Gutsbesitzer ihre Ländereien nach Gesetz mit den Neuankömmlingen zu teilen hatten. Dies bedeutet mit anderen Worten, daß im 5. Jahrhundert in der Westschweiz das offene Land vielenorts weiter bewirtschaftet war, was archäologische Funde beispielsweise aus Gutshöfen bei Bernex, Chevrens und Avusy-Sézegnin aufs beste bestätigen. Andererseits beweist die Ansiedlung von einigen tausend Fremden, daß auch in der Westschweiz die Besiedlung auf dem Land zurückgegangen und genügend Raum für Zuzüger vorhanden war.

Im Verlaufe des 5. Jahrhunderts begannen sich gegenüber den spätrömischen Rheinkastellen Basel, Kaiseraugst, Zurzach und Stein am Rhein, also unmittelbar an der Reichsgrenze, Germanenfürsten mit ihren Leuten anzusiedeln. Zwischen Germanen und Romanen entwickelte sich ein reger Handelsaustausch; wenn wir die zeitgenössischen Schilderungen aus dem Leben des heiligen Severin (gestorben 511) an der mittleren Donau auf unser Gebiet übertragen dürfen, werden die Germanen zeitweise auch eine Art Schutzherrschaft über linksrheinische Kastelle und deren Umland ausgeübt haben, ohne daß aber damit die Oberhoheit des Römischen Reiches grundsätzlich in Frage gestellt worden wäre. Nach dem Recht erlosch die römische Herrschaft im Westen am 4. September 476 mit der Abdankung des letzten, noch im Knabenalter stehenden Kaisers Romulus Augustus, von seinen Zeitgenossen auch verächtlich Romulus Augustulus – «Augustchen, Kaiserchen» – genannt.

Das Leben in den Kastellen und auf dem Land

Nachdem die offenen Siedlungen der frühen und mittleren Römerzeit durch die fortwährenden Unruhen, Germaneneinfälle, durch Krieg und Zerstörungen des 3. Jahrhunderts darniederlagen, ist es nur zu verständlich, daß die verbliebene Bevölkerung Schutz hinter dicken Mauern suchte. Schließlich hatte Kaiser Aurelian um 270 sogar Rom, die Hauptstadt des Weltreiches, ummauern lassen. Bereits nach den verheerenden Alamanneneinfällen von 259/60 entstanden erste Befestigungen; planmäßig wurden jedoch Kastelle, die mit bis zu vier Meter dicken und über zehn Meter hohen Mauern umwehrt waren, seit den Zeiten der Kaiser Diokletian und Konstantin am Ende des 3. und im frühen 4. Jahrhundert gebaut. Diese Kastelle – castrum oder castellum genannt – waren die befestigten Städte der spätrömischen Zeit und zugleich Sitz der Verwaltung und der Regierungsbeamten. Nur wenige dienten rein militärischen Zwecken wie das bald einmal aufgegebene Kastell Irgenhausen im Kanton Zürich. In den Kastellen und ihrer Umgebung wohnte die übriggebliebene Zivilbevölkerung der früheren Städte und vici. Außerdem waren darin meist kleinere Truppeneinheiten des Grenzheeres stationiert. In den Kastellen entstanden die ersten christlichen Gemeinden und noch im 4. Jahrhundert die ersten Bischofssitze und Kirchen. Fast alle Kastelle unseres Landes sind auf oder in unmittelbarer Nähe der Ruinen ehemaliger Römersiedlungen gebaut, und viele blieben über die Römerzeit hinaus ununterbrochen bis heute städtische Zentren, so etwa Genf, Basel, Zürich, Chur, Sitten. Nur wenige verloren wie Kaiseraugst im Laufe der Zeit ihre Bedeutung. Aber die ummauerte Fläche entsprach bei allen unseren Kastellstädten nur noch einem Bruchteil der vorherigen Siedlung, und keine erreichte die Größe ummauerter gallischer Städte wie Reims, Arles oder Autun mit ihren 25, 18 und 10 Hektar großen Innenflächen. Kaiseraugst, nach dem Bericht des Geschichtsschreibers Ammianus Marcellinus neben der Hauptstadt Vesontio (Besançon) die bedeutendste Stadt in der Provinz Maxima Sequanorum, umfaßte 3,5 Hektar, und Genf war mit einem geschätzten Areal von 5,5 Hektar die größte spätantike Stadt unseres Landes überhaupt! Selbst ein Kastell wie Kaiseraugst dürfte innerhalb seiner Mauern schwerlich mehr als tausend Einwohner gezählt haben; wie viele außerhalb in der nahen Umgebung wohnten, ist unbekannt, doch dürften es nicht allzu viele gewesen sein. Wie weit sind wir damit von den fünfzehn- bis zwanzigtausend Einwohnern der Koloniestadt Augusta der Jahre um 200 entfernt! Nicht nur waren eben viele Menschen in den Wirren des 3. und 4. Jahrhunderts umgekommen. Gerade die reiche Oberschicht des Imperiums, die am meisten zu verlieren hatte, begann sich ins geschütztere Hinterland oder ins Reichsinnere zurückzuziehen, was die Verarmung der Grenzzonen noch verstärkte. Neben der in meist einfachen, ja teilweise sogar ärmlichen Verhältnissen lebenden romanischen Bevölkerung bestand die kleine, aber vermögende Oberschicht hauptsächlich aus den hohen Staatsbeamten und kirchlichen Würdenträgern.

Zu Neujahr pflegten die Konsuln der Spätantike aus Elfenbein geschnitzte Schreibtäfelchen mit Neujahrswünschen an ausgewählte Freunde zu senden. Dieses kostbare «Neujahrskärtchen» zeigt Stilicho, den Heermeister und Berater des Kaisers Honorius, mit seiner Frau Serena und dem Sohn Eucherius. Der zu obersten Würden aufgestiegene Germane Stilicho war ein gebildeter und tüchtiger Mann, seine Frau die Nichte des Kaisers Theodosius. Stilicho trägt eine kostbare, sicher seidene, mit Wollwirkereien besetzte Tunika und den von einer – goldenen – Zwiebelknopffibel verschlossenen Amtsmantel (chlamys) über enganliegenden Hosen. Er ist gewappnet mit Speer, Schwert und Schild. Seine Frau Serena ist mit Ohrringen, einer schweren Halskette und einem mit Edelsteinen besetzten Gürtel geschmückt. Der Sohn trägt die gleiche Kleidung wie der Vater; er studiert Recht und Redekunst und hält im linken Arm eine Schreibtafel. Das 32 cm hohe Diptychon wurde um 400 in Mailand gefertigt und ist im Domschatz von Monza aufbewahrt.

Beim Bau der Kastelle verwendeten die Architekten womöglich Baumaterial aus den Ruinen zerstörter oder beschädigter Gebäude. In den mächtigen Fundamenten der Kastellmauern werden immer wieder Statuenbruchstücke, Inschriften, Säulenreste und andere verzierte und unverzierte Architekturteile gefunden. Bautrümmer von öffentlichen Gebäuden der Koloniestadt Equestris (Nyon) beispielsweise wurden per Schiff nach Genf transportiert und dort in der Kastellmauer verbaut. Allein der Bau der vier Meter dicken Mauern von Kaiseraugst brauchte nach Berechnungen das Steinmaterial von etwa achtzehn insulae der alten Koloniestadt Augusta Rauracorum.

Wie die Häuser in den Kastellen aussahen, ist noch kaum erforscht. Immer noch scheinen aber im 4. Jahrhundert viele Häuser und alle öffentlichen Gebäude in Stein und Fachwerk gebaut und mit Ziegeln bedeckt gewesen zu sein. Daneben treffen wir aber wieder vermehrt einfache Holzbauten an. In den meisten Kastellen standen der Bevölkerung noch während längerer Zeit öffentliche Bäder zur Verfügung. Zu den wichtigsten Gebäuden gehörten große Lagerhallen (horrea) zur Aufbewahrung der gesetzlich vorgeschriebenen Vorräte. Bei einer Belagerung oder wenn einfallende Germanen die Ernte zugrunde gerichtet hatten, waren die Bewohner der Kastelle und der näheren Umgebung ganz auf die gespeicherten Vorräte angewiesen.

Zwar konzentrierte sich in Mittelland und Nordschweiz die Bevölkerung in und um die Kastelle, aber bis zur Mitte des 4. Jahrhunderts blieben in etlichen günstig gelegenen Regionen Gutshöfe auf dem offenen Land bewirtschaftet. Auch in der alten Koloniestadt Augst waren kleine Teile weiterhin bewohnt. Die schweren Alamanneneinfälle in den Jahren nach 350 brachten aber nicht nur ummauerte Städte in Nöte, sondern im Norden des Landes vielen der verbliebenen Gutshöfe den Untergang. Ein zur Zeit des Probus erbauter Hof östlich von Augst und Kaiseraugst ging damals zugrunde, auch im Jura brannten Bauerngüter. Noch stärker als zuvor wird sich seither in der Nordschweiz und im Mittelland das Leben auf die befestigten Kastellstädte konzentriert haben. Da und dort ist zwar eine Besiedlung auf dem Land noch bis ins frühere 5. Jahrhundert aufzuspüren, doch über die folgenden hundert Jahre wissen wir wegen der außerhalb der Kastelle so überaus spärlichen Funde noch kaum etwas.

Anders lagen die Verhältnisse in der weiter von der Grenze entfernten Westschweiz und im Wallis. Archäologische Ausgrabungen gerade der letzten Jahre lassen keine Zweifel daran, daß in diesen Regionen auf dem Land bis ins 5. Jahrhundert nach römischem Muster gewohnt wurde. Dasselbe bestätigt ja die Chronik zum Jahr 443, wonach die romanischen Gutsbesitzer ihre Ländereien mit den von Staates wegen angesiedelten Burgunden zu teilen hatten. Wie aber damals die Herren der alten und der neuen Landgüter wohnten, ist noch nicht erforscht.

Handel und Verkehr waren gegenüber den vorangehenden Zeiten zwar eingeschränkt; wie die Funde

154

Links:
Im Kastellfriedhof von Biel-
Mett wurde um 340 n. Chr.
ein hoher Beamter des spätrömischen Reiches in einer
bemerkenswert großen Grabkammer begraben. Seinen
Amtsmantel verschloß eine
vergoldete Zwiebelknopf-
fibel. Als kostbares Trinkgeschirr waren dem Herrn
zwei Glasflaschen für Wein
und Wasser und dieser herr-
liche, mit eingeschliffenen
Figuren fein verzierte Glasbecher mitgegeben worden:
Ein Kentaur und ein Panther
aus dem Gefolge des Wein-
gottes Bacchus ziehen vorbei; der Kentaur hält in der
linken Hand den zum Kult
des Bacchus gehörenden,
bekränzten Thyrsosstab, mit
der rechten schüttet er gegen
den gierig danach leckenden
Panther die letzten Wein-
tropfen aus seinem schönen
Trinkgefäß. Der 23 cm große
Becher ist von einem Meister
seines Fachs in einer Glas-
werkstätte Ägyptens ge-
schaffen worden.
Bemerkenswert ist, daß in
frühchristlicher Zeit über dem
Grab dieses Herrn eine kleine
Gedächtniskapelle (memoria)
und später sogar eine Kirche
errichtet wurde.

Das Bildnis des Kaisers
Valentinian I. (364–375).

Das im Historischen Museum
Basel aufgestellte Modell
zeigt den Bau der spätrömischen Befestigung bei Basel,
die unter Kaiser Valentinian I.
374 n. Chr. gebaut wurde;
ihre Reste kamen vor einigen
Jahren am rechten Rhein-
ufer, gegenüber dem Kastell
zutage: Kaiser Valentinian

persönlich begutachtet, von
seiner Leibwache begleitet,
den Fortgang der Arbeiten.
Unter Aufsicht der Offiziere
sind die Soldaten, die ihre
Waffen abgelegt haben (im
Hintergrund), eifrig am
Bauen. Während im Vorder-
grund links erst die Funda-
mentgruben mit Schnüren

abgesteckt sind, werden
rechts die fast 4 m dicken
Mauern schon aufgebaut.
Die benötigten Steine werden per Schiff auf dem Rhein
zugeführt.

So könnte das Kastell Kaiseraugst um 400 ausgesehen haben. Das Castrum Rauracense entstand wahrscheinlich zur Zeit Kaiser Konstantins des Großen (306–337) über Außenquartieren der in großen Teilen zerstörten Koloniestadt Augusta Rauracorum (siehe Bild auf Seite 38). Es lag, auf drei Seiten von einem breiten Graben umschlossen, direkt am Rhein, bei der Brücke, die nach wie vor durch rechtsrheinisches Gebiet die schnellste Verbindung ins Rheinland ermöglichte. Zum

Schutz der Brücke wurde am rechten Rheinufer eine kleine Befestigung gebaut. Das Kastell Kaiseraugst und die übrigen Kastelle am Hochrhein hatten die wichtige und einzige Fernstraße zu schützen, die in die Donauprovinzen führte.

Das mit vier Meter dicken und über zehn Meter hohen Mauern und mit siebzehn Türmen umwehrte Kastell war nach der Meinung des spätrömischen Geschichtsschreibers Ammianus Marcellinus, nebst der Hauptstadt Vesontio (Besançon), trotz

seiner Innenfläche von nur dreieinhalb Hektar die wichtigste Stadt in der Provinz Maxima Sequanorum, deren östlicher Teil das ehemalige Rauriker- und Helvetiergebiet einschloß. Im Kastell hatten die zivilen Verwaltungsbeamten ihren Sitz und die Legio Prima Martia des spätrömischen Grenzheeres ihr Hauptquartier. Es lebten also hier Zivilbevölkerung und Militär nebeneinander.

Schon bald, sicher noch im 4. Jahrhundert, bildete sich im Kastell eine christliche

Gemeinde. Kaiseraugst wurde Sitz eines Bischofs und erhielt eine Kirche mit Taufgebäude (Bild auf Seite 152). Hinter den schützenden Mauern befanden sich auch große Speicher (horrea) zur Lagerung der gesetzlich vorgeschriebenen Vorräte. Die Bäder (siehe Bild auf Seite 158) zeigen, daß das Kastell, ähnlich wie die früheren Städte, immer noch ein Mittelpunkt städtischen Lebens war.

Außerhalb des Kastells lagen nach gut römischer Sitte entlang den Straßen mehrere Gräberfelder. Das größte muß einst gegen 2000 Bestattungen gezählt haben und diente der Kastellbevölkerung während über 350 Jahren als Friedhof, also weit ins frühe Mittelalter hinein.

Die Menschen wohnten nicht nur hinter den Mauern das Kastells, sondern auch in der näheren und weiteren Umgebung. Nachfahren dieser Provinzialrömer – sie nannten sich selbst weiterhin *Romani,* das heißt Römer – blieben auch nach dem Ende der Römerzeit in Kaiseraugst und Umgebung seßhaft. Dies geht aus den Funden und nicht zuletzt aus den bis heute überlieferten Orts- und Flurnamen lateinischer und keltischer Herkunft hervor, die sich wie ein Mantel um das Zentrum Kaiseraugst legen, rings umschlossen von den Dörfern der seit dem 6. und 7. Jahrhundert zuziehenden alamannischen Neusiedler.

Die spätrömischen Thermen (in Farbe das mit Tonplatten sorgfältig ausgekleidete Kaltbad) im Kastell Kaiseraugst zeigen, daß städtisches Leben auch hinter den dicken Befestigungsmauern weiterging. Im Vergleich mit der geringen ummauerten Fläche des Kastells erscheint das öffentliche Bad groß, doch darf man nicht vergessen, daß das Castrum Rauracense auch städtisches Zentrum für die umwohnende Bevölkerung war.

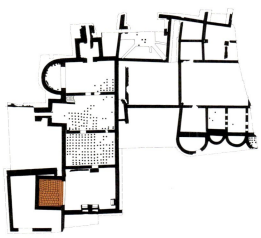

und nicht zuletzt die Preisbestimmungen Diokletians verraten, existierte aber gleichwohl ein reger Austausch zwischen den Zentren. Die größten Anstrengungen dienten jedoch nicht mehr dem privaten Handel und Verkehr, sondern hauptsächlich und in erster Linie der Versorgung des Heeres und der leitenden Oberschicht.

Wir finden zur Zeit Diokletians und seiner Nachfolger etliche importierte Waren bei uns: Schon gegen Ende des 3. Jahrhunderts löste neues Tafelgeschirr die während fast dreihundert Jahren gebräuchliche Terra sigillata mit den Reliefbildchen ab. Diese – immer noch rotgebrannte – Keramik kam vor allem aus Nordgallien und, in etwas anderer Art, aus dem Rhonetal und wurde über Hunderte von Kilometern verhandelt. Nur bis in die Nordschweiz gelangte hartgebranntes Kochgeschirr vom Mittelrhein und feines Geschirr aus Töpfereien bei Worms und Speyer, das an den Wochenmärkten auch bei den Alamannen

guten Absatz fand. Vermutlich wegen der Zollabgaben an der (durch die Ostschweiz verlaufenden) Diözesengrenze Gallien/Italien erreichte Tafelgeschirr vorzüglicher Qualität aus Nordafrika nur Tessin und Graubünden, während umgekehrt – vielleicht aus dem gleichen Grund – oft mit christlichen Zeichen geschmückte Gefäße aus dem Rhonetal nur im westlichen Teil unseres Landes verkauft wurden (Bild Seite 142). Im Rheinland blühten nach wie vor die Glasateliers, und wer die Mittel besaß, konnte sogar tunesischen Wein aus kostbaren ägyptischen Gläsern trinken. In der Kaiserresidenz Trier und anderen großen Zentren stellten leistungsfähige Ateliers das von der reichen Oberschicht so geschätzte Silbergeschirr her. Für dieselben Käufer wurden Olivenöl, Fischsaucen, Wein, aber auch Seide, Weihrauch und andere Güter aus Spanien, Afrika und aus den östlichen Mittelmeerländern importiert.

Für den Großteil der Bevölkerung gab es in den regionalen Töpfereien – etwa in Kaiseraugst – gutes und schlechtes Geschirr zu kaufen. In Kaiseraugst und Basel, zweifellos aber auch an anderen Orten, wurden aus Altglas einfache Gläser geblasen. In einigen Alpentälern entwickelte sich die Anfertigung von Steingefäßen zu einem gutgehenden Gewerbe. Schon im 1. Jahrhundert berichtete der Gelehrte Plinius: «In Siphnos (eine griechische Insel) *gibt es einen Stein, der zu Koch- und Eßgeschirr ausgedreht wird. Das wird in Italien, wie ich weiß, mit dem grünen Stein von Como gemacht.*» Dieses dauerhafte und geschmacksneutrale Koch- und Eßgeschirr aus Speckstein (Lavez) ist in der Römerzeit unterschiedlich oft anzutreffen; besonders häufig stand es in Rätien und im Wallis in Gebrauch, in spätrömischer Zeit selbst in weiter entfernten Gebieten am Rhein und an der Donau.

Platte (missorium) aus getriebenem Silber mit der Inschrift LARGITAS DN VALENTINIANI AVGVSTI (die Freigebigkeit unseres Herrn, des Kaisers Valentinian). Kaiser Valentinian III. (425–455) steht gepanzert (mit einer ihn bekränzenden Statuette der Siegesgöttin in der Rechten und einer Standarte in der Linken) auf einem niedrigen Podest. Er ist umgeben von sechs mit Helm, Schild und Lanze gerüsteten germanischen Offizieren seines Heeres; zu ihren Füßen Waffen des besiegten Feindes. Die 27 cm weite und gut 1 kg schwere Platte kam bei Genf in der Nähe der Arve zutage. – Platten und Schüsseln aus Edelmetall, gefüllt mit Münzen aus Gold und Silber, waren in spätrömischer Zeit Geschenke des Kaisers an wichtige Beamte und Würdenträger des Reiches. Die wahrscheinlich vom Wasser der Arve so verschliffene Platte könnte einem im 5. Jahrhundert in Genf stationierten hohen Offizier gehört haben.

Das Ende der Römerzeit

Die Römerzeit ging im Westen im späteren 5. Jahrhundert weder mit gewaltigen Stürmen zu Ende, noch hörte sie sang- und klanglos auf. Das Reich zerfiel auch nicht, weil seine Bewohner dekadent und durch langen Wohlstand verweichlicht worden waren, wie dies gerne und immer wieder verkündet wurde. Seit langer Zeit hatten immer stärkere Völkerscharen gegen Südwesten gedrängt. Sie stauten sich entlang der Nordgrenze des Reiches und durchbrachen sie immer wieder. Gleichzeitig übernahmen die grenznahen und insbesondere dann die im Reich angesiedelten Germanenstämme vieles von den Römern. Dennoch erwiesen sich mit der Zeit die antiken Regierungsformen als veraltet: Die von den Griechen übernommene Idee des von Bürgern gebildeten und durch sie regierten Staates verlor durch die gänzlich veränderten Zeiten ihre Anziehungskraft und ihren Sinn. Wo waren seine Werte noch erkennbar, wenn der spätrömische Zwangsstaat als «Staat im Staate» seinen Untertanen vorschrieb, was ihnen zustand und nützte, und wenn germanische Könige mit ihrem Gefolge immer stärkere Macht auf römischem Reichsboden erhielten? Aus der lange bekämpften Verbindung von römischem und germanischem Wesen aber entstand schließlich das mittelalterliche Abendland.

Sachregister

Im folgenden knappen Sachregister sind wichtige Fachausdrücke sowie antike, römische Bezeichnungen aufgeführt, die weder im Inhaltsverzeichnis noch in den Überschriften eigens erwähnt sind. Angegeben sind die Seitenzahlen, auf denen diese Begriffe und Wörter näher erläutert werden; halbfette Zahlen beziehen sich auf die Seitenzahl von Abbildungen und Legenden, die den Begriff näher illustrieren (Bildergeschichten sind dabei nicht berücksichtigt).

Weiterführende Literatur

Immer noch ein Standardwerk: **F. Stähelin, Die Schweiz zur Römerzeit** (3. Auflage, 1948). – Übersichtlich ist die Römerzeit dargestellt in: **Ur- und frühgeschichtliche Archäologie der Schweiz 5. Die Römerzeit** (1976). In diesem von der Schweizerischen Gesellschaft für Ur- und Frühgeschichte (SGUF; Basel) herausgegebenen Band sind zahlreiche weitere Literaturangaben enthalten. – Eine kurzgefasste Übersicht findet sich jetzt auch in: **Geschichte der Schweiz – und der Schweizer** (1982).

Allgemein verständlich informieren die vom Römermuseum Augst herausgegebenen Augster Museumshefte über römische Funde und ihre Bedeutung

aus Augst; für die Geschichte einer Römerstadt immer noch unersetzt: R. Laur-Belart, **Führer durch Augusta Raurica** (4. Auflage, 1966). – Im **Jahrbuch der SGUF** erscheinen immer wieder Arbeiten zur Römerzeit in der Schweiz und im Fundbericht werden neue Funde und Fundstellen kurz beschrieben. – Die SGUF gibt auch die Vierteljahreszeitschrift **Archäologie der Schweiz** heraus, in der die Öffentlichkeit laufend über neue Funde und Forschungen informiert wird, sowie die **Archäologischen Führer der Schweiz,** die wichtige Fundorte – darunter viele römische – in handlichen Führern vorstellen (u. a. Baden, Lenzburg, Lausanne-Vidy, Martigny, Schleitheim, Vindonissa, Zurzach).

Wanderkoffer mit Originalfundstücken und Kommentar für den Schulunterricht führen das Römermuseum Augst (für die Region Nordwestschweiz) und das Vindonissa-Museum Brugg.

Die wichtigsten Museen mit Funden aus der Römerzeit der Schweiz:

Augst, Römerhaus und Museum

Avenches, Musée romain

Brugg, Vindonissa-Museum

Zürich, Schweizerisches Landesmuseum

Bildernachweis

Foto Bersier, Fribourg: S. 6, 34 (rechts), 159. / Foto P. Hofer, Basel: S. 7. / Schweizerisches Landesmuseum: S. 8, 26, 134. / Monuments Historiques et archéologie du Ct. de Vaud: S. 9 (rechts), 101 (unten). / Münzen und Medaillen AG, Basel: S. 13, 105. / Römermuseum Augst: S. 14, 21, 50, 84 (oben links), 86 (oben links), 100 (links), 103 (oben), 106 (unten), 112 (oben), 118 (unten), 124, 126, 129–131, 133 (links), 135, 137 (unten), 148 (rechts). / Historisches Museum Basel: S. 15, 23, 119 (unten), 155. / G. Walser, Bern: S. 16, 25 (unten), 36 (links), 45 (rechts), 101 (rechts), 116 (links), 137 (links). / Vindonissa-Museum, Brugg: S. 17, 33, 102 (unten), 133 (rechts). / Ufficio cantonale monumenti storici, Bellinzona: S. 18, 79, 114. / Foto M. Schenker, Günsberg: S. 19, 34 (links), 35, 51, 67 (oben), 78, 102 (oben), 119 (oben), 123, 127, 146. / Kantonsarchäologie des Kantons Aargau: S. 22, 117 (links), 133 (Mitte). / H. Kühner und L. von Matt, Die Caesaren (1966): S. 25/26, 28/29, 118 (oben), 144/145 (oben). / Archiv Schweiz. Ges. f. Ur- und Frühgeschichte: S. 26 (rechts), 73, 80 (rechts), 97, 100 (rechts), 101 (links), 107 (oben), 108 (oben), 117 (rechts). / J. Zbinden, Bern: S. 27, 154. / Ur- und frühgeschichtl. Archäologie der Schweiz 5. Die Römerzeit (1976): S. 28 (unten), 57, 98, 145 (verändert); Karte im Vorsatzblatt. / A. Gerster,

Ur-Schweiz 32, 1968: S. 29 / H. v. Petrikovits, Die Innenbauten römischer Lager (1975): S. 36 (rechts). / A. Gansser-Burckhardt, Das Leder und seine Verarbeitung im römischen Legionslager Vindonissa (1942): S. 37 (links). / Prähistorische Staatssammlung, München: S. 37 (rechts). / M. Martin, AS 2, 1979: S. 41 (oben). / Musée romain, Nyon: S. 45 (Mitte), 82/83. / Denkmalpflege des Kantons Zürich, Kantonsarchäologie: S. 49, 103 (unten). / Musée d'Art et d'Histoire, Genève: S. 53, 132 (rechts). / Archäologischer Dienst Graubünden: S. 55 (oben). / Ausgrabungen Augst/Kaiseraugst: S. 55 (unten), 158. / Musée romain, Avenches: S. 58, 80 (links), 112 (unten), 136. / D. Baatz, Saalburg-Jahrbuch 1978: S. 59. / S. Martin-Kilcher, in: Siedlungsarchäologie in der Schweiz (1981): S. 61, 65. / W. Drack, Antike Welt 12, 1981: S. 66. / Foto Allegrini, Orbe: S. 67 (unten). / Foto H. Hinz, Basel: S. 70. / Foto Humbert und Vogt, Basel: S. 71. / M. Müller-Wille, in: Germania romana (1970): S. 72. / Service archéologique du Ct. Fribourg: S. 75, 97 (unten). / W. Hübener, Absatzgebiete frühgeschichtlicher Töpfereien (1969), Karte 68: S. 76. / Bernisches Historisches Museum, Bern: S. 77, 81 (rechts), 84 (Mitte), 116 (rechts), 122, 138 (links), 139, 141 (oben). / Fouilles romaines, Martigny: S. 81 (links). / Musée archéologique,

Mandeure: S. 84 (links; Ch. Tchirakadzé). / G. Kaenel, Aventicum 1 (1974) Tafel 7, 1: S. 85 (oben). / Musée romain, Nyon: S. 85 (unten), 112 (Mitte). / Codex Vindobonensis 324, Faksimile-Ausgabe (Graz 1976): S. 94. / Helvetia Archaeologica 1976, 26: S. 96 (mit Ergänzungen). / Foto Darbellay, Martigny: S. 99. / W. Drack, Die römische Wandmalerei der Schweiz (1950): S. 107 (unten). / Naturmuseum Luzern: S. 132 (links). / Museum des Kantons Thurgau: S. 140 (links). / Ph. Bridel, Le sanctuaire du Cigognier, Aventicum 3 (1982): S. 141. / Bureau d'archéologie cantonale, Genève: S. 142, 143 (Ch. Bonnet). / Römisch-germanisches Zentralmuseum, Mainz: S. 147. / M. Martin, Augster Museumshefte 2 (1977): S. 148 (links; ergänzt). / R. Moosbrugger-Leu: S. 152, 156 sowie das Modell S. 155. / Jahresberichte aus Augst/Kaiseraugst 1, 1980: S. 158 (Plan).

Zeichnung M. Zaugg, Bern: S. 2, 10, 14, 30, 31, 38, 42, 46, 52, 56, 62, 68, 69, 76, 87, 89, 90, 93, 110, 115, 120, 121, 138 (oben), 149, 150.

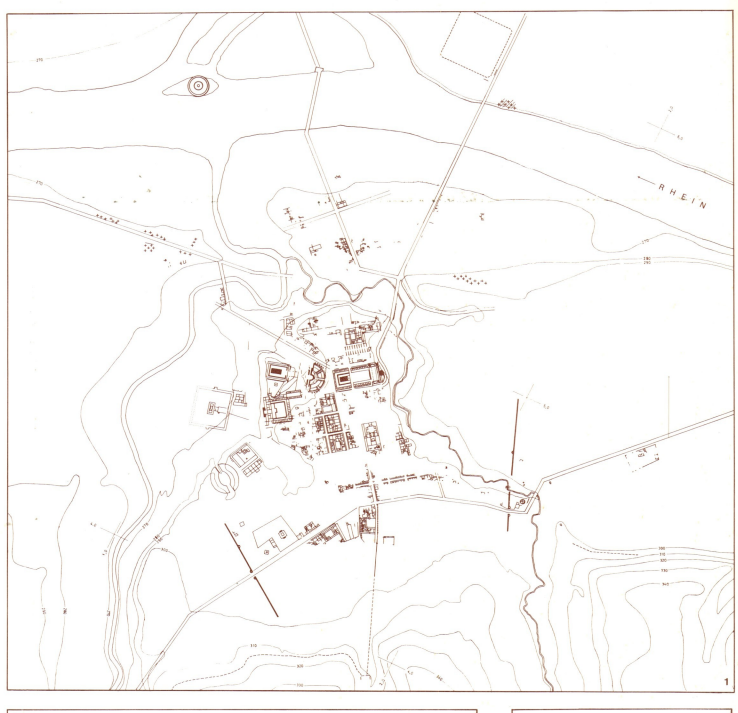

1

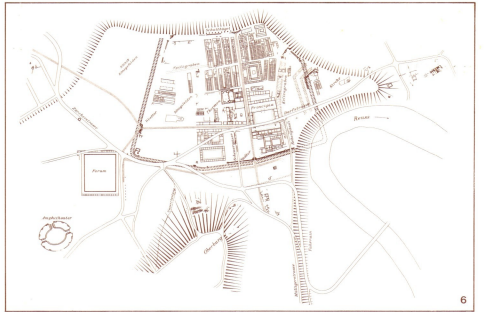

6

3

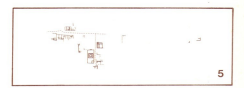

5